日本語・日本語教育の研究
―その今、その歴史

加藤好崇　新内康子
平高史也　関　正昭：編著

© 2013 by KATO Yoshitaka, SHIN'UCHI Koko, HIRATAKA Fumiya and SEKI Masaaki

All rights reserved. No part of this publication may be reproduced, stored in a retrieval system or transmitted in any form or by any means, electronic, mechanical, photocopying, recording, or otherwise, without the prior written permission of the Publisher.

Published by 3A Corporation.
Trusty Kojimachi Bldg., 2F, 4, Kojimachi 3-Chome, Chiyoda-ku, Tokyo 102-0083, Japan

ISBN978-4-88319-654-8 C0081

First published 2013
Printed in Japan

はじめに

　本書は書名が示すように、日本語教育の現在と過去についての論考を集めたものである。日本語教育の嚆矢をキリシタン宣教師による日本語学習とすると、すでに450年以上の月日が流れている。当時と比べるまでもなく、今日の日本語教育は守備範囲がとてつもなく広くなっている。そうした時の流れや分野の広がりを一冊の書物で俯瞰することはとてもできない。しかし、本書に収められた22本の論文は、執筆者が置かれた教育や研究の時空間を超えて光を放っている。

　「第1部　日本語・日本語教育・関連領域」には日本語・日本語教育研究の今をめぐる論文10本収めた。冒頭の町田論文は、「事態の構造」「主語」「主題」に焦点を絞って「日本語研究のもっとも困難な問題の一つ」（p.2）に挑んだ。今後この問題を考えるときの一つの基盤になるだろう。甲田論文は、読解行動における自己モニタリングと仮説検証のストラテジーを扱ったものである。量的研究から得られた成果は読解教育の現場にも示唆を与えるにちがいない。

　つづく4つの論文は、日本語教育の現場のさまざまな可能性を示している。舘岡論文は読解教育におけるピア・リーディング、斉木論文は口頭表現指導におけるドラマ・プロジェクトという、近年注目を浴びつつある新しい学習形態を紹介している。いずれも教える側が中心になって組み立てる従来型の授業から、学習者が主体的に展開する授業へという、授業形態の変遷を映し出したもので、いわゆる学習者中心主義の現れのように見える。しかし、音声言語教育の重要性を訴える宮城論文や、学習者の関心や知的好奇心を呼び起こす教材研究の大切さを論じた村上論文も読むと、あらためて教師の役割を見直さなくてはならないことに気づかされる。

　加藤と許の論文は、ともに接触場面における言語行動を扱っているが、研究対象も手法も異なっている。加藤論文がイギリスを旅する自身の内省によって、多様な規範のありかたを分析しているのに対して、許論文はアンケート調査によって、依頼場面における日韓両言語の談話を比較し、コミュニケーション・スタイルの違いを明らかにしている。日韓比較という点では次の入

佐論文も同じだが、入佐は韓国語教材における活用語の品詞名と文体名を調査し、その結果に基づいて日本人学習者に適切な文法用語を提案している。第1部最後の園田論文は異文化トレーニング研究を扱っている。多文化共生の重要性が叫ばれて久しい日本社会では、少数派である外国人に対する日本語教育とともに、多数派である日本人の異文化間コミュニケーション能力の育成も進めなくてはならない。そう考えれば、一見日本語や日本語教育の研究とは無縁に見えるこの論文の意義も見えてくるだろう。

「第2部　日本語教育史・言語教育史」には日本語教育や言語教育の歴史の問題に取り組んだ12本の論文をほぼ年代順に並べた。17世紀のコメニウスの『大教授学』はその分野の古典として知られているが、松岡論文は19世紀末に著されたリントナーの『教育学百科事典』を通して第二言語教育者としてのコメニウスに光を当てている。つづく久津間論文は、イエズス会の巡察使ヴァリニャーノの著作に、言語教育における動機づけの重要性を見出し、金沢論文は、明治期のサトウ、アストンらが学んだ『鳩翁道話』の口語文体の教材のもつ意義を論じている。両者は時代こそ異なるが、日本語学習者の側に立った人たちの仕事に関する論考という共通項がある。口語の指導といえば、日本語教育史上では明治末期の宏文学院で教鞭をとった松本亀次郎にまず指を屈するが、その松本の『日本語教科書』に見られる問答を軸にした指導法について論じたのが松永論文である。

泉、上田の研究は「外地」における日本語教育に関するものである。泉論文は戦前台湾の簡易国語講習施設で使われていた教材を分析し、生活言語の指導が中心であったとする。一方、上田は朝鮮半島、中国大陸、南方諸地域で使われたラジオ講座のテキストについて、シラバス、媒介語、文字、発音表記の観点から分析している。小川・重盛論文は、戦前のウィーンで日本語を講じた朝鮮人 Do Cyong-Ho の足跡を、新に発見された史料をもとにたどったものである。

河路論文は、松宮弥平・一也父子を中心に、戦時期の日本語普及事業を論じている。宣教師に対する日本語教育に力を尽くした松宮弥平の姿には、日本語教育の原点であったキリシタン宣教師の日本語学習が、一也が官に対して挑んだ日本語教師養成をめぐる論争には現代の日本語教育が浮かび上っ

てくる。平高論文は山口喜一郎を取り上げ、一生のほぼすべてを「外地」での日本語教育に捧げた山口の直接法理論の展開と、「外地」が消滅した戦後の国内での国語教育における話しことば教育・研究へのインパクトについて論じている。

　外国人学校でも日本語教育が行われていることは知られているが、その歴史については研究があまりなされていない。横浜中華学校で使われていた教科書を手がかりにその点に迫ったのが島﨑の論文である。「て形」や「ます形」といった文法用語は今の日本語教育でも日々使われているが、その出自と系譜をたどったのが新内論文である。これらに類した文法用語がすでに17世紀から使われていたという指摘は興味深い。鶴尾論文は1975年に訪れたタイ・マレーシア・シンガポール・インドネシアの日本語教育機関での面接の記録である。「時代を超えて、日本語学習を続けている学習者からの証言」（p.293）は、これからの日本語教育を考えるときにも示唆を与えてくれる。

　さて、本書の出版を計画した直接のきっかけは、編者の一人である関正昭が勤務先を定年で退いたことである。巻末には関の「架空対談『20世紀の日本語教育史研究者を発掘する』」を置いた。

　西暦2100年の日本語教育はどうなっているのだろう。そんな夢を見ながら、本書を手にとって、この架空対談を楽しみ、日本語教育の未来を語り合っていただければ幸いである。

2013年5月9日　編者

目次 CONTENTS

はじめに　　　　　　　　　　　　　　　　　　　　　　　　　　iii

第1部　日本語・日本語教育・関連領域

日本語における主語と主題　　　　　　　　　　　町田　健　　2

読解における仮説検証能力と自己モニタリング　　甲田直美　　15

授業をつくる
　―「学びの場づくり」における教師と学習者　　舘岡洋子　　28

言語学習初期における音声言語教育の意義
　―日本語教育への提言―　　　　　　　　　　　宮城幸枝　　42

口頭表現授業におけるドラマプロジェクトの試み　斉木ゆかり　54

『となりのトトロ』から日本の宗教を考える　　　村上治美　　64

海外旅行接触場面における一英国旅行者のインターアクション
　　　　　　　　　　　　　　　　　　　　　　　加藤好崇　　77

依頼場面における日韓両言語の談話構成について
　―日本語母語話者と韓国人日本語学習者の比較を通して―
　　　　　　　　　　　　　　　　　　　　　　　許　明子　　92

韓国語教材における活用語の品詞名・文体名について
　―日韓の韓国語教材の調査結果より―　　　　　入佐信宏　　105

日本の高等教育機関における経験的異文化トレーニング研究概観
　―実践の目的と理論的背景に着目して―　　　　園田智子　　119

第2部　日本語教育史・言語教育史

コメニウス著『大教授学』に見る言語教育者への指針
　―「新編〈すべき・すべからず集〉」の試み―　　　　　松岡　弘　136

ヴァリニャーノの第二言語教育観
　―「日本管区及びその統轄に属する諸事の要録」を中心に―　　久津間幸子　149

アーネスト・サトウ、ウィリアム・アストン、ジョン・オニールらが使用した日本語学習書の一考察　―『鳩翁道話』を中心に―　　金沢朱美　163

明治後期中国人学習者に対する「問答」を使った口語指導
　―松本亀次郎編『日本語教科書』の分析を中心に―　　松永典子　176

戦前台湾の社会教育における日本語教育
　―簡易国語講習施設で使われた教材の研究―　　泉　史生　190

マスメディアを利用した日本語教育
　～戦前・戦中のラジオ講座をめぐって～　　上田崇仁　204

ウィーン領事養成学校の日本語講師 Do Cyong-Ho（都宥浩）について
　―フィンランドと日本の資料による新解釈―　　小川誉子美・重盛千香子　215

戦時期の日本語普及事業と松宮弥平・松宮一也
　―日本語教師養成事業をめぐる官民論争に着目して―　　河路由佳　227

山口喜一郎「対話に於ける言語活動の特徴」を再読する
　―直接法理論の完成から話しことば教育・研究へ―　　平高史也　240

横浜中華学校における日本語教育史の一断面
　―志村和久編著『日語』の教科書分析から―　　島﨑恵理子　257

日本語教育用文法用語の出自系統別分類試論
　―動詞活用形名 'て形類' と 'ます形類' に関して―　　新内康子　269

東南アジア4カ国（タイ・マレーシア・シンガポール・インドネシア）
日本語教育機関見学記録（1975年1月4日～31日）
　―（財）海外技術者研修協会「昭和50年度帰国研修生実態調査」より―　　鶴尾能子　284

架空対談「20世紀の日本語教育史研究者を発掘する」　関　正昭　298

第1部
日本語・日本語教育・関連領域

日本語における主語と主題

町田　健

1. 序論

　日本語研究の最も困難な問題の一つとして、主語と主語である主題、つまり「が」と「は」という助詞が付される名詞の機能の相違を明確に解明することがある。この問題が未解決であることは周知の事実である。問題が未解決のままである最大の原因は、主語と主題の明確な定義がなされないままに、これらの機能に関する研究がなされてきたことにある[1]。主語は主体という意味役割を表示する形式として定義されるが、そもそも「主体」とは何かということに関して、従来の学説は説得的な定義を与えていない。文法研究において指導的な役割を果たして来た欧米の諸言語は、起源的には屈折語であって、主語と動詞の形態的一致という文法現象があるため、主体という意味役割の機能的（すなわち意味的）な定義が本格的に試みられることはなかった（cf. ストローソン 1978）。
　主題を形式的に表示する言語は少ない[2]。したがって、一般言語学的な観点から主題を定義することも十分な形では行われていない。日本語は主題を形式的に表示する言語であるから、三上（1960）、野田（1996）、堀川（2012）

【注】
[1] 主語の定義が未完成であることについては、数多くの文献に記載がある。代表的な例として、『日本文法事典』（1981）の次の記述をあげておこう。
　「日本語における主語については、多くの学説が並び行われ、重要な概念であるにもかかわらず、まだ定説を見るに至っていない。」

などを代表として、主題を対象とする研究は膨大なものがある。しかし、主題を明確に定義することに成功している研究は、管見の限りでは存在しない。

しかし、主語と主題がいかなる特性を持つものであるのかを、できるだけ厳密に規定しておかなければ、結局のところ、主語は「が」で表される性質、主題は「は」で表される性質というように、機能を形式で置き換えるだけの説明に陥ってしまうことになる。これでは、本質的な説明になっていないことは明らかである。主語と主題に関わる言語事実の記述と説明を説得的にするためには、これらの名称で呼ばれている文法的機能の定義をまずもって与えておかなければならない。本稿では、文が事態を表示し、事態の中で、事態を構成する要素がいかなる役割を果たすのかという観点から、主語と主題を定義し、この定義に基づいて、日本語の主語と主題に関わる現象を合理的に説明することを試みる。

2. 事態の構造

文は事態を表示する。事態の中核を構成するのは2つの事物とその関係である[3]。「事物」は個体または事態の集合であるが、1個または有限個の個体または事態でもありうる。事物を表示する範疇が名詞である。

関係は、事物（の集合）が別の事物の集合の要素である「包含関係」と、それ以外の関係（非包含関係）に大別される。非包含関係としては、2つの事物を事物A、事物Bとすると、関係の起源が事物Aまたは事物Bにある「単射関係」、関係の起源が事物AとBの両方である「双射関係」がある。

これら3つの関係を例示する日本語の文を以下にあげる。

(1) ネコは動物だ。〈包含関係〉

【注】
[2] 朝鮮・韓国語は、日本語の「は」と同様の機能を持つ形態素を持っている。モンゴル語にも主題表示の形式があるとされる（サイシャラト 2012）。中国語の「把構文」は、目的語（対象）を文頭に置くことで目的語を主題化する機能を持つと考えることもできるが、主語を主題化する方法はないため、中国語に主題表示の形式があると考えることは困難である。
[3] 事態の構造に関しては、町田（2011）で詳細な議論を行っている。

(2) 太郎が花子を押した。〈単射関係〉
(3) 西鉄が南海と戦った。〈双射関係〉

(1) は、ネコである個体の集合が、動物である個体の集合に包含されるという関係を表す。(2) は、太郎である個体が物理的な力を花子である個体に及ぼしており、関係の起源は太郎にある。(3) は、西鉄である個体と南海である個体の双方が物理的な力を及ぼし合うという関係であり、関係の起源は西鉄と南海の両方にある。

事態中で関係を表す形式の代表は「押す」「戦う」のような「動詞」である。ただし、(1) のような包含関係を表す事態に関しては、「ネコ」と「動物」をこの順番で配列することにより、前者が後者に包含されるという関係が表される[4]。

包含関係を表す事態の中には、次のようなものもある。

(4) 花子が歌った。

この文は、花子である個体が、過去において歌った個体の集合に包含されるという関係を表す。ここでは、「花子」という名詞と「歌う」という動詞がこの順番で配列されることにより、前者が後者に包含されるという関係が表されている。

したがって動詞は、事物の間にある関係を表す範疇であると同時に、事物を包含する集合を表す範疇としての機能を持つものである。

2つの事物（の集合）とその間にある関係が事態の中核であるが、事態を構成する要素としては、事態が成立する時区間や事態が成立する可能性などがある。これらの要素も事態の特性を決定するために重要なものではあるが、本稿が主張しようとしている内容には直接関係してこないので、考慮の対象

【注】
[4] ヨーロッパの諸言語では、英語の be 動詞に当たる形式が、包含関係を表すために使用される。「ネコは動物だ」を英語に置き換えると Cats are animals. になる。ラテン語では Felis animal est. で est が be に当たる。ただし、この est の使用は必ずしも義務的ではなく、この場合には、名詞の配列順によって一方が他方に包含されるという関係が表示される。

からは除外する。

3. 主語

3.1 ▶事物と関係

事物を E_i、関係を R で表すと、事態は次のような式で表される。

(5) $R(E_i, E_j)$

これを図示すると次のようになる。

(6) $E_i \underset{R}{\text{————}} E_j$

(5)または(6)で表示された構造の事態を言語化した結果が文である。文を構成するためには、事態の要素に対応する形態素を選択しなければならない。事物に対応する形態素は名詞である[5]。E_i を表示する名詞を N_i、E_j を表示する名詞を N_j とする。

3.2 ▶包含関係の主語

関係 R が包含関係の場合、$E_i \subseteq E_j$ という事態は、日本語ならば次のように表現される。

(7) $E_i + p + E_j$

ただし、p は役割詞（格助詞）または主題辞（「は」）であるとする。

英語を初めとするヨーロッパ諸言語では、E_i と E_j の間に、存在を意味する動詞を介在させるのが普通である。次頁には英語の例をあげる。

【注】

[5] 本論では「形態素」という用語を、構造言語学における「内容語」（名詞、動詞、形容詞、副詞など）と「機能語」（助詞や助動詞など）の両方を包含する最も広い意味で使用している。

(8)　$E_i + be + E_j$

　E_i が E_j に包含されることを表示する事態において、関係を生じさせる起点は E_i である。次の例を見てみよう。

(9)　太郎は学生だ。
(10)　コイは魚だ。

　(9) のような文が表す事態では、「太郎」という個体がどの集合に属するのかが表示されている。「太郎」である個体は、学生、教師、医師などの職業人の集合、日本人、フランス人などの国民の集合など、さまざまな個体集合に属する可能性を持つ。その中で、学生である個体の集合に属するという事態が与えられることにより、「太郎」についての価値ある情報がもたらされる。したがって、「太郎」である個体を起点として、この個体が属する集合を検索したところ、「学生」である個体の集合が選択されたのだと考えることができる。

　すなわち、文において最初に与えられる形態素 N_i が、包含関係を構築する起点となる。さらに、N_i がこのような機能をもつ時、N_j は文末に位置し、述語としての機能を持つ。このことは、N_i として選択された名詞が述語を決定する役割を果たしていることを意味する。

　事物 E_i と E_j の間にある包含関係に対応する事態を表示する文において、文の先頭に配置され、述語を決定する機能をもつ事物 E_i を表示する形態素 N_i こそが、伝統的に「主語」と呼ばれてきている名詞である[6]。

　N_i が主語であって、N_i が表示する事物 E_i が述語を決定する機能を持つ時、主語としての N_i の機能を「主体」と呼ぶ。

　(10) についても、「コイ」である個体の集合が属する集合としては、魚の集合、脊椎動物の集合、生物の集合などが選択肢としてあげられる。その中

【注】

[6] 事態は必ず (5) のような構造を持つのであるから、関係の起点としての事物も必ず存在し、したがって主語も必ず存在しなければならない。月本 (2008) のように、日本語に主語は必要ではないと考えることは、したがって不合理だと見なさざるを得ない。

で「魚」の集合が選択された時、これが述語として文末に配置される。すなわち、名詞｜コイ｜が文の述語を決定する機能を持つのであり、この機能は、上述した主体の機能に合致する。主体としての機能を持つ形態素が主語である。

3.3 ▶単射関係の主語

関係Rが単射関係である場合として、次のような事態を考える。

(11) $E_i \xrightarrow{\text{作用}} E_j$ （E_jが死ぬ）

(11)は、E_iがE_jに作用を及ぼした結果、E_jが死ぬという事態を表示する。事物E_iから別の事物E_jに作用が及ぼされた結果E_jが死ぬという事態における、E_iとE_jの関係を表示する形態素として、日本語には動詞｜殺す｜がある。この形態素は、関係の起点がE_iである時｜殺す｜という形式をとり、次のような文が作られる。

(12) E_iがE_jを殺す。

同じ形態素を使用しても、関係の起点がE_jである時は、動詞形は「殺される」になり、(13)のような文が作られる。

(13) E_jがE_iに殺される。

「殺す」と「殺される」という動詞形は、文中では述語として機能する。すなわち、関係の起点である事物が述語の形式を決定するのであり、このことから関係の起点が、上述の主体の定義を満たすことになる。

単射関係の例として、次を見てみよう。

(14) $E_i \xrightarrow{\text{知識 K}} E_j$

（14）は、E_i から E_j に知識 K が移動するという事態を表している。このような知識の移動を表す形態素として、日本語には ｛教える｝ と ｛教わる｝ の２つがある。知識の移動元である E_i が関係の起点である時は ｛教える｝ が選択され、次の文（15）が作られる。

(15) E_i が E_j に K を教える。

知識の移動先である E_j が関係の起点である時は ｛教わる｝ が選択され、次の文（16）が作られる。

(16) E_j が E_i に K を教わる。

この例が示すように、関係の起点がどちらの事物であるかによって、選択される形態素そのものが変化する場合もある。
　関係の起点としての機能が主体であり、主体である事物を表示する形式が主語であるが、述語の中核が同一形態素であれ、異なった形態素であれ、述語の形式を決定する形式が主語であると定義することができる。

3.4 ▶双射関係の主語

関係 R が双射関係であるのは、次のような場合である。

(17) E_i ⟷ E_j
　　　　戦う

双射関係では、E_i と E_j の両方が相手に対して作用を及ぼす。このような関係を表示する形態素 ｛戦う｝ は、関係の起点が E_i であれ E_j であれ、同一の形式として実現する。

(18) E_i が E_j と戦う。
(19) E_j が E_i と戦う。

述語の形式が同一であったとしても、関係の起点である主体を表示する主語が、述語の形式を決定するという性質は、双射関係においても変わりはない。

以上、包含、単射、双射という関係を通じて、事態における主体とは、関係の起点としての機能であり、関係を表示する形態素の特性に応じて、述語の形式を決定するものだと定義することができる。主体としての機能を表示する形式が主語である。

4．主題

4．1 ▶主体である主題

主題は、任意の意味役割を表示することができる点で、主体とは明確に異なる機能を持つ。しかし、次の例が示すように、実際には主体として機能している場合が多い。

(20) 花子は教師だ。
(21) 桜は春に咲く。
(22) ネコは餌を食べている。
(23) 隣の家は静かだ。

これらの文の主語である事物はいずれも定義上主体である。主体であると同時に主題であるのだが、主題とはいかなる特性であるのかを以下で考察する。

(20)の「花子」は固有名詞であり、発信者（話し手）はこの名詞の指示対象を、人間の集合に属する他の個体と区別することができる。固有名詞が何の説明もなく使用されているのだから、発信者は、受信者も同様にこの個体を区別できることを要求している。さらに重要なのは、「花子」である個体が、受信者の知識の中に含まれているだけでなく、｛花子｝という明示的な形式として、発話の場面に登場しているということである。言い換えれば、固有名詞が指示する人間の集合全体の中から、「花子」である個体が、別の

事物と関係を持つ個体として抽出されているということである。そうでなければ、「花子」が「教師である個体の集合」に包含されるという事態を発信者が受信者に提示する積極的な価値はない。

　(21)の「桜」は、桜である個体の集合全体を表示する。この集合は、発信者と受信者の知識に含まれる要素であることは言うまでもない。桜である個体の集合は、さらに花や木の集合の要素であるし、花や木の集合は植物の集合の要素でもある。このような上位集合に属する下位集合は数多くあるのだが、何らかの事物と関係を持つものとして発話の場面に提示されているのは、桜の集合だけである。

　(22)の「ネコ」は、ネコである個体の集合の要素であり、発信者と受信者は、ネコの集合に属する他の個体と区別することができて、必要ならばこの個体を指示することができる。さらに、この個体は、別の事物（ここでは「現在餌を食べている個体の集合」）と関係を持つものとして発信者には選択されているし、受信者も、別の事物が何であるかは分からないものの、事態を構成する要素として発話の場面に登場しているものと理解することが要求されている。

　(23)の「隣の家」は、家であって、発信者の居宅付近にある個体であるものの集合の要素である。この個体と同じ集合に属する個体を、発信者は区別することができるが、受信者には区別できない。しかし、「隣の家」である個体が、同じ集合に属する他の個体とは区別されるべきであることを受信者が理解することが要求され、同時に、この個体が何らかの集合と関係を持つことで事態が構成されるべく、発話の場面に導入されていることを知っていることも要求されている。

　以上より、主題かつ主体である事物が持つべき特性は次のように規定される。

　(24)　主題（＋主体）の特性
　　① 名詞が表示する事物が、同種の集合の他の要素とは区別されることを、発信者が受信者に要求している。
　　② 名詞が表示する事物が、発話の場面にすでに登場しており、この事物が、別の事物と関係を持つことで、事態を構成するべく発話

に導入されたものと理解することを、発信者が受信者に要求している。
③ 事態の要素として導入された事物は、関係を表示するために選択された述語の形式を決定する。

　主体として導入された事物が、同種の他の事物と区別され、すでに発話の場面に導入されているものと理解することは、事態の性質を大きく限定するものであり、文の理解にとって重要な役割を果たす。事物がこのような特性を持つことは、先行する文が表示した事態と密接な関係にあることを表し、受信者は、先行する文脈が与える情報と適合するように事態を構築する必要があるからである。事物にこのような特性がない場合には、新たに与えられる文を理解する過程で、先行する文脈を大きく関与させる必要がなくなる。したがって、主題を形式的に表示する方法があることは、受信者が文を理解するための前提となる情報の範囲を限定させる働きを持ち、理解の効率性を高める。主題が言語化される日本語のような言語が存在するのは、主題にこのような、理解の効率化を促進する働きがあるからだと考えることができる。

4.2 ▶主体ではない主題

　主題が主体ではない役割を持つ事物である事態を表示する文としては、次のようなものがある。

(25) リンゴは太郎が食べた．
(26) 会議には部長が行く。
(27) 花子は母親が保育士だ。

　(25) が表示する事態中で、{リンゴ} はリンゴである有限個（常識的には1個）の個体であり、発信者と受信者の両方が、同じ集合に属する他の個体と区別することができる。この個体は発話時点においては存在しないが、両者の記憶にある過去の世界においては、両者とも同一の個体を指示することができる。
　この個体が発話場面に含まれており、この個体が場面から選択されて、別

の事物との間に関係が存在することで、事態が構築されることを理解するように、発信者は受信者に要求している。

　発信者の側では、「リンゴ」と「太郎」の間に関係があることが認識され、この関係をもとに事態が構築される。関係を表示する形態素として選択されたのが｛食べる｝である。ここで「太郎」を関係の起点として選択すれば、述語の形式は｛食べる｝になる。

　つまり、「リンゴ」が関係の起点として選択されない場合は、この事物と関係を持つ「太郎」が関係の起点、すなわち主体となり、この主体によって｛食べる｝という述語の形式が決定されるのである。

　ここで「リンゴ」が主体として選択された場合、形態素｛食べる｝は主体として作用を及ぼす事物を選択するから、この形式のままでは主体になることができない。したがって、「リンゴ」が主体である時には、述語の形式は｛食べられる｝になる。

　(26)において、主題を表示する形態素｛会議｝は、会議である事物の集合に属する他の事物とは区別されており、発話の場面には、この区別される個体「会議」がすでに導入されているものと理解されている。この個体の事態中での役割が「目的地」であることは、役割詞｛に｝によって表示されている。

　この事態においては、「部長」と「会議」の間に関係があることが認識されている。この関係を表示する形態素として｛行く｝が選択される。この形態素がこの形式のまま述語になる場合、主体として要求されるのは、起点から目的地へと移動する事物である。したがって、「部長」が主体として選択されれば、次のような文が作られる。

　(28) 部長が会議に行く。

　これに対し、「会議」が主題として選択された場合、｛行く｝を述語として使用するならば、形態素｛行く｝の特性によって、「会議」が主体となることはできない。このため主体としては「部長」が選択されることになり、「会議」の事態中での役割は「目的地」になり、述語の形式は｛行く｝のままである。すなわち、「会議」が主題として選択されたことで、主体は自動的に「部

長」になり、この主体が述語の形式として「行く」を選択したということにある。

このように、主題が主体ではない場合でも、主題と関係を持つ事物が主体として選択され、これが述語の形式を決定する。つまり、ある事物が主題として選択されることで、主体ではなくても述語の形式が決定されるものと考えることができる。

(27) では、固有名詞「花子」が表示する個体は、すでに発話の場面に導入されていると理解することが、受信者に要求されている。この例において特徴的なのは、「花子」と関係を持つのが「母親が保育士だ」という事態であるということである。「母親」である個体は無限に存在するから、不定の母親が保育士の集合に属するという事態の個数も無限個である。

「不定の母親が保育士の集合に属する」という事態の集合と「花子」が関係を持つとする。「母親」は常に誰かとの関係において母親であるのだから、その誰かが特定されないと「母親」の指示対象も決定されない。ここで「母親」の指示対象を決定するのが「花子」だとすれば、(29) が表示する事態は世界において適切に成立する。

すなわち文 (27) は、「不定の母親が保育士の集合に属する」という事態と、主題である「花子」が関係を持つという事態を表示する。「花子」と「母親」は包含関係に立つことができないし、「母親」と「保育士の集合」とが包含関係にあるのだから、「花子」と「保育士の集合」は包含関係を持つことができない。また「保育士だ」はこの形以外の述語形式をとることはできない。したがって、主題である「花子」が主体となることはできず、事態の主体は「母親」でなければならない。すなわち、主題の「花子」が「母親」に主体としての機能を与え、この結果述語「保育士だ」がこの形式で適切に文の述語となることができる。主題「花子」は、「母親」の指示対象としての事物を決定する役割を果たす。

5. 結論

事態は 2 つの事物の集合の間にある関係を中核として成立する。関係を表示する形式が述語であるが、述語の中核となる形態素もしくは能動態や受動

態など、述語の形式を決定する役割が主体である。主体を表示する形式が主語であると定義される。発信者の側では、主体を選択することによって述語の形式が決定され、受信者の側では、主体である事物が、関係の起点として選択されたのだと理解される。

　主題は、事物が発話の場面にすでに導入されていると理解することを発信者が受信者に要求することを表示する機能を持つと同時に、その役割が主体であれそれ以外であれ、述語の形式を決定する機能を持つ。主題が形式的に表示されることにより、文が表示する事態を構成する事物や関係を、発話の状況が与える情報を適切に使用して、主題がない場合よりもさらに限定して理解することが可能になる。

〉〉〉参考文献

北原保雄他編（1981）『日本文法事典』有精堂出版
サイシャラト（2012）「モンゴル語の主題に関する一考察―定義型主題を中心に―」『言語文化学研究（言語情報編）』7：134-146．大阪府立大学人間社会学部言語文化学科
ストローソン, P. F.（1978）『個体と主語』(中村秀吉訳) みすず書房
月本洋（2008）『日本人の脳に主語はいらない』講談社
野田尚史（1996）『「は」と「が」』くろしお出版
堀川智也（2012）『日本語の「主題」』ひつじ書房
町田健（2011）『言語構造基礎論』勁草書房
三上章（1960）『象は鼻が長い』くろしお出版

読解における仮説検証能力と
自己モニタリング

甲田直美

1. はじめに

　自分の理解状態を自己観察し、文脈を捉える際に生じた不整合を修正しようとしたり、読み直して整合性を構築し直したりすることがある。自己観察によって、このような行動変容が生じる傾向は自己モニタリングの反応性と呼ばれている。この反応性の効果は、他人による観察に伴う反応性よりも強力（Zimmerman, 2001）であり、自らの思考を対象化させ、自己制御するように働きかけることが、どんな教え込みよりも思考力を伸ばすと期待されている（Kazdin, 1979；Mace *et al.*, 2001）。

　本稿では日本語母語話者と外国人日本語学習者による読解プロセスのデータをもとに、自己モニタリングについて考察する[1]。

2. 読解ストラテジー：
　　日本語母語話者と外国人日本語学習者の読解

　甲田（2003, 2009）では、日本語母語話者と外国人日本語学習者の読解プロセスを読解中のプロトコルデータと段落要旨を用いて考察した。プロトコルとは、考えたり気づいたりしたことを言葉で表現したもので、読解中に、

【注】

[1] 本稿の内容の一部は Association of Teachers of Japanese（ATJ）2010 Annual Conference（2010年3月、米国・フィラデルフィア）での甲田（2010）の口頭発表に基づいている。

どのようなことを考えて読んでいるのかを調べたものである。

題材とした文章は、日本語の説明文（河合隼雄「100％正しい忠告は役に立たない」『こころの処方箋』新潮文庫）で、1958字、9段落からなり、①〜⑨段落の文章構成は以下の通りである。

「起①→承②③④→逸⑤→転⑥→前（⑥）の具体例⑦→結⑧→補足⑨」

難しい段落は、第5段落と第6段落で、途中で話題が逸れるという予告も明示もなしに別の角度から主題が眺められる段落であった。

甲田（2003, 2009）の枠組みにより、日本語母語話者50名、外国人日本語学習者39名（平均日本語学習歴42.5ヶ月、日本滞在歴33.3ヶ月、出身は中国と韓国）より、全体で2,126（日本語母語話者1,302＋外国人日本語学習者824プロトコル）の読解プロトコルを再分析した。全プロトコルは、読み手の読解方略から5つの読解ストラテジー（ボトムアップ、局所結束性、トップダウン（以上、構造ストラテジー）、仮説検証、自己解釈）に分類[2]された。用いられた読解ストラテジー比率（各話者ごとの総数に対する割合の平均）は〈表1〉（グラフ化は図1）のとおりであった。

〈表1〉読解ストラテジー比率（％）

	ボトムアップ	局所結束性	トップダウン	仮説検証	自己解釈
外国人日本語学習者	54.26	19.23	14.33	11.08	1.15
日本語母語話者	41.98	29.26	17.26	7.1	4.36

【注】

[2] 使用された読解方略
Ⅰ．ボトムアップストラテジー：個別の表現など入力情報の意味を理解する
Ⅱ．局所結束性のストラテジー：段落内など、局所の結束性を構築する
Ⅲ．トップダウンストラテジー：文章の全体構造を見通す
Ⅳ．仮説検証ストラテジー：予測や疑問を立て、それを修正したり検証したりする
Ⅴ．自己解釈のストラテジー（Transaction）：自分の経験に照らし合わせたり、文章に対して批判したりする

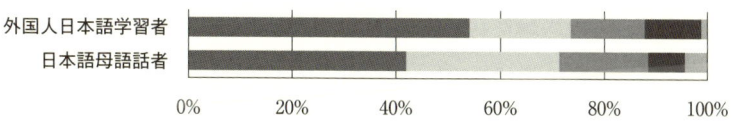

図1　読解ストラテジー比率（％）

　日本語母語話者と外国人日本語学習者とでは、用いられていたストラテジー比率は異なっていた。外国人日本語学習者は日本語母語話者よりボトムアップと仮説検証ストラテジーを多く用いているが、トップダウン、局所結束性、自己解釈のストラテジーの使用は少なかった。

　既出文脈から逸れた情報に出合ったとき、読み手は整合性のある文章理解のために全体像の再構成が要求されるため、全体像を見渡して部分を全体に関連づけるトップダウン的な読み方が必要となる。しかし、文章の局所的整合性や大局的な（トップダウン的な）構造の把握ができない場合には、あらかじめ判断できないため、どこでどの構造ストラテジーを用いてよいのかの判断がつかない。

　そこで、本研究では構造ストラテジー以外のものに着目し、検証しながら読むことと自己モニタリングについて考察する。

3. 仮説検証ストラテジー：予測設定、疑問解決、修正

　仮説検証ストラテジーとは、文章の内容や展開を予測し、仮説を立て、そして後続する文章を読んだ時点で予測との整合性を検証あるいは修正するもので、自分が読んだことへの理解を確かめ、従事している理解活動をモニタリングするものである。以下に例を挙げる。

3.1 ▶予測設定と修正

　次の例は、文章の第4段落と第5段落を読んだ際の、段落ごとのプロトコルである。第4段落で文章が終盤にさしかかっているのではという予測をするが、続く第5段落で、その予測を修正する。白抜きの数字は段落番号を示す。

(1) ❹ そろそろ文の結論かな。筆者が本当に言いたいことに近づいてきた気がする。
　　❺ まだ文章は終わらない。(日本語母語話者 TJ1038　英数字は被験者番号、以下本稿内同)

次の例も同様に、第8段落の内容を結論と捉えるも、第9段落にきて、前の段落が文章のまとめだとして、捉え直している。

(2) ❽ いよいよ結論か。
　　❾ 皮肉のような、文の終わり。❽が一応のまとめだった。(日本語母語話者 TJ1038)

次の例では、一度捉えた内容を次の段落を読んで修正している。

(3) ❷ 正しいことを言うことは役に立たないことだ。
　　❸ 正しいことを言うことは全く役に立たないのではなく、そこに工夫が必要となる。(外国人日本語学習者 TF1)

修正は現在読んでいる段落箇所と、既出文脈までの予測とが整合性があるかどうか、自分の理解が正しいかどうかを照合するものであり、この点で予測と修正はペアをなす読解活動である。既出文脈までに予測したことを心に留めておいて、現在読んでいる箇所の情報をもとに自分の理解をチェックする活動は、自分自身の理解を確かめる点で自己モニタリングを行っていると言える。

3.2 ▶疑問解決

次は第8段落で、これまでの疑問が解決されたことが表されている。

(4) ❽ 「100%正しいこと」をここにきて、いかに、役に立たない忠告かが、書かれている。ここまできて、ようやく、その本当の意味、本当に言いたかったことが分かった。(日本語母語話者 SJ7)

「分かった」と述べるのは、その前に「分からない」状態が存在するからである。このような「分かる／分からない」といった問題解決の表示は、読み手が理解状態を確かめながら読み進めていることを示している。

3.3 ▶仮説検証ストラテジーの使用比率

日本語母語話者と外国人日本語学習者が用いた仮説検証ストラテジーのう

ち、これらの使用比率を〈表2〉（グラフ化は図2）に示す。

〈表2〉仮説検証ストラテジーの使用内訳（%）

	修正	疑問解決	予測設定	仮説検証全体
日本語母語話者	4.06	0.88	2.16	7.1
外国人日本語学習者	5.85	3.41	1.82	11.08

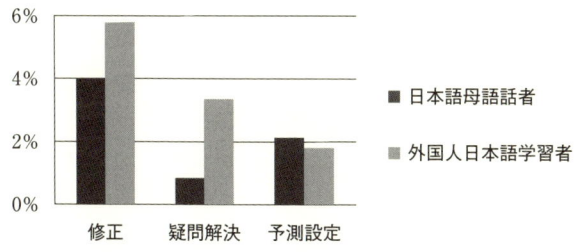

〈図2〉仮説検証ストラテジーの使用内訳（%）

　外国人日本語学習者は仮説検証ストラテジーを多く用いていた。下位区分中では、修正と疑問解決を日本語母語話者より多く用いていた。興味深いことに、仮説検証ストラテジーを用いていた読み手は、文章の要約作成（甲田, 2003）において良い成績を収めていた。

　理解のモニタリングをうまく用いることにより、構造ストラテジーを補い、難解な文章の理解を助ける可能性がある。よく読めた読み手の読解行動を注意深く観察することにより、仮説検証ストラテジーの効用を捉えることができるのではないだろうか。

4. 自発的フィードバックループ

　予測設定、疑問解決と修正は、能動的に後続文章を予測しながら自ら検証し、問題に取り組む読み方であり、単なる受容者としての読解とは異なる。このような認知的モニタリングは、分かっている状態を確かめるメタ認知として研究が進められている。メタ認知とは、認知過程の調整を行う認知活動で、認知スキルが課題を遂行するのを助けるものであるのに対し、メタ認知

のスキルは遂行を理解したり調整したりするのを助けるものである。3.1
▶予測設定と修正(1)～(3)の例では、文章内容の予測が、それ以降の段落を読んだ時点で修正されていたが、予測した内容を修正するには、その予測が正しいかどうかを検証する自己モニタリングが働いていると考えられる。

　以上述べた予測設定と理解・検証モニタリング、そして修正(コントロール)は、読解過程における自発的フィードバックループ(循環過程)である(図3)。

〈図3〉仮説検証における自発的フィードバックループ

　Dunlosky and Metcalfe (2009) は、モニターとフィードバックとのループについて、モニタリングとコントロールの関係は再帰的であり、決まった順序で起こる必要はないと述べている。〈図3〉は、読み手自ら、理解をモニターし、理解を修正し、自己調整しながら、理解を深めていく様子を再帰的に表している。

　次は、文章の冒頭1～4段落で観察された仮説検証の連鎖である。仮説を立てることとそのモニタリング、修正が繰り返され、第4段落で論旨が見えてきたことを述べている。

(5)　❶　正しいことを言う人についての行動の分析が主題であるかのように思われる。
　　　❷　行動分析ではなく、100%正しいことを言うことの無意味さを述べようとしているのか。
　　　❸　正しいことを言うことがどうこうではなく、忠告の仕方についての考察を進めるようだ。
　　　❹　③に①の正しいことばかり言うことの無意味さを加えた発展。ここでようやくまとまりが見えてきた。(日本語母語話者 TJ1024)

　この読み手は、文脈を確立するために、文章の冒頭で予測・修正を繰り返し、第4段落目で理解が進展し、文章の筋道を考えながら読んできた自分の理解がここで進展したことをモニタリングしている。

5. 負のフィードバックから自己調整機能へ

　Zimmerman（2001）は、生徒たちが自分たちの学習方法、方略の効果をモニターし、ある学習方略から他の方略に取り換えるような、フィードバックに反応する過程、自己認知の内面的変化から行動の外面的変化に及ぶ多様な方法を自己調整機能と捉えている。このような捉え方は、能動的で自己を確認しながら調整していく学習を重視したものである。本研究でも次のような理解のモニタリングと自己調整のプロトコルが見られた。

(6)　❾　文章の話があんまりよく分からなかった。⑨を読むと、「100％正しいこと」が主題であることが分かって、たぶんもう数回文章を読まないと、分からないと思う。（外国人日本語学習者 TF3）

　この読み手は、最終段落で、「文章の話があまり分からなかった」と述べつつも、主題を把握した上でさらに文章を読み直す必要性に言及している。自分の理解をモニタリングし、読み直す必要性という次の学習方略をコントロールしようとしている。どのような学習手段を採ったら、よりよく理解できるかをコントロールするためには、理解のモニタリングが不可欠であり、逆に、学習方略をよくコントロールできている学習者は、モニタリングに成功していると言える。

　どのようなとき、モニタリングに焦点が向けられるのだろうか。本稿で扱った文章では、外国人日本語学習者で仮説検証ストラテジーを用いたもので、第5段落で「分からない」という言及が多く見られた。第5段落は文章全体の中で話題が転じる部分であり、しかも「100％正しい忠告だけで生きている人はホトケである」という箇所があり、「ホトケ」という言葉をどう捉えるか、外国人日本語学習者が苦労した段落であった。この段落で、「これまでの話と異なる」「話題が急に変わった？」と述べている人は、この文脈上の不整合を何とか解消しようとして、これまで読んできた文脈に照らし合わせ、分からないという自分の理解を心に留めておいて、後の段落でこの不整合を解消していた。自己調整は、不整合や理解不十分への気づきという負のフィードバックから生じるのである。

　次の例では、読んで分かることに言及（モニタリング）している。

(7)　❺　④を見るとき、次は具体的な役に立つ方法に展開すると思ったが、

また理論に戻って、どういうつながりになっているかと疑問。分からない。（外国人日本語学習者 TF2）

　この読み手は、話題が転じる第5段落を読んだ段階で、文章構成上の位置づけを「分からない」と述べている。しかし、この読み手は最終段落までには、論旨を理解していた。外国人日本語学習者のプロトコルでは、「分からない」と明言する読み手の方が、全体要旨をよく把握できていた。仮説検証ストラテジーを多用していた読み手は、日本語母語話者においても、外国人日本語学習者においても、途中で話題が何の転換のマーカーもなしに逸脱し、全体の主張へつなげるという文章の構造を読解の後半の段落で捉え、文章論旨をよくくみ取った要約文を書いていた。うまく機能しないことが負のフィードバックになり、それに気づき、検証モードに入る。

　Zimmerman（2001）が述べるように、このような不快さを学習者は減らそうとして、自己調整を行い、そしてもし適応がうまくいくと（すなわちフィードバックが負ではなくなると）、自己調整の活動は止まる。文章中のある言葉の意味が分からないとき、あるいは文脈上不整合なとき、これが引き金となって、これまで読んだ思考過程を再びたどることになり、調整が誘発される。そして、このような整合性把握の失敗が、他の方略を用いる引き金となるのである。

6. 個人の特性とストラテジー使用

　個々の学習者のニーズ・能力・嗜好・スタイルに合った学習環境を提供するために、学習者個人の思考・学習スタイルの研究が進められている。何が仮説検証ストラテジーの使用差に影響を与えているかを知るため、また日本語母語話者と外国人日本語学習者との違いを考察するため、読解課題の同一参加者に対して各個人の思考・学習スタイル[3]について Felder and Silverman（1988）の学習スタイル（学習活動への参加、思考の好み、情報入力、理解の順序）に甲田（2009）の議論の論理構成への嗜好、結論の出し方に関する項目を加えた5項目（各11問で合計55問）の質問紙調査を行い、この結果と読解ストラテジー使用との間でピアソンの相関係数をとった。〈表3〜4〉に結果を示す。

〈表3〉ピアソン相関係数：外国人日本語学習者

	能動的	思考的	言語的	同時的	両存特性
予測	.621**	.211	.215	.187	-.317
修正	.062	.258	.453*	.271	-.062
問題解決	.377*	.089	.058	.301	.223
仮説検証全体	.396*	.270	.382*	.366	-.035

$*p<.05, **p<.01.$

〈表4〉 ピアソン相関係数：日本語母語話者

	能動的	思考的	言語的	同時的	両存特性
予測	-.162	-.030	.006	.119	.139
修正	-.053	-.391**	.196	.119	.345*
問題解決	-.061	-.209	-.097	.145	-.122
仮説検証全体	-.119	-.335*	.100	.172	.244

$*p<.05, **p<.01.$

相関係数[4]であるから因果関係ではないが、〈表3、4〉の結果からは外国

【注】
[3] 思考・学習スタイルについては甲田（2009；161-164）に解説がある。
次の（1）～（5）は、質問調査内容の5項目である。
（1）能動的［学習活動への参加］：学習する際に、まずやってみて学ぶ（能動的で活動主体）か、あるいは自分で熟考し、考えることで学ぶ（受動的）か。
（2）思考的［考え方の好み］：具体的事象に基づいて考え、手続き的に実践するのが好きか、あるいは内的思考により事実の背後にある可能性や関係を探ったり、根底の意味や理論を考えるのが好きか。
（3）言語的［情報入力］：外部の情報はどのように伝えられると最も効果的で、情報をどうやって取得するのを好むか。絵や図などの視覚的呈示を好むか、書かれたり話されたりした言語表現を好むか。
（4）同時的［理解の順序］：理解に向けてどのように進展するか。連続した段階を追い、一つ一つ順番に理解していき、徐々にその都度、継時的で順番に学んでいき理解するか、あるいは、複数の内容を見て、全体的、包括的に捉えた後で突然、「分かった！」という感覚を持ち理解に至るか。
（5）両存特性［議論のスタイル］：結論の出し方に関して、たとえ相反する意見であっても多角的に述べられる方が深みを増すと考えるか、あるいは、関連のない意見は述べない方が議論として良い構成であると考えるか。
[4] なぜ外国人日本語学習者が日本語母語話者より仮説検証ストラテジーを多く用いたかについて、本稿では思考学習スタイルとの相関を見た。相関係数から原因を特定することは出来なくても、各読解プロトコルの質的検討を合わせることによってある程度の示唆は得られると考える。

人日本語学習者の場合、能動的特性と情報入力（言語）の影響が考えられ、日本語母語話者では思考的特性と両存特性が影響している可能性を見てとれる[5]。

　相関係数の結果で有意な相関が認められたペアとその要因を読解プロトコルの質的吟味とも合わせて考えてみる。外国人日本語学習者においては能動的特性が予測を立てながら読み進めること、自分が読んだ内容の理解を確認し修正することに関わっていた。外国人日本語学習者の読解プロトコルからは、外国語であるため理解不足から仮説検証を多く行っていたというより、むしろより良く理解するための積極性から仮説検証を多く行っていた。日本語を母語とするか否か、日本語能力の違いに加えて、日本語学習者は対象課題（日本語による説明文）を外国語として読んだことで、読む事への積極性が影響した可能性もある。能動的特性として、熟考して立ち止まるよりも、想定し、やってみて軌道修正しながら学習を進めるという点がこのような結果につながったと考えられる。

　日本語母語話者における結果では、多面的に把握したいことと修正を多くすることが関わっており、思考性における好み（具体的・外的感覚と内的思考（sensing と intuitive）の区別）が関わっていた。具体的・外的感覚志向とは、良く構造化された問題を解くのが好きであり、定型化した状況には良く対応できるが、新たな状況に対応して問題を解決していくのは好まないことである。このような学習者は、既習の型にはまったものでなければ、戸惑う傾向がある。これに対し、内的思考重視者（intuitor）は、新たな状況で発見したり関係を見出すことに面白味を感じる問題解決者である。仮説検証全体と修正が具体的・外的感覚志向と負の相関であったということは、具体的・外的感覚と内的思考は二つの対立する軸であるので、つまり、内的思考重視者としての特性が仮説検証全体、修正という読解ストラテジー使用に相関があるということである。内的思考重視者は、対象における端的な事実を

【注】
[5] 外国人日本語学習者では能動的特性と予測との間で1％水準で有意（両側）、能動的特性と問題解決、仮説検証全体との間、言語的特性と修正、仮説検証全体との間で5％水準で有意（両側）であり、日本語母語話者では、思考的特性と修正の間で1％水準で有意（両側）、両存特性と修正との間、思考的特性と仮説検証全体との間で5％水準で有意（両側）であった。

受容して受け入れるにとどまらず、対象の背後にある意味を考えたり、新たな解決方法を探ろうとする傾向がある。このことが、読解を単なる受容に終わらせるのではなく、自分で仮説を立て、考えを検証し、関係を発見していく仮説検証ストラテジーの使用につながっていると考えられる。慣れ親しんでいない文章の理解や、文章内に一見して齟齬がある文章の理解では、既知の経験を踏襲するだけではなく、自分で意味を発見し、文章を検討するという問題解決としての読解が必要になる。

7. 熟達者（エキスパート）の読みと教育への応用

　文章内容を良く読める読み手（熟達者）は、読解中に自分の理解を確かめ、把握している内容に整合性が無いときに、新たに文脈を捉え直してみるなど、自らの理解の変更を厭わず、より柔軟であった。理解のモニタリングと修正という作業を課題の遂行中、必要に応じて行っていた。

　Pearson, Roehler, Dole, and Duffy（1992）は、熟達した読み手の特徴として理解のモニタリングを挙げている。熟達した読み手は、読解がうまくいっているかどうかを注意深く意識しており、読解に問題があれば読解ストラテジーを変えることができる。理解の修正は熟達した読みに必須のもので、分かっていないと気づいたときに何をすればよいか知っていると述べられている。また、読解における労力や時間の配分についても言及されており、熟達者は、分かっていること、分かっていないことを見きわめ、難しいところには時間をかけ、そうでないところにはそれほど時間をかけないなど時間の配分に柔軟であることが記されている。これらの能力は、読むことの調整、コントロールに関するもので、このような調整能力が、読解中に生じる問題の対処に役立つと考えられる。

8. おわりに

　読解対象である文章は、それぞれ長さや構成、話題の展開の仕方も多種多様であり、形の整った問題ではない。また、読解対象である文章を理解するのに一定の法則があるわけでもない。このように文章読解は、定型化した状

況における構造化された問題とは異なり、著者の主張や文章の構成など、その文章を読むことによって新たに接するという、不確定要素の多い問題である。このような状況に対処するために、読解を単なる受容に終わらせるのではなく、自分で仮説を立て、考えを検証し、関係を発見していく仮説検証ストラテジーの使用につながっていると考えられる。慣れ親しんでいない文章の理解や、文章内に一見して齟齬がある文章の理解では、既知の経験を踏襲するだけではなく、自分で意味を発見し、文章を検討するという問題解決としての読解が必要になる。

　自己モニタリングと仮説検証の方略は、学習者自らが気づき、自己調整する点で、学習者の能動性や自発性に着目している。自己調整が行われるためには、自らの読解を自己評価し、その評価に基づいて、反応を修正、変更できなければならない。このためには、問題点をモニタリングして発見し、考えを修正する仮説検証能力が必要となる。

　モニタリングを強化するためには、フィードバックのタイミングや各学習領域でのモニタリングの効果を検討する必要がある。Frederickson et al.(1975) では、目標反応の生起に関する自己記録のタイミングに関し、断続的（例えば一日の終わり）に自己記録するよりも、継続的かつ即時的に自己モニタリングを行う方が大きな反応性をもたらすと述べられている。また、文章の作成経験によって論理構成の検討力が増し、文章の読解能力が増す例（甲田 2012）は、モニタリングの効果を示していると考えられる。文章の受容的理解だけではなく、主体的検討を助長するものとして、文章を作成することは読解に貢献する。文章の作成は論理を組み立てる経験であり、読解の際に、書き手の論理構成を確かめ、批判検討することに役立っている。今後このようなモニタリング強化の条件や効果的な学習領域等の解明とその実践が望まれる。

〉〉〉参考文献

甲田直美（2003）「日本人学習者における読解過程と要約文の相関/The Interrelationship of reading comprehension processes and summary protocols for JFL learners」In Makino, S. (ed.), *The 11th Princeton Japanese Pedagogy Workshop Proceedings*, 87-91.

甲田直美（2009）『文章を理解するとは　―認知の仕組みから読解教育への応用まで―』　スリー

エーネットワーク

甲田直美（2010）「読解における仮説検証と自己モニタリング／Hypothesis-testing and self-monitoring reading」 2010 年　Association of Teachers of Japanese（ATJ）Annual Conference 口頭発表（米国・フィラデルフィア）

甲田直美（2012）「読解促進材料が日本語学習者の文章理解に及ぼす効果」2012 年日本語教育国際研究大会口頭発表（於・名古屋大学）

Dunlosky, J. & Metcalfe, J.（2009）*Metacognition*. Sage Publications.

Felder, R.M. & Silverman, L.（1988）. Learning and teaching styles in engineering education. *Engineering Education*, 78-7, 674-681.

Frederickson, L. W., Epstein, L. H., & Kosevsky, B. P.（1975）Reliability and controlling effects of three procedures for self-monitoring smoking. *Psychological Record*, 25, 255-264.

Kazdin, A.E.（1979）Unobtrusive measures in behavioral assessment. *Journal of Applied Behavior Analysis*, 12, 713-724.

Mace, F. C., Belfiore, P. J., & Hutchinson, J. M.（2001）Operant theory and research on self-regulation. In Zimmerman and Schunk 2001, 37-62.

Mace, F. C. & West, B. J.（1986）Unresolved theoretical issues in self-management: Implications for research and practice. *Professional School Psychology*, 1, 149-163.

Pearson, P. D., Roehler, L. R., Doke, J. A., & Duffy, G. G.（1992）Development expertise in reading comprehenion. In S. J. Samuels and A. E. Farstrup（eds.）, *What Research Has to Say about Reading Instruction*. International Reading Association.

Zimmerman, B. J.（2001）Theories of self-regulated learning and academic achievement: An overview and analysis. In Zimmerman and Schunk, 2001,1-36.

Zimmerman, B. J. & Schunk, D. H.（2001）*Self-regulated Learning and Academic Achievement: Theoretical Perspectives*. Lawrence Erlbaum Associates.

授業をつくる
―「学びの場づくり」における教師と学習者

舘岡洋子

1. 授業という場

　教師という仕事は、授業を行うこともさることながら、その準備にも多くの時間とエネルギーを費やす。しかし、教師がいくら努力しても準備した通りに授業が運ばないのは、誰しも経験するところである。授業は教師と学習者から成り立っており、学習者の動きを教師はあらかじめ完全に予想することは不可能なのである。この「想定外」の事態は、ベテラン教師になっても相変わらず発生するであろうし、むしろベテラン教師はその事態を積極的に利用し、生き生きとした授業を生み出しているのかもしれない。

　筆者が提案し、実践している「ピア・ラーニング」の授業では、学習者同士の主体的な学び合いをめざしているために、教師主導で進められてきた授業に比べ、授業の動態性が高く、結果、教師にとっては進行を予想することができない。つまり、教師が事前に周到な準備をし、それを授業の場で学習者に与えるということができないのである。では、学習者の主体的な学びの場をデザインし、授業をするとはどういうことなのか。試行錯誤の中で、ピア・ラーニングの実践そのものも変容を遂げてきた。本稿では、その変容プロセスを第1ステージ、第2ステージ、第3ステージと名づけ、どのようにピア・ラーニングの授業が変容してきたのかを実践研究として振り返ることにより、あらためて「授業という場」「授業をつくるということ」を再考したいと考える。

2. ピア・ラーニングとは

　はじめにピア・ラーニングについて概略を述べる。「ピア・ラーニング（peer learning）」とは、仲間の学習者（peer）との対話を媒介として、学習者同士が主体的に学び合う学習方法であり、また、学習のコンセプトである。筆者は、特にテキストを用いた読みのピア・ラーニングを「ピア・リーディング（peer reading）」と名づけ、実践と研究を行っている[1]。ピア・リーディングでは、仲間と協働して学ぶことにより、テキストを理解し、他者を理解し、最終的には自分自身がどういう人間なのかに気づいていくこと、自分自身を発見すること、そこへむけて自律的な学び手となることがめざされており、そのプロセスで、日本語そのものの理解や表現も進歩すると考えられる。

　読解授業を担当する中でピア・リーディングを考えついた背景には、まず、日ごろの読解授業の進め方への疑問があった。テキストを解読していくだけで終わっていく読解授業において、筆者はどんな授業をすればよいのかわからなくなっていたのである。一方、筆者はちょうどそのころ、個人の頭の中の認知的な読解研究を進めていた。日本語学習者たちにテキストを読んでもらい、そのプロセスを声に出してもらうことによって得たデータをプロトコル分析し、どんなところで躓いているのか、読めない理由は何かを探っていた。調査としての言語化のプロセスは「調査協力者」であった学習者たちの思考プロセスの「語り」を引き出していた。興味深い語りデータを聞いているうちに、語り合いによる学びということに思い至ったのである。実際に実験的に2名の学習者にピア・リーディングをやってもらったところ、学び合いの大きな可能性が見えた（舘岡 2000）。そこで、さまざまな形でピア・リーディングを実践し、実践研究を行うことでその意義を探ってきた（舘岡 2005 ほか）。

　このようにして筆者は、実践から生まれた問題意識を解決しようと新たな実践を模索していたわけだが、一方、教育現場の背景も大きく変わってきていた。教師主導で教えることが疑問視され、さまざまな活動を主体とした教

【注】
[1] ピア・ラーニングおよびピア・リーディングについて、詳しくは、舘岡（2000）、舘岡（2005）、池田・舘岡（2007）ほかを参照のこと。

育実践が現れ、それに関する実践研究が出てきたのである。従来、学習というのは、あらかじめ準備された知識が教室という場で教師によって手際よく伝達され、学習者個人の中に効率よく蓄積されることだとされてきた。しかし、学習というのは本来、学び手自身が行うものではないのか、他者（教師）から与えられるものではないのではないのか、という問題意識のもとで、参加することや体験することによって学ぶという考えに転換してきたのである。この考え方の背景になっているのは、「知識は状況に依存しており、学習とは学習者自身が知識を構築していく過程であり、社会的相互作用を通じて行われるものである」という構成主義の考え方（久保田2000、ガーゲン2004など）である。日本語教育においても、日本語を教えるということは、学び手に言語構造を中心とした知識を伝達することだ、という考え方から、学び手が実際にコミュニケーションできるようにしなければならない、という考え方に移り、さらに、学び手が自らを発見するために日本語を使い、また日本語を自律的に学ぶことができるように支援することだ、という考えに移ってきたといえよう（舘岡 2007）。

　このような背景の中、教師が教えるのではなく、学習者同士が助け合って読んでいくという活動を考え、実践するようになった。ピア・リーディングは、「読む」という活動だけに焦点化するのではなく、クラスのほかの学習者とのテキストをめぐる対話を通して、テキストを理解しつつ、他者理解や自己理解をしようとするところが、今までいわゆる「読解」として考えられてきた授業とは異なっている[2]。

3. 学びの場づくり―ピア・ラーニングの進化プロセス

3.1 ▶第1ステージ―教師主導から学習者主導へ

　前節では、主にピア・ラーニングを始めた時点での問題意識や誕生の背景について述べた。2人の学習者が助け合って読んでいくプロセスのプロトコル分析（舘岡 2000）や、クラスで推理小説を読み予測していく実践（舘岡

【注】

[2] 読解授業の3つのパラダイムについては、舘岡（2012）を参照のこと。ピア・リーディングは第3のパラダイムの読解授業としてあげられている。

2003)、また、読むプロセスを共有するばかりでなく、1つのテキストをいくつかに分割し、互いに異なった部分を読んでそれを突き合わせ統合していくジグソー・リーディング（舘岡 2005）など、いろいろな実践を試みた。この時点で考えていたのは、「解読」のようになってしまう「読解授業」を学習者が能動的、主体的に取り組めるような活動にできないか、という問題意識であった。舘岡（2005）では、この協働による学びを、〈図1〉を示して次のように説明している。

ピア・リーディングでは、中心にいるのは活動主体としての学習者である。学習者は、「学習対象（テキスト）」と「自己」と「他者（仲間の学習者）」それぞれに働きかけている。対象と他者と自己の3者それぞれについて学習者は学ぶと同時に、対象について学ぶさいに他者と対話を行い（ここで成り立っているのが右の三角形）、また対象について学びつつ自己への内省を深め（左側の三角形）、また、他者との対話により、自己への内省を深める（下の三角形）というように3つの三角形が同時に成り立ち、かつ、互いが互いを促進する関係にある。この3者が一体となってこそ、学習者自身の学びが深まっていくのではないかと考える。

英語母語話者のテリーとサリーによるピア・リーディング（舘岡2000）では、ふたりが協力して問題解決しながら読み進めることの意義が認められた。具体的には、①互いに教え合いが生じ、互いが互いのリソースとなっていること、②対話を通して自分の考えが整理されたり、明確になったりといったテキスト理解への見直しの契機となっていること、など、認知的な側面と同時に、③互いの関係性構築や動機づけを高めるなどの情意的な側面が観察された。また、認知面と情意面は一体となっていることがわかった。テリーの質問に答えるプロセスで、サリーはもともと話題になっていないテキストのある箇所について、自分の誤解に気づ

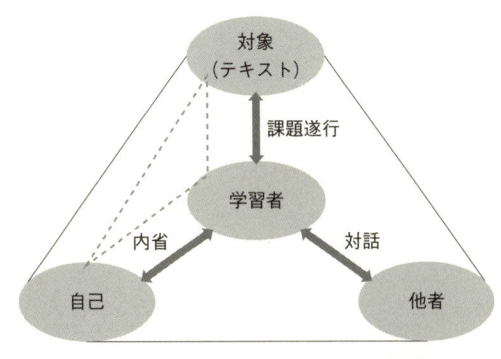

〈図1〉ピア・リーディングにおける学びの場

き、さらに考えが整理され深まるという体験をしている。これは対話をとおしての気づきであり、わかることと達成感を感じることの連鎖が起きている。

このようにして、教師が与える授業から、学習者が主体的に学び合う授業へと転換することが、まずは、ピア・ラーニングの第1ステージであった。学習者の発話が活発になり、テキストをめぐる教室内の対話がふえていったことから、学習者同士が協働して学び合うことの可能性が見出されたのである。それにともなって、教師の役割も変わってきた。教室の前に立って学習者たちが知らない知識を一方的に伝授するというよりも、学びが成立しうる環境としての教室をデザインし、学習者の内省を促進していくという役割が重要になってきたのである。第1ステージでは、テキストをめぐって教室内の他者との対話が増え、まずは、右側の三角形が成立したといえるだろう。

3.2 ▶第2ステージ—内省を深めること

先に述べたように、ピア・リーディングは、テキスト、仲間、および自分自身への理解を深める「場」の提供をめざしていた。しかし、実践をくり返す中で、仲間と学ぶ機会が設けられたからといって、いつもそのままそれぞれの学習者の学びにつながるとはかぎらないことがわかってきた。授業中、仲間との対話が弾み授業は活発にはなったものの、学習者自身が自分の考えを吟味したり深く思考したりすることがなく、どれくらい学ぶことができたのか疑問だという場合が少なくない。また、話し合いをしても互いの論点がバラバラで議論が深まらない、自分の意見は言うものの他の人の意見は聞いていない、設問への正解を急ぐばかりに自分の本当の意見をもたない、また、すでにもった意見を再吟味しない、このような事態も起きてきた。つまり、グループで活動することそのものが、そのま

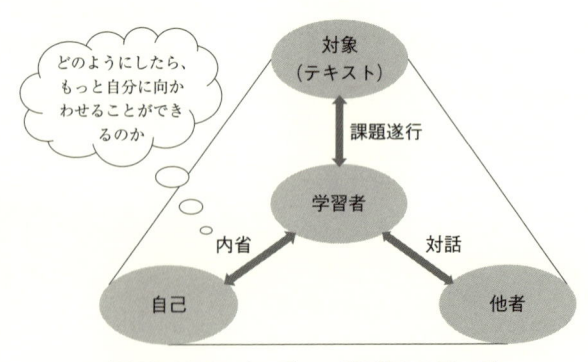

〈図2〉ピア・リーディングの第2ステージ

ま学びにつながるとはかぎらないのである。

　具体例をあげてみよう。推理小説を読んだ時のことである。最後の犯人探しの予測について、さまざまな奇想天外な予想が生まれたものの、その予想の根拠が乏しく説得力があるとはいえない意見もたくさん出てきた。なぜそうなったのかというと、それは、自分自身が理解していることと結びつけて結末を予測しているのではなく、予測として仲間におもしろいと思ってもらえることに価値を置いていたからのようだった。ここでは、グループの活動自体が自己目的化してしまっており、なぜ自分はそう考えるのかという内省が行われていなかったのではないだろうか。

　内省には、テキストに関して自分が理解したことを内省するというレベルもあれば、自分という人間について内省するというレベルもあろう。本稿では、さまざまなレベルを含めて、自分自身の現在の状況について再評価を行い新たな解釈をしたり、体験を振り返ったりすることによって、体験に新たな意味を見出そうとする行為をさすこととする。

　ピア・リーディングの第1ステージでは、まず、仲間とのやりとりが活発に行われ、〈図1〉の右側の三角形が成り立っていたと思われるが、それだけで終わらず、どうしたら、〈図2〉のように内省と結びつけられるのだろうか。もちろん、内省するというのは、ひとりでするわけではない。クラスの他者とのやりとりを通して内省が促されるわけだが、やりとりで終わらずに自分を振り返るとはどうなることなのだろうか。この試行錯誤のプロセスが第2ステージであった。

　先の例で、十分内省が行われなかったのはなぜか。それは、テキストを読むことが自分にとって「関係のないこと」だったのではないか。テキストに自分をかかわらせて読むことができなかったのではないだろうか。そこで、第2ステージとしては、内省が促されるようなデザインを意識するようになった。それには、まずテキストは読み手が自分自身とかかわらせることができるようなものを選ぶこと、また、自分の問題として取り組むことができるような課題を考えることであった。そこで、以下に、在日韓国人作家による「国」をテーマとした作品をテキストとしたときの授業を例に、テキストと自分とをかかわらせることを検討する。授業の進行は、以下のとおりである。

①テキストを読み、筆者の主張を理解する。
②筆者の主張を批判的に検討し、自分なりの意見をもつ。
③自己の主張をクラスメートに伝え、クラスメートの主張を理解する。
④クラスメートとの対話により、自分の考えを深める。
⑤対話をふまえ、「自分にとって国とは何か」というテーマで作文を書く。
⑥お互いの作文を読み合い、コメントする。
⑦振り返りをする。

〈事例1〉

　台湾出身のKさんは、授業の冒頭では、筆者にとっての国とは、「自分（筆者）が在日韓国人としての視点から、国と人とはもう従来の国民国家のような単純ではない。こんな現代社会が抱えている問題について、社会意識を喚起させたい。でも、自身の無力に悲しく感じる。（原文のまま）」ととらえている。ここまででは、筆者の主張を理解しようとするにとどまり、十分にKさん自身とかかわらせることができていない。そこで、①や②の問いを設定した。Kさんの変容プロセスを〈図3〉を参照しながら追ってみよう。

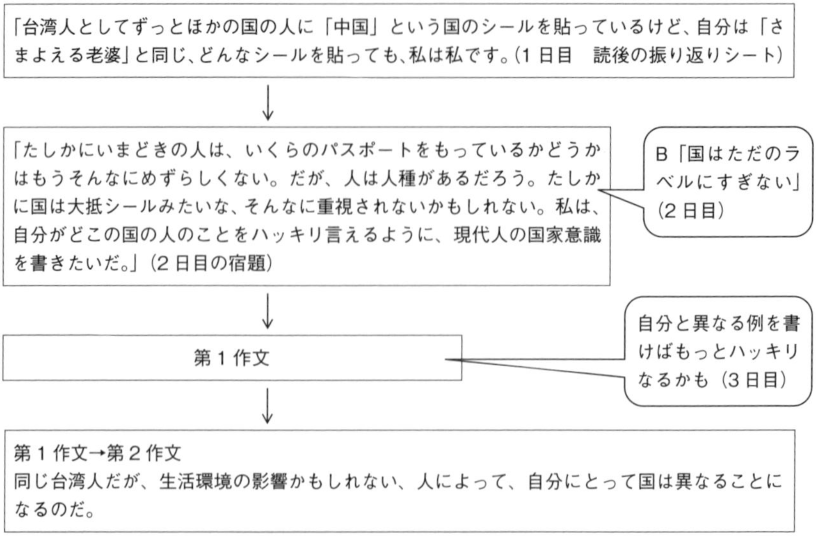

「台湾人としてずっとほかの国の人に「中国」という国のシールを貼っているけど、自分は「さまよえる老婆」と同じ、どんなシールを貼っても、私は私です。(1日目　読後の振り返りシート)」

↓

「たしかにいまどきの人は、いくらのパスポートをもっているかどうかはもうそんなにめずらしくない。だが、人は人種があるだろう。たしかに国は大抵シールみたいな、そんなに重視されないかもしれない。私は、自分がどこの国の人のことをハッキリ言えるように、現代人の国家意識を書きたいだ。」(2日目の宿題)

B「国はただのラベルにすぎない」(2日目)

↓

第1作文

自分と異なる例を書けばもっとハッキリなるかも（3日目）

↓

第1作文→第2作文
同じ台湾人だが、生活環境の影響かもしれない、人によって、自分にとって国は異なることになるのだ。

〈図3〉「国」をテーマとしたテキストを読んで—Kさんの変容
　　　（☐内はKさんの原文のまま）

①「テキストに登場するような人物があなたの周囲にいますか」

それに対して、Kさんは、「同じような人がいます。私の父はマレーシアから来ました。パスポートなら両方も持っている」と答えている。

また、感想として「台湾人としてずっとほかの国の人に中国という国のシールを貼っているけど、どんなシールを貼っても私は私です。（後略）」と述べ、作文にもそのテーマは引き継がれている。

②「あなたにとっての国とはどのようなものか、筆者と同じ点、異なる点はなにか、その理由などを考えてみましょう。」

この問いに対し、Kさんは「私にとっての国とは、私の身分証明だ。筆者と同じ。たとえ私は日本にずっと住んでいても、私はとうとう日本人ではなく、私は自分の国の人だ。いくらパスポートを持っても、自分の国の人だ。」と答えている。また、クラスメートのBさんが「国はラベルに過ぎない」と発言したことに対し、「人には人種があるだろう。たしかに国はシールみたいかもしれないが、自分がどこの国の人かハッキリ言いたい」と考えているようだ。このような問いによって、テキストのテーマを自分と結びつけることができるのではないか。これを出発点として、作文のプランを考えた。Kさんの第1作文（1回目の作文）には、台湾人としての強い意識が描かれた。そのKさんの作文に対して、「台湾人はみんなそのように考えているのか」という質問があり、それをめぐるやりとりの中で、「自分とは異なる人の例を書くとよい」という仲間からのアドバイスがあり、Kさんは第2作文では、台湾出身でパスポートをたくさん持ちたがっている友人のエピソードを加え、「同じ台湾人だが、人によって環境によって国は異なる」と書き直している。Kさんはテキストを読み、国と自分との関係を考え、仲間との対話によって、自分の考えを更新している[3]。

〈事例2〉

別のグループでは、カナダ系アメリカ人のBさんとドイツ人のJさんは、国とアイデンティティの関係について議論し、Jさんが考える「アイデンティティ」とBさんが考える「アイデンティティ」が異なることに、Jさんが気

【注】
[3] Kさんの作文の変容については、舘岡（2012）を参照のこと。

づいた。「考え方の違いがなぜ起こるのか」という点を話し合う中で、Bさんはアメリカ人である自分とカナダ人である自分を感じることがあると説明し、Jさんは、「私はアイデンティティはひとつのものだと考えていたが、Bさんと話しているうちにBさんがそう思っていないことがわかった。Bさんにとっては、一人の人の中に複数のアイデンティティがある。それは私にとって対立的な意見ではなく、私はBさんのような考え方もできると思った。」と話すに至った。

このようにして、他者と教室でいっしょにテキストを読むという活動は、〈図2〉にいう対象（＝テキスト）に対峙し、また、他者を理解しようとし、そして自分自身を位置づけるという活動になってきた。こうしてテキストをめぐる他者との対話をとおして、異なりと重なりを意識し、自分自身を位置づけることこそが教室で読むことの意義ではないだろうか。テキストのテーマを自分自身の問題としてとらえることにより、対象と他者と自己を結ぶ三位一体が促進されるようになったといえよう。これが第2ステージである。

3.3 ▶第3ステージ—「いっしょにつくる」ということ

どのようなテキストが学習者たちにとって、自らと結びつけることができるのか。それがわかるのは教師ではなく、学習者たちである。第2ステージの実践の中で、当然の流れとして、テキスト選択を学習者たちに問うことになった。また、活動の内容も彼らといっしょにつくっていくことになった。つまり、対象と自己と他者を結ぶ三位一体の場自体を教師と学習者がいっしょにつくるのである。これが第3ス

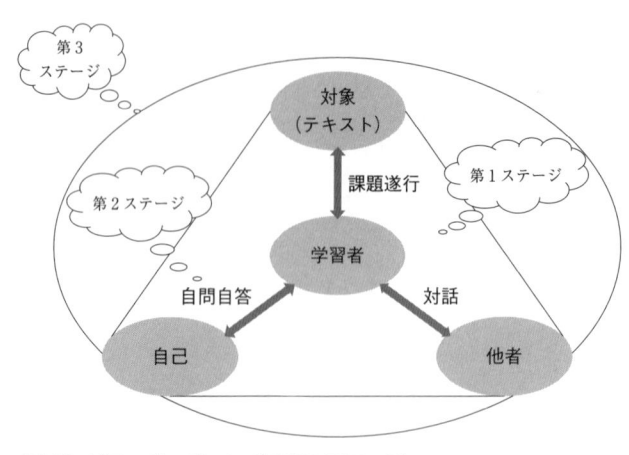

〈図4〉ピア・リーディングの第3ステージ

テージである（〈図4〉参照）。

　第2ステージまでの授業実践では、学習者にテーマの希望を尋ねることはあったが、基本的には、教師（および実習生）がテキストを選定し、授業デザインを行い、授業を組み立ててきた。しかし、あるとき、トム（仮名）という学習者からこれを読んではどうかとテキストが提案された。それをきっかけにクラス全体で話し合うことになった。この経緯については、「トム・プロジェクト」という名前で、既にいくつかのところに書いている[4]ので、ごく簡単に記す。

　学習者トムは、担当教師のところにニューズウィーク日本版の中から食糧問題に関する記事をもってきて、これを授業で扱ってはどうか、その問題をクラスのみんなで考えてみたいと提案した。それをきっかけに、そもそもこの授業において、①「いいテキストとはどのようなものか」、②「いい授業とはどういうものか」を話し合うことになった[5]。話し合いで、各自の意見がぶつかり合う中で、なぜトムがその記事を読みたいのかが話題となった。トムによると、インターンシップでアフリカに行ったときから、アフリカの食糧問題を自分の問題として考えるようになり、クラスのみんなとその記事を読んで考えてみたいと思ったということであった。この話し合いは、トムによって提案されたテキストを授業で使うかどうかを決定するということ以上の意味があるものであった。学習者たちは与えられたものを決められた仕方で読む、というのではなく、互いにとってよいと思うこと、価値があると思うことを実現するために、自ら主張し他者の主張を聞き、そのせめぎあいの中で、思考し、自らの学びを実現しようとしていた。

　話し合いの結果、教師と学習者たちの合意のもと、今までのスケジュールを変更して、急遽、「食糧問題」という新たなユニットを作ることになった。クラスの学習者たちの求めに応じて、トムは背景説明をすることになり、またボランティアでほかの学生も自国の食糧問題について発表することになった。単語リストを作ったのも、学習者たちであった。つまり、テキストの選択ばかりでなく、授業そのものもいっしょにつくっていったのである。

【注】
[4] 舘岡（2010）を参照のこと。
[5] クリティカル・リーディングという名前の授業で、ピア・リーディングによる読解授業であった。

このような大きな動きは、そう頻繁に起こることではない。しかし、活動をいっしょに考えたり、たたき台を話し合いの中で変更し、授業をつくり変えていくことは、日常的に起きている。これもいっしょにつくっているといえるだろう。

　筆者の場合、いっしょにつくるプロセスに大きく貢献していたのは、実習生の存在である。筆者の授業は、日本語主専攻の大学院の実習授業の対象となっている。実習生である院生は、チームで教師役を務め、授業をデザインしたり、教壇に立って指示したり、いっしょに学習活動に加わったりしてきた。そこでは、多様な視点の中で実習生間のピア・ラーニングが行われていた。このように教師役を務める実習生ではあるが、担当教員である筆者と日本語学習者とをつなぐ紐帯の役割も担っていた。実習生だからこそ、学習者と同じ目線をもち、テキストや活動プランの策定について学習者に相談したり、いっしょに考えたりする場面も生まれていた。また、グループに分かれて活動するさいに、それぞれのグループにちらばった実習生が横につながりながら、教師チームとしての団結も保っていた。したがって、クラスコミュニティは、担当教師、実習生たち、日本語学習者たちによるハイブリッドなコミュニティ[6]となり、実習生の存在も、教師と学習者の二項対立を越える役割の一翼を担っていたのではないかと考える。

　〈図4〉に示したように、このピア・リーディングの三角形の場自体が、教師、実習生、学習者がいっしょになってつくっていっているといえる。これが第3ステージである。

4. 授業をつくるということ

　本稿は、ピア・ラーニングの授業において、教師はあらかじめ学習者の学びを想定できない、では、そもそも「授業をつくる」とはどういうことなのか、というのが問題意識であった。ここでは、授業を「いっしょにつくる」ということが提案された。「いっしょにつくる」ということを2つの点から

【注】

[6] ハイブリッドなコミュニティについては、市嶋ほか（2009）を参照のこと。

検討したい。

　第1に、教師と学習者という立場の二項対立を越えるという点である。教師が与える人で学習者がもらう人という構図を壊し、ともに授業をつくっていくという意味で「いっしょにつくる」ということになる。そのためには紐帯としての実習生の存在は大きく、教師のコントロールが弱まれば、学習者の主体性や参加が前に出る。

　第2に、問題と方法と結果の同時性である。ことばの教育として従来考えられてきたことは、ある「ニーズを満たす」ための方法、または、ある「問題を解決する」ための方法である。問題Aに対処するために方法Bが用いられ、それによって結果Cが生まれる。ここでは、問題Aと方法Bと結果Cは別々のことであり、Aを正しく同定し、Bを適切に使用することで、予測される効果Cが生まれるのである。ある学習者が読解力が向上しないのは漢字ができないからだという問題Aが同定されれば、そのためにはこれこれの漢字の学習方法や練習問題等の方法Bが用いられ、それがある成果Cをあげる。

　しかし、ピア・ラーニングでは、問題Aと方法Bと結果Cは同時なのである。それらに先立って、まず協働的な活動がある。活動をする中で、これができない、これがわからないという問題に気づく。活動をしてみないと何が問題なのかわからないし、また、学習者一人ひとり、何が問題かは異なる。つまり、事前に教師が問題がAであろうと想定して準備をし、そのための対処方法としての学習方法Bを提案し、授業の中でそれを使ってみることによって、その解決能力Cが身につく、ということではない。まず、活動してみる。ある方法がいつでも有効なのではなく、いろいろな方法で活動を展開する中で、ある方法においてある問題が解決することを体験する。つまり、ある方法で活動することとある結果が現れることは同時なのである。

　たとえば、舘岡（2000）の事例でテリーとサリーが協働してテキストを読んでいるとき、サリーは、（おそらく最初からなんとなく腑に落ちなかったのであろうが）最初は通り過ぎていたある部分について、テリーからの別の質問に答えるプロセスで急に、問題に気がつき、ああ、こういうことだったのか、と自ら理解し確認している。これは、問題そのものが最初から明確だったわけではないのに、対話活動の中で、問題と解法と結果が同時に現れた例

である。この一連の学びは、あるものについては教師が事前に網を張っておけるものもあろうが、学習者たちの気づきの範囲は教師の予測をはるかに超えている。KさんやJさんの気づきも、本人たちが国についてどうとらえているかは教師にはわからないところで、ここでの学びを想定することはできない。つまり、教師が事前に問題を想定し、その方法を準備し、ある結果をもたらすこととは異なり、学習者自らが「そういうことだったのか」と気づくときに、問題と方法と結果は同時なのである。

　こうして、2つの点から「いっしょにつくる」ということを検討したが、この教師と学習者の二項対立を越えることと問題と方法と結果が同時であることは、実は一体のものであることがわかる。活動の中で学ぶということは、その活動を通して問題への解決方法と結果が同時に起き、それが連続的に生起し続けるということであり、その活動のプロセスを教師と学習者がいっしょにつくるのである。

　では、「いっしょにつくる」中で教師のすべきことは何か。学びの場づくりとしてのたたき台を出すことと真摯に学び続ける態度をもち、学びの場づくりのために学習者とともにたたき台を壊し、新たな学びの場をつくり続けることではないか。たえず生起している学びをモニターし続け、その場作りを支援し続けることではないかと今の時点では考えている。

>>> 参考文献

池田玲子・舘岡洋子（2007）『ピア・ラーニング入門』　ひつじ書房
市嶋典子・舘岡洋子・初見絵里花・広瀬和佳子・古屋憲章（2009）「ハイブリッドな学習コミュニティーにおける教育観・学習観の変容―クリティカル・リーディングの実践を通して―」　実践研究フォーラムWEB版報告
　http://wwwsoc.nii.ac.jp/nkg/kenkyu/Forumhoukoku/2009forum/round2009/RT-Ditijima.pdf
ガーゲン、ケネス／永田素彦・深尾誠訳（2004）『社会構成主義の理論と実践―関係性が現実をつくる』　ナカニシヤ出版
久保田賢一（2000）『構成主義パラダイムと学習環境デザイン』　関西大学出版部
関正昭・平高史也 編、平高史也・舘岡洋子（2012）『日本語教育叢書「つくる」読解教材を作る』　スリーエーネットワーク
舘岡洋子（2000）「読解過程における学習者間の相互作用―ピア・リーディングの可能性をめぐって」『アメリカ・カナダ大学連合日本研究センター紀要』23. pp. 25-50
舘岡洋子（2003）「読解授業における協働的学習」『東海大学紀要留学生教育センター』23. pp.

67-83

舘岡洋子（2005）『ひとりで読むことからピア・リーディングへ―日本語学習者の読解過程と対話的協働学習』 東海大学出版会

舘岡洋子（2007）「ピア・ラーニングとは」池田玲子・舘岡洋子前掲書、pp.35-69

舘岡洋子（2010）「多様な価値づけのせめぎあいの場としての教室―授業のあり方を語り合う授業と教師の実践研究」『早稲田日本語教育学』第7号、pp.1-24

舘岡洋子（2012）「テキストを媒介とした学習コミュニティの生成―二重の対話の場としての教室」『早稲田日本語実践研究』刊行記念号、pp.57-70

言語学習初期における音声言語教育の意義
―日本語教育への提言―

宮城幸枝

1. 序

　音声言語は、人間が進化の過程で獲得したもので、特別な場合を除いて、生活のなかで自然に習得される。反対に、文字言語の習得には特別な教育が必要となるため、母語話者に対する教育では、文字言語の指導が優先されてきた。文字媒体の書物が豊富なのに比べ、音声媒体メディアや音響機器がない時代に音声教育を行うことが難しかったのも音声教育が後回しにされた理由であろう。

　音声機器の発達とともに、口頭練習を言語学習の中心的活動とするオーディオ・リンガル法をはじめ、音声を重視する指導法が提案され言語習得における音声の役割が注目されるようになった。しかし、現在多くの日本語教育機関では、文法・文型や読解の指導が文字で書かれたテキストを中心に行われている。教室では、音声を媒介に文字テキストの内容が指導されるが、教師は言語習得における音声情報処理の役割や体系的に音声教育を行うことの大切さを十分に理解して指導を行っているだろうか。現在の日本語教育では、文字言語教育重視の傾向は変わらず、音声言語の指導はまだまだ副次的なものとして扱われているように思われる。これは、読解や文法教育などの文字で書かれた教材は盛んに開発されているが、発音指導やリスニングなどの音声言語教育のための教材開発は格段に少ないことからもうかがえる。

　言語の習得と運用において音声情報処理が重要な役割を果たしていることは認知心理学、第二言語習得研究の成果からも明らかになってきている。本

稿では、体系的な音声教育の重要さを再確認するとともに、日本語教育の初期の段階での音声言語教育の指導はどうあるべきかについて考えたい。

2. 誤解を招く「言語の4技能」という用語

「言語の4技能」は非常に説得力のある便利な用語として広く使われている。『中学校学習指導要領解説　外国語編』第1章総説の2.外国語科改訂の趣旨として、「『聞くこと』、『話すこと』、『読むこと』、及び『書くこと』の4技能の総合的な指導を通して、これらの4技能を統合的に活用できるコミュニケーション能力を育成するとともに、その基礎となる文法をコミュニケーションを支えるものとしてとらえ、文法指導を言語活動と一体的に行うよう改善を図」り、さらに、「『聞くこと』、『話すこと』、『読むこと』、及び『書くこと』の4つの領域をバランス良く指導し、高等学校やその後の生涯にわたる外国学習の基礎を培う」ということが述べられている。しかし、ここには「4技能を総合的に指導する」、「4技能を統合的に活用する」ことが具体的にどのようなことを指すのか明確に示されていない。一言に4技能といってもさまざまなレベルがある。「話す」といっても発音のことか、スピーチのことなのか、「書く」といってもスペルを正確に書くことなのか、作文教育なのかが明確でない。4技能という用語は受け入れやすい便利なことばであるが、誤解を生む用語でもある。

	産出	受容
音声媒体	話す	聞く
文字媒体	書く	読む

〈図1〉言語の4技能

この4技能というのは、図1によって示されるように、「何を使ってどのように」という言語表出の特徴によって分類されたものである。

ウィドウソン（1991：72）は知識としての言語用法（language usage）と、その知識を実際の場面ごとに的確に運用する力を意味する言語使用（language use）とを区別し、「言語用法について考えるときには、言語技能を上（図1）のように考えるのが便利かもしれないが、言語使用について考えるときには、このような考え方ではあまり役に立たず、実際かなりの誤解を招くものであると言いたい」と述べている。

現在の言語教育では、4技能の運用形態である聴解、読解、口頭表現、文

章表現はそれぞれの技能に特化して指導され、4つの技能別に評価することが当然のように行われている。この方法は、一見して言語を4つの面から指導することによって、基盤としての言語教育を行っているように見える。しかし、言語能力が不足している初級や中級レベルの学習者に対して、技能(テクニック)に特化した指導を行うことの意味を考え直してみる必要があるのではないだろうか。

後述するように、言語習得や運用すべてにわたる情報処理の基盤には音声情報処理がある。言語教育において、私たちはもっと言語における音声情報処理の機能について理解し、音声を基盤にした指導を増やす必要がある。特に第二言語習得の初期段階においては、技能別指導よりも、音声言語と文字言語のインプット・アウトプットを融合し、文字言語、音声言語に対応できるバランスのとれた言語能力の指導に重点を置くことが肝要である。指導要領の「4技能を統合的に活用する」というのはこのことを意味しているのではないだろうか。

3. 第一言語と第二言語で異なる技能別指導

第一言語の場合、生まれたときから、母語環境で豊富な音声インプットを与えられ、ほとんどの子どもたちは就学前には音声言語の基本知識と言語使用能力を獲得している。その基盤の上に、学校で「書く・読む」といった文字言語を中心とした技能教育を受ける。さらに、教育環境の中で友達と会話したり、小説を読んで感想文を書いたり、インタビューをしてレポートをまとめるなどインプットとアウトプットを組み合わせた言語活動を繰り返すことによって、言語知識を増やし、体系的・重層的に伝達能力を高めていく[1]。

学習初期の第二言語学習者の場合、学習者はまず、ひらがな・カタカナの正書法、基本的な発音を学んだ後、限られた授業時間内で教師のモデル発話を聞きながら基本的な文型・文法知識を得るとともにその使い方を学ぶ。初級で単文レベルの最も基本的な言語知識を学んだ後、中級になって初めてそ

【注】

[1] 第二言語学習者であっても、レベルが高い学習者にはこのような指導が効果的であろう。

れらをどのように組み合わせて実際のコミュニケーションにふさわしい表現を使うかを学ぶ。このように中級といえども、言語知識・言語使用能力はまだ十分ではない。中級とは、場面や状況に応じて適切に言語使用をするための初歩的トレーニング段階なのである。そしてそのトレーニングは文字と音声のインプット・アウトプットを通してバランスよく行われる必要がある。しかし、現在、中級では、読解教材中心の指導に偏り、音声インプット・アウトプットの機会が非常に限られている。文字言語情報に偏った言語知識と不十分な言語能力の上に、技能に特化した技能指導が行われている。

　第一言語の場合は、音声媒体・文字媒体の言語能力（言語知識と言語使用能力）がシステムとして機能している上で技能教育を受ける。第一言語と第二言語の習得を比較すると、学習開始時期と学習時間の長さ、学習環境以外に大きく違うことは、音声言語のインプット・アウトプットの量である。文法や読解の指導に偏り、音声言語教育の時間が少ないため、正確な発音や、アクセント、リズム、イントネーションなどの韻律表現に対する理解がなかなか身につかない。その結果、聞いたり話したりすることに苦手意識を持ち、ますます聞いたり話したりすることが疎かになるという悪循環を引き起こす。他方、発語量は多いが、正確な表記ができず、動詞の活用形等が定着しない学習者もいる。これらはどちらも音韻認識力が不十分なことに帰因する。

4. 言語活動における音声情報の役割

　ことばを発しようとするとき、そのことばの正しい音声情報がデータベースに蓄えられていなければ、正確に話すことはできない。たとえば、日本語と同形の漢字語を持つ中国語母語話者が、その漢字語を発話しようとした場合、その漢字語の語情報に正確な日本語音の知識がメンタルレキシコン（心内辞書）[2]内に無いと、中国語音の影響を受けた不自然な発音になってしまう。

　日本語母語話者や学習者の書字活動を調べると、書く行為においても音声情報を活用していることがわかる。筆者が行った日本語を母語とする大学生

【注】
[2] 長期記憶中の語彙情報。語の発音、形態、意味、統語などの情報が収められている。「心的辞書」「心内辞書」ともいう。

の答案の漢字の誤字についての調査では、「改めて→新ためて」、「当初→頭初」、「手段→手断」のように同音漢字の誤記が多く見られた。これは、書字行為においても音声リハーサル[3]が行われている証拠である。日本語学習者が、促音や長音を含む語を自身の発音と同じように書き間違える（インタネード、かかげって（掲げて）など）のも、中間言語の音声情報を手がかりに書いているからである。

5. 語彙知識の音声・音韻情報

　語彙や文法などの言語知識は、認知心理学では長期記憶に蓄えられているとされる。私たちは言語活動をするとき、長期記憶の文法知識や語彙知識にアクセスして必要な情報を検索する。たとえば文の統語構造を把握する場合は、長期記憶の文法知識を適用する。また、語の意味を検索する時は、長期記憶のメンタルレキシコンにアクセスして、語を特定する。

　語彙知識は、言語能力の最も重要な要素であり、運用能力を発揮するための基本的能力である。語彙知識は、どれだけ多く知っているかという「広さ」（習得語彙の総量）と、その語をどれだけ深く知っているかという「深さ」から成る。Nation（2001）は、語彙知識（深さ）について、受容と産出の両面における、①語の形に関する知識（音声、つづり、語の構成）②意味に関する知識（形と意味、概念、連想）③使い方に関する知識（文法、コロケーション、使用の制約）の3つの要素によって構成されるとしている。

　このように、個々の語には、音声、意味、形態、文法的機能などを含む多様な情報がある。言語習得では統合的な語彙知識を持つことが目標となる。特に語彙の音声情報は、言語習得において、重要な役割を担っている。学習者の語彙知識に音声情報が不足あるいは欠如していると、4.「言語活動における音声情報の役割」に述べたようになめらかなコミュニケーションを行うことが困難になる。音声・音韻情報を伴う豊富で深い語彙知識を持つことが流ちょうさの鍵を握る。

【注】

[3] ワーキングメモリの音韻ループ内で、音声情報を復唱し保持すること。

6. 音韻処理はどのように行われるか

認知心理学の成果から、言語情報処理において、音韻符号化とリハーサルが重要な役割を担っていることが明らかにされている。

6.1 ▶音韻符号化

音韻符号化（phonological coding）は、もともとアナログの音声信号をデジタル符号化するための技術であるが、言語情報処理では、外部から取り込んだ情報を音声表象（心の中で音声を表現したもの）として保持し、心の中で音韻体系を使って言語形式に変換することである。

大石（2006：101）は、MacGuigan（1970）が学習者の黙読中の音声器官のEMG（筋電図）を採ったところ、ほとんどすべての研究で、安静時に比べて筋肉運動が増加したことを紹介している。このことは、視覚から入ってきた文字情報でも学習者が音韻符号化をしていることを示している。

6.2 ▶ワーキングメモリのサブボーカルリハーサル

Atkinson and Shiffrin（1968）は貯蔵庫という概念を用いて、記憶の仕組みを説明した。記憶の貯蔵庫は感覚貯蔵庫と、短期貯蔵庫、長期貯蔵庫から成る。

感覚貯蔵庫には、外からの情報が、何らかの意味に変換されずに、入ってきた状態のまま、数百ミリ秒（視覚）から数秒（聴覚）貯蔵され、その中で、注意が向けられた情報だけが短期貯蔵庫に送られる。短期貯蔵庫には決まった容量があり、保持できる時間はリハーサルを行わなければ15秒〜30秒程度で消失してしまうと言われている。私たちは、リハーサルを行い情報を保持している間に、この情報を長期記憶に保存されている過去の知識や経験と照合し、文法や意味の解析、必要か不要かの判断、関連づけなどの処理を行い、必要な情報は長期記憶に送ることをしている。そして、長期貯蔵庫に送られた情報は半永久的に保存される。

Gathercol & Baddeley（1993）では、この短期記憶の働きを詳しく説明するため、ワーキングメモリという概念が提案されている。ワーキングメモリは、短期記憶の機能のうち、保持だけでなく読解や聴解のような高次な認

```
                サブボーカル
                リハーサル
                （内語反復）
  ┌─────────────┐
  │音韻性短期ストア│
  └─────────────┘  ←── 音声以外の
      ↑↑↑          インプット
    音声インプット
```

〈図2〉 音韻ループの構成[4]

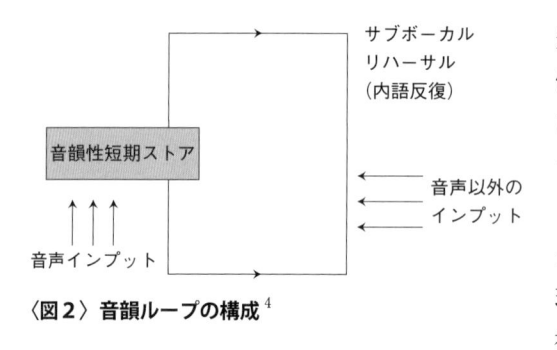

知作業を行う際に、必要な情報を一時的に保持し同時に情報を処理する情報処理システムである。バッデリーモデルでは、ワーキングメモリは、言語的情報処理のための音韻ループと、視覚的・空間的情報処理のための視・空間スケッチパッド、そして、これら2つの下位システムを制御する中枢制御部（Central Executive：中央実行系）から構成される。ワーキングメモリの下位機構である音韻ループの構成と機能を説明したのが図2である。

この音韻ループは、言語情報を貯蔵することに特化した下位システムで、音声貯蔵庫（phonological store）に入った情報を保持し、処理が行われる。その際、会話などの音声情報と、文章などの文字情報とで処理の方法が異なる。音声情報は、直接、音声貯蔵庫（phonological store）に入り、サブボーカルリハーサルによって処理・保持されるが、音声入力以外すなわち書かれた文字情報や絵などの情報は、サブボーカルリハーサルで調音リハーサルを経て音声情報として記録し、音声貯蔵庫に入り、サブボーカルリハーサルで保持・処理されるという。

門田（1997）は第二言語学習者（日本人英語学習者）に対して構音抑制を課す実験を行った結果、英文を聴覚的に聞かせたときには英文の記憶・再生成績が低下しなかったが、視覚的に提示したときははっきりと成績が落ちるという結果を得た。これは、バッデリーのモデルを裏づけるもので、門田（2006：175）は、耳から受け取った音声情報は直接、音韻性短期ストアに入るが、視覚的に取り込んだ言語情報はいったん音韻符号化されて、内語反復機能に取り込まれ、その後、音韻性短期ストアに保持されることを示していると述べている。

【注】
[4] 門田（2007：150）が Gathercole & Baddeley（1993）より転載した図を引用。

このように、聴覚入力の音声言語はもちろん、視覚入力の文字言語も音韻情報を活用して言語情報処理が行われる。このことからも、語彙処理のためにメンタルレキシコンに音声・音韻情報が不可欠であることはもちろん、統語処理、意味処理、文脈処理、スキーマ処理に活用できる音声・音韻情報を習得することが言語習得の鍵を握っていることがわかる。ここから音声言語教育の重要性が浮かび上がってくる。

7. 音声言語教育とは

以上述べてきたように、音声言語教育の目的は、学習者が音声媒介・文字媒介のインプット・アウトプットを駆使して適確なコミュニケーションができるようになることである。そのためには、言語学習開始一日目から体系的な音声言語教育を日常的に行わなければならない。

近年、音声の専門家達が音声教育の重要性を唱えるようになり、日本語音声の指導書、学習者用教材が次々に出版されている。しかし、多くの音声専門家の関心は「自然な発音で話すことを目的とした発音教育」にあるようである。教師達の一部には、発音指導でさえも、学習者に求められた場合のみ行えばよいという声も聞かれる。

しかし、音声言語教育イコール発音教育ではない。言語教育の一指導項目ではなく、「言語コミュニケーション、言語情報処理において中心的役割を果たす音声言語」の教育である。発音教育やリスニングはもちろん、文法指導やリーディングなど他の技能の指導にも、音声の機能に着目して指導するのである。そのために、言語コミュニケーション、言語習得における音声の機能を十分認識し、音声言語教育を体系的に組み立て、カリキュラムに組み込まなければならない。言語教育の質を高めるため音声言語教育は最優先に取り組まれるべき課題である。

7.1 ▶初級レベルでの日常的・継続的指導

それでは、日常的・体系的な音声言語教育とはどのようなものか。すべてを挙げることはできないが、音声言語教育の指導として心がけたい点について述べる。

1）学習初期に、語音だけでなくアクセントやリズムが語を弁別する特徴であることをしっかりと認識させるよう指導する。ミニマルペアを使った指導は、メタ認知能力を高める。

　また、1回か2回の指導で完璧な発音を期待してはいけない。指導の目的は、日常的に日本語の音声特徴、音声表現はどのように行われているかに気づかせることである。

2）毎回、文型・文法を導入するときにそこで使われる動詞の活用形やモダリティー表現の音声特徴（アクセント、リズム、イントネーションなど）に着目して発音や聞き取りの指導をする。

　「読んでください」－「呼んでください」、「買ってください」－「飼ってください」等々の動詞の活用形は文字で書かれていれば漢字を頼りに識別できるが、音声で伝えられる場合は、アクセントを聞いて区別しなければならない。これができなければ意味や用法がわかったとしても、正確な動詞語が身についたということはできないのである。

3）発音は筋肉運動であることを認識し、発話の機会を増やし、継続的にトレーニングを行う。

4）語や文のプロトタイプを身につけさせるために、多様な人々の発音・話し方を聞かせる。たとえばシャドーイングで、性別・年齢・声質などの異なるさまざまな音声を聞かせる。

5）韻律が文の構造を示し、アクセントが文節の境界をしめすこと、韻律がパラ言語情報を伝えることなどを、例文や会話の音声を示して指導する。

6）技能として聴解を教えるのではなく、日常的に音声インプット素材を使った指導を行う。

　音声インプット素材を使った教育は聞く・話す力を育成するだけが目的でない。自然な音声表現、韻律表現、語彙力・漢字力などを高めるために多角的に活用する。さらに、インプット・アウトプット、文字媒体を使った言語活動を行い、言語処理の自動化を図る。

7）文字を見ずに音声インプットだけに集中し、記憶し、答える指導を多く行う。

　これは、ワーキングメモリで一度に処理できる容量を拡張する効果がある。「聴く」ときだけでなく、「読む」活動のときもリード＆ルックアップ（Read and look up)[5]のような活動をして、文字に頼らない習慣をつけるようにする。

7.2 ▶「音声インプット素材を使った指導」という認識を

　初級・中級は学習の初期段階であるため、聴解教材をはじめとする音声教材をいわゆる聴解（聞いて理解すること）力を高めるためだけではなく、音声言語のインプット素材として活用する。その指導例を以下に挙げる。

1）聞く力を高めるためのリスニングのプロセスに焦点を当てた指導を行う。連続音から語を特定し、アクセントによって文節を知覚し、イントネーションによって文の構造や表現意図を理解することなどである。
2）文法・語彙・発音・漢字など言語知識に注意を向けさせ、語句をどのように正しく組み立てれば的確な表現ができるかに気づかせる。
3）音声知覚の自動化をはかる指導（シャドーイングなど）を行う。
4）文の構造を理解させる指導、たとえば、リピーティングやバックワード・ビルド・アップ（backward build-up）[6]などを行う。
5）フレーズ（句）ごとに情報の保持・処理をし、オンラインで（語順に従って）全体の文、文章へと理解を進めていくトレーニングをする。これは母語に訳すことなく、日本語をそのまま処理し理解するプロセスの自動化を促進する。文字インプット理解（読解）と共通するプロセスであるため、読む処理能力も高めることができる。

　これらは、ほんの一例に過ぎないが、言語教育に体系的に組み込まれた音声言語教育のシラバス、指導法の確立が求められている。しかし、たとえシラバスができても、教師各自が音声言語の機能と性質を理解する努力をしなければ、音声言語教育の実践はできないであろう。教師の音声言語教育に対する認識を高めることも必要である。

【注】

[5] 文や句などのまとまりをまず黙読して、教師の合図によって学習者が文字から目を離して声に出す音読の一形態。
[6] 発音練習やリピーティングのときに、文を後ろからチャンクに分けて練習する方法。日本語のように述部が最後に来る言語ではこの方法は文の構成を理解するのに効果的である。

8. むすび

　音声を記録再生することが難しかった一時代前と異なり、現在ではオーディオ機器やコンピュータの革新的進歩により、誰もが豊富な音声メディアを利用し、それによって学習ができるようになった。それにもかかわらず、文字言語中心の言語教育のスタイルはあまり変わっていない。日本語教育における音声言語教育の扱いも、文字言語の補助的・副次的な学習項目の域を出ていないようである。しかし、認知心理学や第二言語習得研究の成果をみれば、音声は言語情報処理の中心的機能に関与していることがわかる。習得や運用における音声の働きに着目し、初級レベルから音声と文字の両面からの指導を偏ることなく行わなければならない。そのためには、カリキュラムの見直し、音声言語教育シラバスの作成、教材の整備、音声言語の機能や重要性を理解し工夫して教えることができる教師の養成など課題は多い。しかし、最も大切なのは、教師の意識改革であろう。

⟩⟩⟩ 参考文献

大石晴美（2006）『脳科学からの第二言語習得論』　昭和堂
門田修平（1997）視覚および聴覚提示文処理における音声的干渉課題の影響『ことばとコミュニケーション』1：32-44。英潮社
門田修平（2006）『第二言語理解の認知メカニズム－英語の書きことばの処理と音韻の役割－』くろしお出版
門田修平（2007）『シャドーイングと音読の科学』　コスモピア
文部科学省（2008）『中学校学習指導要領解説　外国語編』開隆堂出版
Atkinson, R. C. and Shiffrin, R. M. (1968) Human memory: A proposed system and its control processes. *The psychology of learning and motivation: Advances in research and theory*, Vol.2. 89-105 Academic Press.
Gathercole, S. E. & Baddeley, A. (1993) *Working Memory and Language*. Psychology Press
Nation, I. S. P. (2001) *Learning vocabulary in another language*. Cambridge: Cambridge University Press.
McGuigan. F. J. (1970) Covert and behavior during the silent performance of language tasks. *Psychological Bulletin*, 74: 309-326
Widdowson H. G. (1978) Teaching language as communication. Oxford: Oxford University Press. 〔H. G. ウィドウソン（1991）東後勝明、西出公之（訳）『コミュニケーションのための言語教育』研究社〕

〉〉〉参考教材

赤木浩文・内田紀子・古市由美子（2010）『毎日練習！リズムで身につく日本語の発音』 スリーエーネットワーク
河野俊之・築地伸美・松崎寛・串田真知子（2004）『1日10分の発音練習』 くろしお出版
田中真一・窪薗晴夫（1999）『日本語の発音教室』 くろしお出版
戸田貴子（2004）『コミュニケーションのための日本語発音レッスン』 スリーエーネットワーク
中川千恵子・中村則子（2010）『初級文型でできる にほんご発音アクティビティ』 アスク

口頭表現授業における
ドラマプロジェクトの試み

斉木ゆかり

1. はじめに

　筆者は2009年の日本語教育学会主催実践研究フォーラムのラウンドテーブルで飯島有美子氏の「日本事情クラスにおけるドキュドラマの導入と効果」に参加し、ドキュドラマの口頭表現教育における可能性を感じた。以来、2009年秋から2012年の現在まで口頭表現の授業でドキュドラマを使用している。その間、飯島有美子氏、ゲーリー・スコット・ファイン氏の助言を得、ドラマプロジェクトとして授業が確立しつつある。本稿では3年間のドラマプロジェクトを報告し、口頭表現の授業におけるドラマと演劇の可能性について述べたい。

2. ドラマと教育

2.1 ▶演劇を利用した日本語教育

　川口（2012）は日本語教育で「演劇を利用する」ことについて以下のように述べる。

　一つは古典劇や創作劇の登場人物を実際に学習者に演じさせてみること、もう一つは戯曲を読解教材にしたり演劇公演の映像資料を聴解教材にしたりすること、そして最後は、文芸作品としての演劇には関係しないのですが、『演じること』をクラスに取り入れることです（川口2012：59）

川口が述べる「演じること」は、更に分類が可能である。Hewgill, Noro & Poulton（2004：228）はドラマ（drama）を役者達が役を演じることに焦点を当てた活動、演劇（theater）を役者と観客とのコミュニケーションと定義している。つまり、日本語教育で行われる「演じること」には、演じる過程において学習者が日本語の学びを深めること（遠藤 2010、川口 2012、縫部 1991、橋本 2012）と役者と観客とのコミュニケーションの二つの目的が考えられる。

　筆者の場合は、授業にドラマを導入した当初は「演じること」、つまり演じる過程を重視していた。流暢さの強化や複眼的なものの見方を養う目的のために役を演じることが有効であると考えたからである。しかし、最近は「役者と観客とのコミュニケーション」として、舞台での演技も意識した活動に変化している。本稿の目的はドキュドラマを導入した授業の変化の過程を述べることにあるが、その前にドキュドラマとは何かについて述べたい。

2.2 ▶ドキュドラマとは

　「ドキュドラマ」とは、ドキュメンタリーとドラマを混合して構成した造語で、事実や史実に基づいて作られたドラマであり、主に放送番組で使用される。教育の現場で用いられる「ドキュドラマ」の使用法としては、Baten（1989）のように「ドキュドラマ」を見せる事によって学びを深める方法と、Hamilton（2004）のように学生があるテーマに沿って劇を作り上げる過程で学生の経験的な学習や参加型学習を促す方法がある（飯島 2010）。日本語教育では、飯島（2010）が日本事情クラスで「ドキュドラマ」を学生に作成させることを試みた。飯島は、事件を取り上げたドキュドラマのシナリオを学生が作成する際、「3つの異なる立場」、すなわち、加害者的立場・被害者的立場・間に入る専門家的立場を登場させるという条件を加えた。この条件によって、学生はドラマの事件を三つの立場で捉えることになり、学生の多文化理解の促進が行われたと報告している。2009年の日本語教育学会主催実践研究フォーラムのラウンドテーブルで「ドキュドラマ」を体験した筆者は、この手法は口頭表現の授業で利用できると感じ、飯島氏の協力のもと、使用してみることにした。

　飯島・斉木（2010）は中級日本語の授業に「ドキュドラマ」を導入するこ

とで「発話繰り返し」への動機の維持が可能になり、流暢さの強化を実現できると仮説を立てた。「ドキュドラマ」は、従来のロールプレイなどの機能会話や対話練習とは異なり、学生はシナリオ作成時に「3つの異なる立場の登場」という条件が課せられることで、事件や出来事を複眼的に捉え、シナリオ作成を行う。そのため、単なる「発話繰り返し」から、「自発的な繰り返し」の動機が保たれるだろうと考えたからである。その結果、教師の指示がなくても学生が自発的に活動に関わっていたことが認められた。学生からは、繰り返しての練習、日本語での発話量の増加、グループメンバーによる文法・発表内容・場面についての検討が行われたことが報告された。また学生はドキュドラマのメリットを、グループメンバーとの様々な意見交換ができる、自由な想像ができる、教科書以外の知識の深まりがある、会話を何回も練習する、たくさん話す、皆の前で発表することであると述べていた。

3. 授業の実際

2009年秋学期から2012年春学期までに実施されたドラマプロジェクトを授業の背景、使用クラスレベル、コースの授業時間数におけるドキュドラマの使用時間数、テーマ、特徴に分けると以下のようになる。

〈表1〉ドラマプロジェクト（2009年〜2012年）の変化

実施年　学期	2009 秋	2010 春	2010 秋	2011 秋	2012 春
クラスレベルと人数	中級 10名	上級 12名	上級 9名	上級 9名	上級 9名
コースの授業回数におけるドキュドラマの使用回数	3/16	6/16	6/16	8/16	16/16
テーマ	ホンネとタテマエ、携帯電話、女性と仕事、色と心	人口問題、人口移動と移民問題、少子高齢化	スクルージ、食と健康、農薬の怖さ	社内告発、食中毒、仕事とモラル	赤ちゃんポスト、原発事故
特徴	1日で完結。グループは教師が指定。テーマは教科書の内容から指定しグループで選ぶ。	授業活動の1部として使用。テーマは教科書の内容から指定しグループで選ぶ。	授業活動の1部として使用。テーマは教科書の内容から指定しグループで選ぶ。演技の専門家が演技指導を行う。	授業活動の一部として使用。テーマは教科書の内容から指定しグループで選ぶ。演技の専門家が演技指導を行う。	授業活動全てがドキュドラマと関連。テーマは教師が例を与えた後、学生が決定。日本人学生5名が参加した。

3.1 ▶ショートコースとしてのドラマプロジェクト

　ショートコースとは導入から発表までを1日で行ったドラマプロジェクトを指す。2009年秋学期、初めてドキュドラマを授業で扱うチャンスが訪れた。それは特別授業を行うことになったからであった。半数の学生達が学部推薦試験を受け、受験しない学生達[1]のための代替授業としてドキュドラマをすることにした。授業目標は、1) 積極的なアウトプット、2) 複眼的思考で事象をとらえる、の2つを掲げた。実施の前の週に教師が指定したグループを発表し、グループごとにテーマを選ばせ、テーマの背景、3つの視点を調べて考えることを宿題とした。グループは教師が決めた。ドラマのテーマは教師が教科書の『日本語中級 J501―中級から上級へ―改訂版』からのテーマを各グループに選ばせた。

　実施日当日は1時間目に学生が互いに調べた情報について話し、その後登場人物（加害者、被害者、専門家）と場面について相談した。教師は注意点として、1) メンバー全員が話す、2) メンバーが協力する、3) 一人の人が全部決めない、4) 皆の意見を聞く、の4つを告げた。2時間目は台本作りとして、学生が作った台本は教師がチェックした。主に文法的な訂正のみにとどめ、その後練習を開始した。その際、できるだけ覚えること、覚えた後、教師から発音のチェックを受け、その後「何回も練習する」と学生に伝えた。3時間目は簡単なリハーサルをし、発表をした。発表の前にドラマについて簡単な説明をした後ドラマを始めた。発表は発表グループ以外のグループと日本人学生2名が鑑賞した。発表後、学生達はドラマの要約とドラマをして気がついた事を記述した。

　このプロジェクトにおいて、初めてドキュドラマを導入したこともあり、学生が練習を自らするのか、また、深いレベルでの気づきがあるのかと心配したが、その心配は杞憂に終わった。授業目的の1番目の「積極的なアウトプット」については、普段は静かな学生が伸び伸びと動き、表情豊かに大きな声を出して練習し、通常の授業では見せた事がない意外な面を見せた。また2番目の「複眼的思考で事象をとらえる」に関しては、演じることで加害

【注】
[1] 大学院希望者や海外協定校からの派遣留学生

者や被害者の気持ちに近づき、より深い理解を見せた。それは、学生からの気づきのコメントの、「加害者は悪い人ではない。皆自分の問題があるので時々つい他の人に迷惑をかけてしまう」(携帯電話の加害者役)や、「国籍が違うから誤解されないように時々ホンネを言ったほうがいい。私もたぶん相手に誤解されたことがあるだろう。これから気をつけようと思う」(ホンネとタテマエの中立役)に現れた。

しかし、改善点も残った。他のグループの学生達がいる教室でリハーサルをしたため、本番の発表では観客(この時は発表以外のグループが観客になった)に新鮮味や驚きを与えられなくなったことである。また、学生からは「最初は演じるのが嫌だったが、だんだん楽しくなった」、「日本人学生といっしょに相談しても良い」とのコメントがあった。観客の日本人学生からは「大道具を利用する」、「起承転結を明確に」「演じる前に説明する」などのアドバイスがあった。改善点は多いが、ともかく、3コマ[2]でドラマの計画・練習・本番を行うことは可能であると感じられた。

3．2 ▶授業の活動の一つとして取り入れたドラマプロジェクト

2010年の春と秋、2011年秋のコースがこれに当たる。授業の柱として、スピーチ、ディスカッション、ドラマの3つの活動をそれぞれ行った。2010年春は16回の授業の中で6回をドラマプロジェクトに使用した。ドラマプロジェクトのテーマは大テーマとして「人口問題」を掲げた。これは学生達が使用しているコア授業(週6コマ)で使用している教科書のテーマの一つであったため、語彙、内容についても情報源としての利用が期待できたからである。授業の目的は、1) 様々な国の文化を理解する、2) 日本語の流暢さを強化する、であった。6回のドラマプロジェクトは、

1回目：グループ分けとテーマについての話し合い、3つの異なる立場の人物設定
2回目：話し合い
3回目：自分の国の人口問題についての発表

【注】
[2] 1コマは90分。

4回目：台本作り
　5回目：練習
　6回目：発表

の流れで行った。発表の際には同じ学生達に他の科目を教える教師も観客として参加した。このコースではテーマを決めるための話し合いに時間をかけることで、漠然とした大きな社会問題の中の特別な問題に焦点を当てるようになった。例として、最初は人口問題における人口爆発について話し合ったグループが、グループメンバーが全員女性だったことや、大切なテーマだからという理由から、性差別をテーマにしたというケースがあった。すぐにテーマを決めさせないことで話し合いが深まることがわかった。学生からは肯定的なコメントとして、「大きな社会問題が現実に感じられた」、「文字で読むよりわかりやすい」、「問題についてより深く考える」、「使える言語は日本語だけなので日本語能力をよくするのにいい」、「別の国の情報も考えることができた」があった。その一方で「学生達だけの相談でなく、教師のフィードバックが欲しい」、観客の教師からは「配役や背景の説明が欲しい、目的は発表か、作品作りとしてのプロセスか」とのコメントがあった。ドラマプロジェクトが過程だけでなく、作品としても期待されていることがわかってきた。

3.3 ▶演技指導に力を注いだドラマプロジェクト

　ドラマプロジェクトでは演じる過程を重視し、結果としての発表については大きく配慮しなかった。しかし、発表を演者以外にも見せるようになってから、学生たちは演技にも関心を示し、観客も期待するようになった。学生からアドバイスの要請があったにもかかわらず、教師が演技指導の知識や経験不足のために的確な指導ができなかったことを不安に感じるようになったのもこの頃である。2011年の春学期が終わった頃から、発表そのものを意識するようになった。発表を意識することとは、学生達の作品を見せる相手、つまり観客を意識することである。佐藤（2011：15）が述べる「劇場を劇場に成らせるもの。それは観客の存在に他ならない」に共感した。発表のために練習することは、見せるという意識、あるいは「見せる」以上の意識、すなわち、観客の想像力に訴えようとする力が必要だと考えた。そこで、

2011年秋学期はドラマにおける演技指導の助けを東海大学教育研究所のゲーリー・スコット・ファイン氏に求め、リハーサル時の演技指導を依頼した。ファイン氏は役者であり、現在は教員のためのドラマ・パフォーマンスのプロジェクトを行っている。ドラマリハーサルは発表の前に2回行った。1回目は衣装、音楽、小道具を準備してのリハーサルで、これは担当教師のみが立ちあった。主に台本どおりに演技できているかのチェックにとどめた。2回目のリハーサルはグループごとにファイン氏が指導をした。ファイン氏は「〜をしなさい」とか「〜してはいけません」とは言わず、学生達に質問をすることに徹した。例えば、魚屋役を演じていた学生で、声が出ない学生に「家族は何人ですか？　あ、6人。じゃあ生活はなかなか大変ですね。」、「この魚全部売るんですか。」、「店の前のお客さんは何人ぐらい通っているんですか。10人。そうですか。そのお客さん達に売るように声を出さないといけないんですね。」ファイン先生はこのように学生に質問や確認をした。つまり、ファイン氏の演技指導の方法は「大きい声で話しなさい。」、「必死になって売ろうとする魚屋はそのような声を出さないでしょう。」と直接的な指導でなく、学生が役について考える機会を与え、学生自らが答えを見つける手法であった。

　本番当日のことである。魚売りの学生は今までとは全く別人のような演技を見せた。彼の声は威勢がよく、まるで本物の魚屋のような呼び声であった。ドラマの発表後、魚屋役の学生に一体何が起こったのか聞いたところ、学生は演技指導を受けた後、隣町の魚屋へ行って、魚売りの様子を30分観察したと述べた。そして、日本の本物の魚屋の呼び声や売り方を知ったと語った。つまり、ファイン氏の質問は学生の好奇心を触発し、実際に調べてみようという気持ちを起こさせたのである。このリハーサルは、演技指導の重要性、学生達への助言の仕方を学ぶ良い機会となった。

3.4 ▶授業活動の全てと関連づけたドラマプロジェクト

　2012年春学期は授業活動の全てをドラマプロジェクトとした。そのきっかけは2011年秋のドキュドラマの発表後にドラマの内容要約の作文と登場人物になってのインタビューを実施したことにある[3]。この2つの活動の目的は学生が単に台本の暗記ではなく、学習した語彙や表現を使用できるのか、

事件の概要を登場人物の視点に立ち要約し感想を述べることにより、事件についての理解をより複眼的にできているのかを知りたかったからである。作文の発表とその後の質疑応答は登場人物になって教師の質問に答えるという内容であった。作文では事件を詳細に要約できただけでなく、当事者の気持ちになって表現していた。質疑応答ではドラマの前後の出来事についての質問にも答えることができていた[4]。学生達は、台本がなくても内容に関連したストーリーを新たに創造した。そこで、2012年春学期はドラマを中心にした授業展開を行った。具体的には登場人物になった状態を保持したまま、説明スピーチ（登場人物の目から見た風景の描写）としての写真俳句を行った。これは学生たちが見学旅行の日に登場人物の気持ちで写真撮影し、俳句をつけて説明するというものである[5]。この活動で学生達は自分の演じる役から世界を見ることで、よりその役に没頭することができた。更に、ドラマを演じた後は、意見スピーチ（事件の要約と結果についての感想を役のまま述べる）と質疑応答（スピーチ後に他の登場人物からの質問や意見に答える）を行った。この役になりきった状態での意見スピーチと質疑応答は学生達の興味を呼び起こした。学生達の感想は以下のとおりである[6]。

○他の人物のストーリーを聞くのはすごく面白かった。登場人物の性格をよく表した。

○登場人物が自由に話すのを聞くのはすばらしかった。それぞれの個性が出たし、登場人物の考え方がもっと分かるようになったから面白かった。

○全員素晴らしかった。本当にびっくりした。皆、登場人物になってスピーチした。自然にゆっくり感情を入れてよくできた。今日のスピーチは全員満足したと思う。

【注】

[3] ドラマの要約とインタビューは東海大学教育研究所の鈴木広子氏から得た方法である。

[4] 例：「精神科医のあなたが霊能力を持つことになったのには何かきっかけがあるのですか。」「はい、私の夫が突然亡くなり、夫にどうしても会いたいと強く思い続けているうちに霊能力がついてしまいました。」「で、ご主人とも交信ができるようになったのですか。」「いいえできませんでした。でも、交信できないということはもう天国へ行ったということですから、安心しています。」

[5] 例：「闇の波俺の王国気をつけて」（閻魔を演じた学生の作品）、「美しい灯明の町ここはどこ」（震災で亡くなった住民役の学生の作品）。

[6] 感想は参加者全員の文で原文のままである。ただし、わかりにくい点等は筆者が（　　）に説明を加えた。

○登場人物のスピーチを聞いて事件の事を理解できました。
○今日の皆のスピーチはとても面白かった！　質疑応答は楽しかったね。他の人になるのは難しいが、楽しい。今日は今まで頑張って作った登場人物が質問の時に「生きになった（息を吹き返した）」。
○みちこさんになってスピーチをしたんですけど、今は本当に私がみちこさんになったそう（よう）です。スピーチをよくしたら、他の人の前で発表することがあまり緊張をしなくなったようです。そして、このテーマで演技をしていくと赤ちゃんポストについて深く考えるようになって、私が大人になった後私はどうするかたくさん思うようになりました。
○今日のスピーチは全部面白くて楽しかったです。もう一回登場人物になったので質問に答えることも質問をすることも楽になりました。そしていろいろな視点を聞いたから前回のドキュドラマの新しくて特別な点を見ました。もっと演劇もわかるようになりました。そして、違う登場人物の相互作用（例：閻魔様と真一）とても楽しかったです。

　演じること、その後、役のままでスピーチし、質疑応答するという活動で、学生達は「もし自分が～だったら」という仮定をより現実の自分に引き寄せて感じることができた。ドラマの役を演じること、その後、ドラマの台本から飛び出し、その役のまま即興で演じること、これらの活動は彼らの想像力をかきたてた。だからこそ、学生達はドラマの後の活動も楽しいと感じたようである。

4．おわりに

　2009年の秋から3年間続けているドラマプロジェクトは試行錯誤を重ね、周囲のサポートを受け、形を年々変化させている。導入当初は過程重視、「ドラマ」が中心であった。次第に観客とのコミュニケーションを意識するようになり「演劇」の要素を取り入れて行った。
　ドラマプロジェクトを継続する理由は学生達の日本語での発話と流暢さの強化が中心であるが、それだけではない。自主性、問題解決能力、創造性の促進が期待できるからである。確かに、学生達は演じる事で、いつもの授業

では見せない伸び伸びとした姿を見せる。更に、観客を意識した最近の作品には見る人の心に訴えかける何かがある。

　演技は不思議な力を持つ。自分が自分以外の人間になっても誰も不思議がらない。普段の自分とは全く異なる性格や身分や年齢になって振る舞ってもかまわない。この「他人になること」が楽しさを生む。だからこそ学生達は「むずかしいけど楽しかった」と述べるのであろう。ドラマプロジェクトは口頭表現力という技能を越えた力を彼らに与える可能性を秘めているのである。

>>> 参考文献

飯島有美子（2010）「日本事情クラスにおけるドキュドラマの導入とその効果—社会問題への理解深化とレポート作成のための水路付け—」WEB版『日本語教育実践研究フォーラム報告』 日本語教育学会
　　http://wwwsoc.nii.ac.jp/nkg/kenkyu/Forumhoukoku/2009forum/round2009/RT-4iijima.pdf
飯島有美子・斉木ゆかり（2010）「『ドキュドラマ』の可能性—多文化理解の促進と流暢さ強化に向けた試み」『カナダ日本語教育振興会 Annual Conference 年次大会』p.29
遠藤直子（2010）「初級文型を用いた表現教育—中級レベル口頭表現クラスにおける『ミニドラマ』の実践を通して」『日本語・日本語教育研究』1 日本語／日本語教育研究会編 pp.31-47
川口義一（2012）「日本語教育における『演じること』の意味」野呂博子・平田オリザ・川口義一・橋本慎吾編『ドラマチック日本語コミュニケーション：「演劇で学ぶ日本語」リソースブック』 ココ出版 pp.59-77
橋本慎吾（2012）「演劇を活用した日本語音声教育」野呂博子・平田オリザ・川口義一・橋本慎吾編『ドラマチック日本語コミュニケーション：「演劇で学ぶ日本語」リソースブック』 ココ出版 pp.38-58
佐藤信（2011）『演劇教育とワークショップ　学校という劇場から』 論創社
シックス J. B.（1973）岡田陽・高橋孝一訳『子供のための創造教育』 玉川大学出版部
土岐哲・関正昭・平高史也・新内康子・石沢弘子（2001）『日本語中級 J501—中級から上級へ—改訂版』 スリーエーネットワーク
縫部義憲（1991）「演劇的手法を用いた日本語教育—学際的アプローチ—」『広島大学日本語教育学科紀要』no.1 pp.1-8
山本富美子（2001）『文科系留学生・日本人学生のための一般教養書　国境を越えて』 新曜社
Baten, E. (1989) "Commitments"— The Docudrama as Educational Video, *Developments in Business Simulation & Experiential Exercises*, Vol.16. pp.169-172.
Hamilton, S. J. (2004) "Docudrama Across the Curriculum." Professional Development: Where are the Gaps? Where are the Opportunities? National Symposium on Arts Education. Montreal.
Hewgill, D., Noro, H. & Poulton, C. (2004) Exploring Drama and Theatre in Teaching Japanese: Hirata Oriza's Play, *Tokyo Notes*, in an Advanced Japanese Conversation Course.『世界の日本語教育』pp. 227-252.

『となりのトトロ』から
日本の宗教を考える

村上　治美

1. はじめに

　学生が関心を持つ授業を目指したいと思う時、心がけなければならないことの一つに「教材」選びがある。特に中級後半以上のある程度自由に日本語を読み書きできるようになった学生に対しては、その「教材」の内容が重要になってくる。その教材を使って何を伝えることができるかは、教え方以上にその教材の持っている力・魅力と関係がある。よって上級の学習者を教える場合には教材選びに注意しなければならない。

　そこで、授業の最初に学習者の希望を聞いて、彼らが興味を持っている作品やテーマを扱うことが試みられることが多い。それは学習者からの要望であれば彼らのニーズに応えられると考えがちだからである。しかし、その教材を扱うだけでは学習者たち全員を満足させることは難しい。学習者が自分たちだけでは気づくことができなかった思いがけない何かを授業を通して発見することができるように、教師は教材研究を入念に行わなければならない。

　本稿では教材研究の一例として映画『となりのトトロ』[1]から日本の宗教について考えてみたいと思う。

【注】

[1] 宮崎（2001：418）1988年4月16日東宝系で公開された。原作・脚本・監督宮崎駿。製作：徳間書店。

2. 日本事情教材として『となりのトトロ』を扱う意味とその視点

　日本語の教材として『となりのトトロ』は塚田（2008）が初中級用教材として、原（2003）がそこで扱われる日本語のあいさつ表現や文化的要素の紹介をした例があり、言葉や内容の平易さから各レベルに合わせた教材として扱うことができるといえる。

　日本事情教材として取り上げるうえでポイントとなるのは、その作品が多くの日本人の支持を得たものであるかという点である。どんなに優れた内容であっても、日本人一般に知られていなければ、その作品を教材として扱うことを強く希望する学習者以外の関心を引くことは難しいであろう。もちろん作品としての魅力に富んでいる必要があることは言うまでもない。

2.1 ▶『となりのトトロ』は日本人の支持を集めているか

　2007年にNHK放送文化研究所が「日本人の好きなもの」という世論調査を実施した。その中の日本人の好きな映画で『となりのトトロ』は第4位になっている[2]。年代別・男女別内訳をさらに細かく見てみると、16～29歳の女性で5位、男性で9位、30歳～59歳の女性では1位、男性では10位であった。総合10位の『千と千尋の神隠し』が男性にはあまり支持されていないのに対して『となりのトトロ』は男女の別なく支持されている。60歳以上の男女はアニメに親しむ環境に育っていないことを考えると、『となりのトトロ』はこの作品を目にした幅広い層に支持される国民的なアニメと言っていい。

　『となりのトトロ』は登場するトトロの絵柄や一見平易な内容から子供向けアニメに思われがちだが、男女を問わない幅広い層からの支持から見てわかるように、子ども向けアニメと一概に言うことはできない。特に30歳～59歳の女性から大きな支持を得ている。彼女たちはこの作品が公開された1988年に10代から20代で初めてこの作品を観て、また時を経て親の立場

【注】
[2] NHK放送文化研究所世論調査部（2008：109-111）

で子供とともに鑑賞した結果この作品の良さを再認識したといえる。

2.2 ▶教材として取り上げる際の独自の視点の設定

　教材研究の方法としては『となりのトトロ』という作品世界全体を深く掘り下げる細江（2006）のような文学的な手法もあるが、ここでは独自の視点から作品を掘り下げる方法を考えてみることにする。

　ネイピア（2002）がこの作品に関して「農家や田んぼ、神社と役者が揃って日本の風景を再現した」[3]と述べているように、『となりのトトロ』に出てくる自然と宗教施設が日本的なものを外国人に想起させている。神社や地蔵など日本人にとっては当たり前に見える風景の背景にあるものこそ留学生に解説する必要がある。そこで、この作品の印象的な場面にいくつか出てくる「宗教的な要素」を切り口として教材研究をおこなうことにした。アニメを一見しただけで「子供向けである」と作品を軽んじる学習者たちに、その奥深い世界を知ってもらうためにも「宗教」という難解なテーマを設定することで彼らの関心を引く一助とすることができる。

　本稿で使用する「宗教的な要素」とは神社や寺などの実際の宗教施設・思想の他に、念仏を唱えること、豊穣祈願する行動や「畏れ敬う」敬虔な気持ちなども含めたものを指す。

　また「宗教的な要素」を切り口に選んだもう一つの理由はこのテーマが現代に流布する都市伝説と関係があるからである。学習者の中には教材がアニメであったとしても伝統的なものに興味を示さない者がいる。そこで、「トトロは死神である・メイちゃんとサツキちゃんは実は死んでいた」[4]という今でも子どもたちの間に流布する都市伝説についてとりあげることで、この作品と現代とのつながりを意識させる。現代にしか興味がなければ、日本の一面しか見えない。現代に起こっている事象の背景にあるものを知って、さらに「日本」を深く理解することができる。そのためには、歴史や伝統的なものを理解することが不可欠であることに学習者に気づいてもらいたい。

【注】
[3] ネイピア（2002：240）
[4] 跡上（2008：238）

3. 『となりのトトロ』から日本の宗教を考える

3.1 ▶宮崎駿が考えるアニミズム

考察に入る前に宮崎が使う「アニミズム」について考えてみる。「アニミズム」とは保坂（2003）によると19世紀末にタイラーによって定義された、未開人の宗教観を説明するために考えられた用語である。霊魂は人間以外のすべてのものに存在するという、唯一神を信仰する宗教に至る前段階としての原始的状態を説明する際に用いられた[5]。超越的秩序を持つ宗教のみが文明であると考えるヨーロッパ的宗教観に対して宮崎駿は「明らかにそのような超越的な神を奉じるヨーロッパ文明のアンチテーゼとしてアニミズムを想定している」[6]という。野村（2010）は宮崎駿の考えるアニミズムの世界観では、神的存在は人為という光の世界にだけいるのではなく、自然や未開という闇の中にもいて、それは隣り合わせにいるものとしてとらえている。

> "こわい"という気持ちが、日本人にとってはある種の森とかそういうものに対する尊厳の念で、要するに原始宗教、アニミズムなんですね。"何かがいる"みたいに自然とは混沌としているんですよ[7]。

このように宮崎駿はアニミズムを自然に対する「尊敬」・「畏れ」と考え、それらが一体となって人間のそばにあるものと考えている。

3.2 ▶『となりのトトロ』に描かれている日本の宗教的要素

『となりのトトロ』に描かれている宗教要素を持つ場所には、主人公の家のそばにある塚森の神社、トトロが住んでいるクスノキの大木、学校帰りに雨宿りした地蔵堂、バス停「稲荷前」のそばにある稲荷神社、迷子になったメイが歩き疲れて休んでいた六地蔵がある。それ以外の宗教的要素としてはサツキとメイがトトロたちとおこなう豊穣祈願の踊り、メイが沈んだと思われた「神池」という池、メイが死んだと思ってひたすらお題目を唱えるバアちゃんの姿などがある。そこで本稿では宗教的な場所を中心に物語との関

【注】

[5] 保坂（2003：146-148）
[6] 野村（2010：158）
[7] 宮崎（1988：128）

連や宮崎駿が描こうとした意図などを登場する順に考察する。

● 3.2.1　塚森の神社

　草壁家の裏にある神社は絵コンテ[8]の指示によると「水天宮」ということになっている。「水天宮」とは天御中主神(あめのみなかぬしのかみ)・安徳天皇・建礼門院徳子・二位尼を祀る、福岡に本社のある神社で、安産・海上交通の安全祈願に訪れる者が多い[9]といわれている。しかし、作中にはこの神社が「水天宮」であることを示唆するセリフや表示はない。これに関しては特定の宗教として論じられることを避けたためではないかという指摘がある[10]。

　神社の描写で注目すべき点は石の灯篭や水盤などが倒れてそのままに打ち捨てられているシーン[11]である。その荒れている境内の様子からこの時代の神社のありようがうかがえる。戦前は村の戦勝祈願行事の中心となっていた神社組織はGHQによって解体され、1945年12月に公布された宗教法人令によって民間の団体の一つになった[12]。前述の神社の寂れた様子の背景には戦争に協力してきた神社神道・仏教の権威の失墜がある。

　しかしその一方で宮崎駿は、「信仰がとだえていない証拠に絵馬をいく枚か」[13]と絵コンテを描いている。そのように荒廃した社にも「絵馬」がかかっていることから、おそらく水天宮が現在中心になって担っている「安産」を祈願する現世利益信仰は残っていたことを暗示している。

● 3.2.2　神木クスノキとトトロ

　日本の「たいていの神社には周りに注連縄を張った御神木があるし、鎮守の森はそこが聖域であることを厳かに主張している。西洋のゴシック式教会建築が自然を排除しているのに対し、日本ではむしろ自然環境が神社仏閣に

【注】

[8] 宮崎（2001：192）絵コンテ405
[9] 「水天宮」ホームページ
[10] 細江（2006：113）
[11] 宮崎（2001：192）絵コンテ407
[12] 村上（1981：204-206）
[13] 宮崎（2001：194）絵コンテ409

森厳さを与えている。」[14]とあるように、神社の中心にあるクスノキには注連縄が張ってあり[15]、この大木が塚森の神社の御神木であることを示している。

クスノキは、正木（2002）によると日本に生育する樹木の中で最大級の大きさになり、木に特殊な油を含んでいるためよい香がして防虫剤（樟脳）として昔から利用されていた。また、法隆寺救世観音立像や中宮寺弥勒菩薩像など古代に作られた仏像の多くがクスノキで作られていることからこの木は「神々しい木」と昔から考えられていたという[16]。

映画の中では「昔、昔、木と人は仲良しだったんだ。お父さんはこの木を見てあの家がとても気に入ったんだ」[17]という父親のセリフがあり、神社の荒廃とは対照的にこのクスノキの威光は宮崎駿が強調したいアニミズムの世界を形成している。この神木に対して草壁一家は柏手で詣でることはせず、「メイがおせわになりました。これからもヨロシクおねがいします」と言って三人で「ぺこっと頭を下げる」[18]のみである。神に敬意を示す柏手を打つという動作をあえてさせないことに宮崎駿の神道に対する反発心が見える。またその一方で頭を下げる動作をさせることによって自然に対する畏敬の念を表しているのではないか。

このクスノキの洞に大きなものが住んでいて、そこで出会ったメイはその大きなものをトトロと呼ぶ。この名はサツキの「トトロって絵本に出ていたトロルのこと？」[19]というセリフから北欧の昔話・神話に出てくる「トロル」が暗示される。「トロル」は古ノルド語で書かれた歌謡集『エッダ』に出てくる大地と石の中に棲む魔物のことである[20]。これから派生したさまざまな民話が北欧では生まれ、そこに登場するトトロは「気のいい間抜けなお化け」となっている。

サツキがここでいう「絵本」は、作品の最後に流れるエンディング・セル

【注】
[14] 島薗他（2006：28）
[15] 宮崎（2001：197）絵コンテ 416
[16] 正木（2002：175-178）
[17] 宮崎（2001：198）絵コンテ 418・419
[18] 宮崎（2001：197）絵コンテ 420
[19] 宮崎（2001：183）絵コンテ 384
[20] 正木（2002：173）

の 16 枚目[21]で母と子が布団の中で読む絵本「三匹の山羊」のことであろう。この本は表紙に描かれている絵とそこに書かれている「三匹の山羊」という書名から考えると、伊崎（2006）が指摘[22]するように『三びきのやぎのがらがらどん』[23]である。当初の絵コンテに書かれた絵本の書名は「マックロクロスケの絵本」[24]になっている。それを「三匹の山羊」に変えたことによって、トトロは北欧の世界と強く結びつくことになる。その結果、トトロは日本の自然にだけいるのではなく、世界中の自然の中にいるものとなって、その存在に広がりが出たのではないだろうか。宮崎駿の考えるアニミズムは日本だけではなく、すべての自然の中にあると考えさせる効果が生まれたといえる。

● 3.2.3 　雨宿りの場としての地蔵堂

　地蔵堂は学校帰りに雨が激しく降り出したためサツキがメイを連れて雨宿りする場[25]として登場する。ここでサツキは「お地蔵様ちょっと雨宿りさせてください」[26]と手を合わせ、メイも姉のまねをして神妙にお礼の気持ちを表す。ここでは仏教の作法どおりに合掌をおこなっている。前述の神木に対しては柏手を打たずに頭を下げただけだったのに対して、地蔵様に対しては宗教的に尊重しているといえる。

　お地蔵様とは地蔵菩薩のことであり、「釈迦が没した後、弥勒仏が出生するまで、仏のいない濁悪の世界から人間を救うことを仏に委ねられた菩薩」[27]という解説にあるように「救済」の仏である。地獄に堕ちてしまった人でも救ってくれ、坊主頭の子どものような柔和な姿をしている。その姿は日本特有のもので、インドや中国の地蔵はそれほど優しい表情をしていない。また、仏教伝来以前にあった村境を示す塞の神（道祖神）が室町時代ごろからお地蔵様に代わり、塞の神が石で作られていたことからお地蔵様も石で作られる

【注】
[21] アニメージュ編集部（1988：150）
[22] 伊崎（2006：46）
[23] 『三びきのやぎのがらがらどん』マーシャ・ブラウン絵、せたていじ訳（1965）福音館書店
[24] 宮崎（2001：410）絵コンテ 943
[25] 宮崎（2001：214-222）絵コンテ 463-481
[26] 宮崎（2001：217）絵コンテ 468
[27] 川村（2000：88）

ようになった[28]。こうしたことから道標としての機能と救済の仏として地蔵が支持され、各地にお地蔵様が作られて人々に親しまれる存在となる。

映画では前述の塚森の神社の荒廃とは対照的にこの地蔵堂は掃除が行き届いていて、その足元には色鮮やかなオニユリの花[29]と供え物が置いてある。つまりここでは地蔵様はまだ村の人々に敬われ、尊重されていることが示されている。

宮崎駿はお地蔵様について次のように述べている[30]。

> お地蔵様を拝むのは、一種の感謝の気持ちなんです。〈中略〉お地蔵様に頭下げるってのはね、傘地蔵と同じですよね。お願いして何かやるんじゃないんですよ。もう少し親しいものなんですよ。だから、僕、傘地蔵のお話が、とても好きなんですけど、あの話は、神様に私を幸せにして下さいとお願いしてるんじゃないんですよ。とても好きですね。

『となりのトトロ』に出てくるお地蔵様は上の発言からも伺えるように「親しいもの」として描かれ、雨宿りの場を提供してサツキやメイを助けてくれる存在である。

サツキが地蔵に手を合わせる場面について、この行為の裏には別の意味をがあると考えた研究者もいる。佐々木（2005）によるとその日の小学校の黒板に書いてあった6月23日木曜日の日付[31]から、この日は1960年の日米安全保障条約が強行採決された日で、サツキの合掌行為はその数日前に締結反対を唱えて国会での機動隊との乱闘で亡くなった樺美智子への哀悼の意を示す監督の意図を想起させるという[32]。

【注】
[28] 正木（2002：8-10）
[29] 宮崎（2001：214）絵コンテ463には地蔵堂のラフな画像のみだが、『THE ART OF TOTORO』p.99のカラー版には横に咲くアジサイの薄紫と対照的なオレンジのオニユリの花がはっきり描かれている。またp.98の1のサツキがメイの顔を拭くカットの背景にお餅かお饅頭のような供え物が敷き紙の上に載せて描かれている。
[30] 宮崎（1988b：128）
[31] 宮崎（1988a：31）カット183
[32] 佐々木（2005：87）

宮崎駿が何を考えてこの日付にしたかは、彼の発言その他から検証することは難しい。しかし、60年安保には活動が退潮期に入ってから、彼は無党派でデモにも参加した経験があり[33]、また東映動画に勤めていた時には労働組合運動に参加している。「左翼的な理想主義を持っている」[34] という宮崎駿が敢えてその日を選んだ裏には、佐々木が指摘しているとおり樺美智子への哀悼の意を示す意図があったかもしれない。日付と雨＝涙・合掌という行為からそこまで掘り下げて考えることができる一つの例といえる。

●3.2.4　子供の視点から見る稲荷神社

　稲荷神社はサツキとメイが傘を持って出なかった父を迎えに行ったバス停のそばにある[35]。バス停の名前が「稲荷前」であることから、その存在は見る前から暗示されている。

　稲荷神社は神社や御堂・祠の数が日本で最も多い宗教施設[36] である。稲荷信仰と一口に言っても歴史は古く、神道系の京都の伏見稲荷（711年創建）・禅宗系の愛知の豊川稲荷（1441年創建）・仏教系の岡山の最上稲荷（785年創建）の三大稲荷を中心として大きく分けられる。共通して「商売繁盛・家内安全・交通安全・厄除け」などの現世利益を成就させる霊験あらたかな福神と考えられている[37]。

　最も古い神道系の伏見稲荷の場合、渡来人の秦氏が711年稲荷山三ケ峰に神を祀ったことから始まると言われ、狐と結びつくにあたっては諸説がある[38]。「田の神信仰に由来し、霊獣の狐が田の神、その使いとされて、農業神となった」[39] とあるように、農業と結びついた神とも言われている。

　宮崎駿は稲荷神社について次のように述べている。

【注】

[33] 宮崎（1996：564）
[34] 宮崎（2002：64）
[35] 宮崎（2001：13）絵コンテ12引っ越しのトラックが前を通るところが初出・宮崎（2001：230）絵コンテ501から問題のシーン
[36] 伏見稲荷大社のWebサイトによると全国で3万社ある
[37] 跡上（2000：108）
[38] 伏見稲荷大社Webサイト「稲荷信仰」
[39] 跡上（2000：108）

僕はお地蔵様に頭を下げる子供たちも好きだけど、お稲荷さんを気持ち悪く感じる子供たちの方が好きなんですよ（笑）。いや、お稲荷様ったらね、人間の妄想がいっぱい集まっててね、妄念が。好きじゃないんです。商売繁盛、合格祈願とかそんなのばかりでしょう？[40]

「お稲荷さんを気持ち悪く感じる子供」という言葉どおり、バスを待ちくたびれたメイがバス停から離れてウロウロしていて狐の像に遭遇し、怖そうに姉のところに駆け戻るシーンが挿入されている[41]。そこに描かれている何体かの狐の像は「おイナリさん　そのゾワッとするような風景」と絵コンテに指示が書かれているように闇の中から浮かび上がるように薄気味悪く描かれている。

稲荷神社にいる狐は目がつりあがり、口が裂けていてかなり怖い表情をしている。筆者の家の近くにも狐を祀る祠があり、子供のころその前を通る時には気味が悪いので駆け抜けた経験がある。宮崎駿にもおそらくそのような経験があったのだろうとメイの様子を見て感じると同時に、子供の視点からあの施設を見ると薄気味悪いものなのだと実感する。

しかし、この怖さを喚起するシーンのあとメイは眠くなってサツキに負ぶわれ、父がもどらぬ寂しさや子供たちだけで暗闇の中を待つ孤独感を描いた後、大トトロが登場する緊迫したシーンへと移る。場面の展開を考えると、この稲荷神社の「怖さ」は作品の奥行きを深める意味でも必要な場面であるといえる。

● 3.2.5　メイが六地蔵にいた理由と都市伝説が生まれた背景

メイが母にトウモロコシを渡そうと一人で病院に向かって迷子になるというこの作品の山場に出てくる場所が「六地蔵」である。絵コンテには「道ばたの六地蔵さまのかたわらにうずくまるメイ／歩きくたびれてトウモロコシをひざに茫然としておる」[42]と書かれている。

【注】
[40] 宮崎駿（1988b：128）
[41] 宮崎（2001：235-236）絵コンテ 512-517
[42] 宮崎（2001：397）絵コンテ 904・905

六地蔵は仏教において「輪廻転生」するといわれている六つの世界「天道・人道・修羅道・畜生道・餓鬼道・地獄道」にそれぞれいて救済してくれる、日本独自に考えられた仏である[43]。六地蔵は寺や村境にあって「この世」と「あの世」の境を示すともいわれている。

　夕暮れ時という魔物たちが徘徊を始める時間にメイが六地蔵にいたことは、向こうの闇の世界に引き込まれる可能性を示唆し、それを救済の仏である六地蔵が守っていたともいえる。そのあたりに「メイは死んでいる」という都市伝説が作り出される土壌がある。死んでいる説の根拠となる「このあとの二人に影がない」ことに関しては「『映画の最後の方でサツキとメイに影がない』のは、作画上で不要と判断して略しているだけなんです」とスタジオジブリ広報部が正式コメントを出して否定している[44]。

　跡上（2008）は「『トトロ』の持っているある種の怖さが、この風説に一定の説得力を与えているところがないとは言えないのではないか」[45]と述べている。つまり、安産を祈ると同時に水底に沈んで夭折した安徳天皇の霊を祀ることから、亡くなった胎児や幼児の成仏を願う水子供養としても有名な水天宮、薄気味悪い稲荷神社、死者を救う地蔵・六地蔵などの宗教的な要素がこの作品に深い闇の奥行きを与え、人々の想像力を刺激して都市伝説を生み出していると考えられる。

4．まとめ

　以上述べてきたように『となりのトトロ』から日本の宗教のありようを考えてみた。映画やアニメで映し出される映像は一瞬であったとしても、そこには何らかの監督の意図が込められている。本篇とは直接関係がないように見えるそれらの風景が作品世界の奥行きを深めている。もしそれらの風景が描かれていないとしたら、作品はもっと薄っぺらなものになり、都市伝説が生まれる背景にある「薄気味悪さ」は醸し出されなかったに違いない。

【注】

[43] 正木（2002：9）
[44] スタジオジブリ公式サイト「いつものジブリ日誌」2007年5月1日
[45] 跡上（2008：239）

授業を通して、身近な生活の周囲に宗教的要素が存在することを学習者は認識するであろう。この授業のあとで、学習者たちに自分の周辺で見かける宗教的要素を探させてみるのもよい。「道祖神」や「地蔵」、「神社」などは都会であってもまだ発見することができる風景である。季節によっては「祭り」や、「御会式」などの行事をしているところがあるかもしれない。また、自分たちが住んでいる周囲の地名やバス停の名前に宗教的な名残がある場合もある。

　このように、一つの教材の内容理解を終えたあと、その教材に関してさらに深く考えられるテーマを設定して、興味の幅を広げることができる。そのような学習者の発見を促す教材研究をおこなうことが教師に与えられた課題といえる。作品を視聴してそこから考えられる問題について話し合ったり、調べたりという学習者主体の活動もある。しかし、すべての活動を学習者にゆだねているだけでは、好きなものばかりを食べる偏食の子にしているような気がしてならない。時には彼らの知的好奇心を思いもよらないところから揺さぶることも教師の仕事の一つではないだろうか。

>>> 参考文献

跡上史郎（2008）「『となりのトトロ』はちょっとだけ怖い」『ジブリの森へ』　森話社、pp.238-255

アニメージュ編集部（1988）『THE ART OF TOTORO』　徳間書店

伊崎純子（2006）「イマジナリー・コンパニオンとしての『となりのトトロ』」『白鷗女子短大論集』30、pp.43-53

NHK放送文化研究所世論調査部編（2008）『日本人の好きなもの　データで読む嗜好と価値観』日本放送出版協会

川村邦光（2000）『すぐわかる日本の宗教』　東京美術

佐々木隆（2005）『「宮崎アニメ」秘められたメッセージ』　KKベストセラーズ

スタジオジブリ責任編集（1996）『スタジオジブリ作品関連資料集Ⅱ』　スタジオジブリ

島薗進他（2006）『宗教学キーワード』　有斐閣

塚田智冬（2008）「初級後半～中級前半クラスにおける映画を使った授業の実践報告—映画『となりのトトロ』『しこふんじゃった。』を使用して—」『日本語・日本文化研究』14　京都外国語大学留学生別科、pp.84-94

ネイピア・スーザン・J（Susan Jolliffe Napier）（2002）『現代日本のアニメ』神山京子訳　中央公論新社

野村幸一郎（2010）『宮崎駿の地平　広場の孤独・照葉樹林・アニミズム』白地社
原愛美（2003）「映画から導入する日本語・日本文化―映画『となりのトトロ』を使用して―」『言語文化』11, pp.24-34
保坂幸博（2003）『日本の自然崇拝、西洋のアニミズム』　新評論
細江光（2006）「名作鑑賞『となりのトトロ』―母なる自然とイノセンス―」『甲南女子大学研究紀要　文学・文化編』42, pp.85-149
正木晃（2002）『お化けと森の宗教学　となりのトトロといっしょに学ぼう』春秋社
宮崎駿（1988a）インタビュー「トトロは懐かしさから作った作品じゃないんです」『ジブリ・ロマンアルバム　となりのトトロ』　徳間書店
宮崎駿（1988b）インタビュー「Comic Box」7月号　ふゅーじょんぷろだくと, pp.124-134
宮崎駿（1996）『出発点［1979～1996］』　徳間書店
宮崎駿（2001）『スタジオジブリ絵コンテ全集3 となりのトトロ』　徳間書店
宮崎駿（2002）『風の帰る場所』ロッキングオン
村上重良（1981）『日本の宗教』　岩波書店

〉〉〉参考 URL

水天宮公式ホームページ　http://www.suitengu.net　2012.08.14.
スタジオジブリ公式ホームページ　http://www.ghibli.jp 2012.08.21.
豊川稲荷　豊川閣妙厳寺公式ホームページ　http://www.toyokawainari.jp 2012.08.14
伏見稲荷　伏見稲荷大社公式ホームページ　http://inari.jp 2012.08.14
最上稲荷　最上稲荷山妙教寺公式ホームページ　http://www.inari.ne.jp　2012.08.14

海外旅行接触場面における
―英国旅行者のインターアクション

加藤好崇

1. はじめに

　2011年3月に起きた東日本大震災以降、訪日外客[1]数は激減したが、日本政府観光局（JNTO）が独自に算出した推計値によると、2012年12月の訪日外客数は震災の影響の大きい前年同月と比べ、伸率20.6％増の68万9千7百人と回復した。（日本政府観光局JNTO 2012）。しかし、観光立国を目指す日本にとって、さらにその数を増やしていくことは国際化を進める上でも重要な課題であろう。

　日本への外国人観光客の増加を妨げる問題には、震災の影響、経済面、政治面など様々あろうが、現在、筆者は特に個人旅行者の海外旅行接触場面におけるインターアクション[2]について研究を始めようとしている。

　問題といっても旅行者側が感じる問題とホスト側が感じる問題が存在するが、この研究では、まず旅行者側の視点を通し、旅行者が感じる問題を分析対象としていく。そして、海外旅行中の旅行者にどのような問題がなぜ生じるのか、また反対にどのような問題がなぜ起きないのかなどの点を言語管理理論（ネウストプニー 1995）における規範の動態性[3]（加藤 2010）の概念から分析を行っていく。

【注】
[1] 観光客、商用客、その他の客、一時上陸客を含む（長谷編 2004）。
[2] 言語行動、社会言語行動を含むコミュニケーション行動と、情報交換のためではない実質行動あるいは社会文化行動を含む（ネウストプニー 1995）。

接触場面のインターアクションを研究するとき、できる限り具体的で正確なインターアクション場面を収集しなければならない。しかし、移動も頻繁であり、長期間にわたる旅行中のインターアクションを収集するのはたやすいことではない。そこで本稿はその研究方法の確立を第一の目的として、筆者の初めての英国個人旅行を分析対象として、一旅行者としての筆者自身のインターアクション場面を収集し、同時に接触場面における規範の動態性分析をも行っていく。従って、本稿は本来の調査対象である日本国内の海外旅行接触場面を分析してはいないが、それに先駆けて行われるパイロットスタディとしての性格を持つものである。

2．研究方法

　今回の英国訪問は、別の研究の資料収集としての目的もあり、The National Archive、The Japan Society などへの訪問も行った。従って、そういった場所での一般観光客があまり遭遇しないインターアクション場面は分析対象としていない。本稿で分析対象とした場面は、ホテル場面、交通機関場面、その他の場面（店、屋外）の三場面である。また、今回は先述したように同行者のいない個人旅行である。

　滞在期間は 2012 年 6 月中旬の 10 日間である。滞在地は 6 日目午前中まではロンドン、その後リバプールへ移動し一泊、7 日目ストラドフォード・アポン・エイボンに移動し一泊、8 日目に再びロンドンに戻っている。移動はすべて電車である。

　本研究では被調査者の接触場面における正確で具体的なインターアクションの記録と同時に、そのインターアクション時の内省が重要なデータとなる。アンケート形式の調査もあるが、インターアクション時の正確な管理は反映されにくい。録画機器を使えば正確な記録がとれ、記憶を再生するための刺

【注】
[3] 加藤（2010）は接触場面における社会文化的・社会言語的・言語的規範の動態性には、規範の顕在化－潜在化、強化－緩和といった「規範の適用のされ方」に関わるタイプ、基底規範の構成要素である「規範自体が交替」するタイプ、また接触場面用の「新しい規範」が生成されるタイプの三つがあるとしている。

激ともなるが、旅行中に終始機器を使用し続けることは現実的ではない。一日の流れに沿ってインタビューをするインターアクション・インタビュー（ネウストプニー 1994）を使用することもできるが、その場合でもできる限り正確な記憶を呼び起こすための方法を考えなければならない。今回はそのために三つの方法を考え、それらを自らに課し、その記録をもとに帰国直後に内省を行った。以下がその三つの方法である。

①文字による記録：旅行中、移動した場所や感じたことをスマートフォンにメモ程度に記録。文字記録を行ったが音声記録でもよい。その日の就寝前に日記形式でまとめる。

②写真媒体による記録：デジカメなら日にちも記録されているし、スマートフォンの写真であると場所の記録も残すことができる。

③フェースブックへの投稿：フェースブックへ写真とコメントをリアルタイムに投稿する。今回の場合、実際に投稿に対するコメントもあった。

　この三つの情報を記憶再生の刺激として、帰国後、インターアクション内容をまとめた。内容は単純な出来事の記録ではなく、その際にどのような評価があったかなどの意識も含め、管理プロセス（3章参照）をもとに規範の動態性を分析する。

3. 管理プロセス

　本研究では言語管理理論における管理プロセス（ネウストプニー 1995）を利用して分析を行う。管理プロセスが分析に際して有効である点は、談話上では可視化されていない問題の存在を明確にプロセス内に内包している点である。

　管理プロセスでは、まず何らかの社会文化的・社会言語的・言語的規範の存在を仮定する。インターアクションの参加者はそれらの規範からの逸脱に留意すると、さらに否定的あるいは肯定的に評価する可能性がある。ここで否定的に評価された場合に初めて逸脱は問題とされる。談話上だけを見ていてもこの段階での問題は他の参加者や研究者には認識されにくい。この問題を規範に沿うように調整した場合、初めて他の参加者に可視化される可能性が出てくる。調整行動がない場合、個人の管理プロセスを知るためにはイン

ターアクション・インタビューなどの内省法が必要となる。接触場面ではこの可視化されていない問題は多いが、この問題自体を知ることと、プロセスの源にある規範を知ることは問題解決の重要な鍵となる。

　接触場面と母語場面とでは、この管理プロセスの流れ自体に違いはない。ただし、接触場面では参加者間で規範そのものが異なっている場合があるので、管理プロセスが活性化しやすくなる。さらに規範が通常と異なる形で適用されることが多いので、母語場面の分析だけでは接触場面の問題の予測ができない。

4．海外旅行接触場面の分析

　4．1ではホテル場面（H）、4．2では交通機関場面（T）、4．3では店や屋外などその他の場面（O）において生起したインターアクション例を記述する。

　各例の配列は滞在日程に沿っておらず、社会文化面(SC)、社会言語面(SL)、言語面（LG）の順番に沿って記述してある。また、例の中に現れる人物の人種や英語母語話者かどうかの判断は、一旅行者として筆者が、自らの経験をもとに外見上や発音上などから行ったまったく直感的な判断に依っている。イギリス人であることが判明している場合にはイギリス人と記すが、そうでない場合は一般的な日本人が「白色人種」と感じる人を、イギリス人も含め単に「ヨーロッパ系」とし、東アジアや東南アジアの人と感じる場合には「アジア系」とした。その他の人種については今回は記述しない。人種の特定が特に必要がない場合は、単に「駅員」、「フロント係」といったように職種で記述する。

4．1 ▶ホテル場面（H）でのインターアクション

　筆者は4箇所のホテルに泊まったが、噂通りロンドンのホテルは部屋の割に値段が高い。ホテル自体は基本的に日本のホテルと違いはないが、部屋の備品、置き場所などいくつかの点で日本との相違が見られ興味深いところもあった。

〈例：H-SC-1〉

基本的にガイドによる案内もなく、観光地の情報、電車の乗り方から時刻表まで個人で収集しなければならない個人旅行者にとって、無料のインターネットサービスの存在は非常にありがたい。そのため、宿泊するホテルではこういったインターネット環境を完備するべきだという規範を強く意識する旅行者もいるだろう。筆者の場合、今回はGoogleのマップ機能で出発前に行動予定地の地図を作成していたため、インターネットが容易に使用できるかどうかは非常に重要なポイントだった。

　この規範意識は事情がある程度わかっている自国の旅行よりもはるかに強くなる。筆者が滞在したホテルで部屋にWi-Fiが整備されていたのはストラドフォード・アポン・エイボンのホテルのみで、リバプールのホテルではロビーでWi-Fiが使用可能であったが、部屋では有線のインターネットのみが整備されていた。また、ロンドンの二つのホテルは部屋でWi-Fiサービスが使用できたが、いずれも有料であり、無料のインターネット環境はロビーにもない。そのため無料の設備のあったホテルには強く肯定的評価を感じたが、有料サービスしかないホテルに対しては否定的な評価を持った。

〈例：H-SL-2〉

　滞在8日目、リバプールのホテルの朝食時のレストランでのことである。朝食を食べ終え、部屋に戻るとき、先に部屋に戻りかけていた一人のヨーロッパ系男性が、レストランのウェイトレスに挨拶をし、両者が英語で二言三言言葉を交わしていた。その直後に筆者も歩いていたので、同じウェイトレスに同様に挨拶をしようと顔を見たのだが、目を伏せられてしまい、話しかけることができなかった。このとき、コミュニケーションを意識的に回避されたように感じ、コミュニケーション点火のルール[4]からの逸脱として否定的な印象を持った。むろん、それに対して取り立てて調整行動をとることはできないので、そのまま部屋に戻った。

　後から考えてみると、このウェイトレスは英語非母語話者と明らかにわかる筆者に対してコミュニケーションの成立を危ぶんだのかもしれず、逆に日本人が外国人に対して行う可能性があるコミュニケーション回避なのではな

【注】

[4] どのような条件下でインターアクションが起こるかに関わる社会言語的ルール。

いかとも推測した。しかし、団体で海外旅行をする場合と比べ、筆者のような個人旅行者は現地の人とのコミュニケーション点火のルールを母語場面以上に強く意識していることが多いだろう。従って、それから逸脱があれば一層強く否定的に評価されやすい。

〈例：H-SL-3〉

　通常あまり意識をしないが、日本の母語場面規範で考えればホテルでのチェックアウトの際には、「ありがとうございました」のような感謝を示す内容の発話があるのが普通であろう。ところが、宿泊した4つのホテルのうち少なくとも3箇所では、そういったことばをかけられた記憶がない。どのホテルもチェックアウト時はキーを返すと、笑顔を返される程度であったと思う。ただ、この感謝を表す発話行為の欠如は、そういえば何も言われなかったな、と感じた程度でその場ではほとんど留意してはいなかった。これが日本国内であれば、必要とされる内容の感謝の発話行為が欠如していたという、内容ルール[5]からの違反と捉えられるのだが、このときは留意さえほとんどなかった。

　文化によってホテルと客の関係が異なるという話は、外国人が主な客となる宿泊施設関係者からよく聞くが、必ずしも母語場面の規範をそのままお互いが適用させているわけではなく、このように規範を緩和させている場合もある。

〈例：H-SL-4〉

　ホテルでのフロント係との会話には基本的なスクリプトが存在する。筆者の場合は、まずバウチャーを見せ、チェックインをする旨を告げる。そうすると所定の用紙に名前、住所、電話番号を書くように求められる。ここでクレジットカードの提示を求められることもある。用紙への必要事項を書き終えれば、鍵を渡される。宿泊は朝食付きのB&B（Bed & Breakfast）形式であるので、朝食の時間とレストランの場所を告げられる。

　しかし、このような決まった談話の中でも管理プロセスが活性化することがある。例えばチェックイン談話の中に必要な内容が盛り込まれていない場

【注】

[5] インターアクションの内容に関わる社会言語的ルール（ネウストプニー 1995）。

合がそれにあたる。滞在初日のチェックインの際、朝食時間とレストランの場所が告げられなかった。すぐには気がつかなかったのだが、B&B形式のチェックイン談話に必要な内容ルールを理解していたので、後にフロントで確認を行った。

　この場合は、どうしても必要な情報であるので、内容ルールに関する規範を特に緩和させたり強化させたりすることなく、通常通り適用していたと言える。そして、ルールからの違反を否定的に評価して、調整を行ったということである。

4.2 ▶交通機関場面（T）でのインターアクション

　イギリスですぐ思いつく交通機関と言えば、黒塗りのロンドンタクシー、赤色の二階建て路線バス、世界最古のロンドン地下鉄であろう。筆者はこの他にもリバプール、ストラトフォード・アポン・エイボン間の移動に鉄道を利用した。

〈例：T-SC-1〉

　日本の乗り物内では、優先席での振る舞い方や携帯電話の使用、あるいはイヤホンからの音漏れに注意をするように促す車内放送が流れる。このような車内放送をイギリスではまったく聞かなかった。しかし、だからといってそういう行為がないわけではない。

　地下鉄でのことであるが、車内が空いていても優先席に堂々と座っている人もいるし、多くはないものの大声で携帯電話を使用している人もいる。また、イヤホンからの音漏れがひどい人もいる。筆者が見た限りではその状況はそれほど日本と変わらない。しかし、日本国内で筆者が感じるほどの否定的評価はなかった。自分の中には明らかに老人や体の不自由な人の席は確保するべきであり、車内での電話は控え、イヤホンの音漏れには十分注意を払うべきだという規範があるが、この日本国内で自分が使用している規範は、イギリスではかなり緩和されて適用されていた。そのため、携帯電話の使用もイヤホンの音漏れも、日本よりも大きな音量であったにもかかわらず、留意はあっても、それほど問題と感じることはなかった。

〈例：T-SC-2〉

　一方、地下鉄の車内では非常に感心することもあった。今から100年以上

前ロンドン滞在中の夏目漱石が電車内でイギリス人が必ず読み物をするのは、こちらの人たちの習慣だと書いているが、現在でもその様子はあまり変わらないのではないか。以前の日本では、電車内で多くの人が何か読み物をしているのが普通の光景であったが、現在はメールやゲーム、あるいは寝ている人が多く、読み物をしている人はかなり少なくなった。最近では筆者も日本の状況に慣れてしまい、携帯やゲームで遊んでいるくらいなら読書をしていたほうがましだ、などという意識はとっくに潜在化していた。しかし、ロンドンの状況を見ているうちに、そういった規範意識が再び顕在化してきた。この場合、ロンドンの地下鉄の中では逸脱が起きていないので、管理プロセスが起きているわけではなく、筆者の持つ規範に沿った行動が行われていた、ということであり、さらに日本の状況と比べることにより肯定的に評価されたわけである。最近は筆者も車内では寝ないで本を読んでいる。

〈例：T-SL-3〉

　アメリカ英語とイギリス英語、さらにはコックニーやリバプール方言などの社会言語的なバラエティ・ルール[6]の使い分けにも意識があった。

　滞在8日目、リバプールからストラドフォード・アポン・エイボンへ行く途中、スメスウィック・ガルトン・ブリッジという小さな駅で電車を乗り換えた。ところがそこで電車が運休となり、結局2時間以上、駅の周りで時間をつぶすことになった。そこの駅員は一人しかおらず、その駅員と二回にわたって5分程度の話をした。会話中、"toilet"はどこにあるのかと聞いてみたのだが、一瞬戸惑いの表情を見せたので、慌てて"restroom"と言い換えてみると理解された。そのときは"toilet"の方がむしろイギリス英語ではなかっただろうかと不思議に感じた。また、同じ駅員と話をしているときに、"elevator"はアメリカ英語で、イギリスでは"lift"だと思い、"lift"を使って話をしていたが、やはりこれもうまく通じず、アメリカ英語だと思っていた"elevator"を使ったところ理解してもらえた。同じバリエーションの問題に関しては、その数日前にはイギリス人に地下鉄の話題で"tube"を使って話したのだが、そのイギリス人は"tube"を使わず"underground"

【注】
[6] どの言語や方言などを使うかに関わる社会言語的ルール（ネウストプニー 1995）。

を使って筆者と会話をしていた。"tube"で間違いとは思わなかったが、イギリス人が"underground"を使うならばと、その後は"tube"を使わず"underground"を使うようにした。また、"elevator"に関しては、最後のホテルでエレベーターが故障をした際に、二人のスタッフが"elevator"を使って会話をしているのを聞き、イギリスでも普通に"elevator"を使ってもいいのだと感じた。後になって考えると、"toilet"も"lift"も自分自身の発音の問題であったのかもしれないし、イギリス英語とアメリカ英語が実際に峻別されているわけではあるまいと思ったのだが、その時はバラエティ・ルールを意識していた分、自分が何らかのルール違反をしているのではないかと考えたわけである。

　いずれにしても、上の駅員との例で言えば、バラエティの社会言語的規範を常に活性化させていて、会話中にその規範不足を感じ、とりあえずコミュニケーション・ストラテジーにより意思伝達という目標だけは達成した。しかし、規範不足を解消させたわけではなかった。

〈例：T-SL-4〉

　先述のスメスウィック・ガルトン・ブリッジ駅の駅員との会話の中で、電車が運休となったことに対し、この駅員が筆者に"sorry"を二回繰り返した。この言葉に驚くと同時に好ましく感じた。

　おそらく日本で駅員に同じ状況で「すみません」と言われても、なんの肯定的評価もないであろう。ところが、ここではそもそもそう簡単に"sorry"ということばを口にしないであろうという期待を持っているのと、この出来事の前に起きた地下鉄の運休に際して、駅員が一切謝罪らしい発話をしなかったことが背景にある。

　要するに、日本では普通に活性化している規範をイギリスでは緩和させて適用していたので、日本で駅員が謝罪しても当然だという言語行動が、イギリスではかえって肯定的に評価されたと言える。

〈例：T-LG-5〉

　書き言葉を通じても管理プロセスは頻繁に起こる。

　地下鉄に乗っていると、駅名にどんな意味があるのか気になることがある。例えば滞在6日目のこと、ロンドン市内を東西に走るディストリクト線に"Embankment"という駅があるが、この駅を通過する際、この単語の意味

を思い出せず、スマートフォンの辞書で調べてみた。すると「堤防」であるということがわかり、確かにここはテムズ川沿いにある駅であると納得した。後で調べてみるとThames Embankmentは19世紀に建造された有名な堤防であることもわかった。

また、郊外へ向かう電車内では、通路上部にモニターが備え付けられており、現在向かっている駅名や、停車予定の駅の情報が表示される。筆者は途中停車駅は"stop"を使用すればいいだろうと思っていたが、モニターの表示では"calling at+駅名"となっており、途中停車駅を表示するのに使用されるのだとわかった。

上の二例は自己の言語的規範の欠如を否定的に評価し、辞書で調べたり、文脈から類推したりといった調整行動をとりながら、規範の学習を行っていった例である。

4.3 ▶その他の場面（O）でのインターアクション

ここでは店や屋外を歩いている際のインターアクションについて記述する。

〈例：O-SC-1〉

海外旅行中の貴重品の管理には当然ながら気を使う。筆者はあまりカードを使わず、比較的多めの現金を財布に入れて持ち歩くことが多いので、財布の取り扱いには十分注意を払っている。

日本にいるときは、財布はジャケットの内ポケットか、ジャケットを着ていなければパンツの後ポケットに入れている。しかし、海外で旅行をするときには、多少不格好になっても安全のため必ず前ポケットに入れるようにしている。これは今回初めて生成された規範ではなく、これまでの海外旅行経験の中から次第にできあがってきた海外旅行接触場面用に生成された個人の新規範と言ってもいいであろう。

〈例：O-SL-2〉

レストランでも管理プロセスが生じることは多い。次の例は滞在3日目、ヨーロッパ系英語非母語話者のまだ若いウェイトレスと話をしたときの出来事である。

このウェイトレスの英語は英語母語話者とは明らかに異なっており、筆者

の近くにすわっていたそれぞれ別の客からも、どこから来たのかと聞かれていた。

　そのレストランはムール貝の専門店で、いろいろな種類のムール貝料理がメニューに載っていた。ムール貝料理などよくわからないので、そのウェイトレスに、ここのレストランのお勧めを教えてくれというと、微笑みながらもあなたは英語が読めるのだから自分で選べるでしょう、という返事が返ってきた。そう言われてもよくわからないので、じゃあ、あなたが好きなものはどれかというと適当に一つ選んでくれた。考えてみると日本であれば店のお勧めを聞かれて、メニューが読めるのだから自分で選んでくださいというのは失礼な話である。しかし、多少引っかかるものがあってもそれもそうだなと思い、他の国からやってきた新米ウェイトレスだと思うと、否定的に評価する気にならなかった。母語場面で自分が適用する規範から考えれば、店員としてお勧めの料理ぐらい当然知っているべきで、返答内容も客に対する適切な内容ルールから逸脱していると感じるのだが、このときも規範がやはり緩和していていたと言えるだろう。

　ちなみにこの筆者の会話の少し後で、このウェイトレスは筆者の後の方で上司と思われる男性に、"～ sometimes works, sometimes doesn't work ～"となにやら注意されていた。

〈例：O-LG-3〉

　滞在最終日、パブでの食事を終え、店を出ようとしたとき、店員に「アデル（Adele）」のCDを買おうと思うが、近くにCDショップはないか、という主旨のことを尋ねた。ところが、"Adele"がまったく通じない。イギリス人の有名歌手なのだから知らないはずはないので、自分に何らかの言語的問題があるのだろうと思い、繰り返したり、試しに「A」をアイと発音してみたりしたのだが"Adele"に関してはうまく伝わらなかった。ただ、CDを買いたいのだということだけは伝わったので、CDショップの場所だけは教えてもらった。店を出た後もどんな言語的問題があったのかわからず、帰国後YouTubeで「アデル」を紹介するテレビ番組の動画で発音を確認すると、最初の"e"にアクセントがあることがわかった。しかし、本当に問題はここだけなのかは明確ではなく、調整行動により目的は達成できたが、正しい言語的規範を習得できたわけではない。

4.4 ▶規範の動態性の6分類

　この節ではそれぞれの例の中で見られた規範の動態性を6種類に分類して説明する（P.90 表1参照）。

ⅰ. 規範の緩和

　まず、例 H-SL-3 のホテルのチェックアウト時における感謝の発話行為の欠如、例 T-SC-1 の電車内の行動、例 O-SL-2 のウェイトレスの発話内容は、いずれも日本の母語場面では規範からの逸脱として否定的に評価されるが、海外旅行接触場面であるために規範が緩和され否定的に評価されなかった。一方、例 T-SL-4 の場合は、規範を緩和させていたが、期待と異なり謝罪をしたため肯定的に評価された。

　規範が緩和される要因としては、一時的滞在者であるという「ホスト国との関係の一時性」、問題自体を楽しむという「旅行者心理」、さらにはホスト国の規範がよくわからないことからくる「母語場面規範使用のモラトリアム」があると思われる。

ⅱ. 規範の強化

　例 H-SC-1 のインターネット設備については、旅行中重要度の高い必需品であったので、ホテルでは完備されるべきであるという強い規範意識が生起していた。また、例 H-SL-2 のコミュニケーション点火に関わる規範意識も、筆者が強く意識していたので、それからの逸脱は強く否定的に評価された。

　規範が強化される理由は、旅行者がそれぞれに持っている「海外旅行の目的・関心事における重要度」が影響を与えていると思われるが、筆者にとってはこのインターネット環境とコミュニケーション点火の重要度が高かったわけである。

ⅲ. 規範の顕在化

　例 T-SC-2 は、潜在化していた電車内で活字を読むということに関する自分自身の規範が再び顕在化し、それに沿ったイギリスの状況を肯定的に評価したというものである。従って、規範からの逸脱があったものではない。

　潜在化している規範だけではなく、その使用を自動化させてしまっている場合も海外で改めて認識するということも多いのではないか。海外旅行接触場面のインターアクションは自己や自国を再認識する場でもある。

ⅳ．規範の欠如

　これには旅行者が習得を目的とする規範がまず存在するが、それが欠如あるいは不足している状態を示している。そして、規範の欠如した状態から、何らかの調整行動により欠如の状態を解消する場合と、根本的な規範の習得はできなかったが、インターアクションそのものは達成できたという場合がある。

　まず前者については、例 T-LG-5 の言語的規範の例がある。規範の習得を目指して辞書を使うなどの調整行動を行っていた。一方、後者の例では例 T-SL-3 の英語のバラエティに関する問題や例 O-LG-3 の言語面の問題があった。

　このタイプは、ホスト国の規範を指向し、それを受容しようとする性格を持つものであり、言語面、社会言語面、社会文化面、いずれの規範もこの分類に含まれていた。特に使用言語であった英語の言語的規範はすべてこの項目に含まれていた。

ⅴ．規範の保持

　規範の保持とあるが、これは母語場面と同じ規範の適用というだけではなく、特定の状況においてはどこでも基本的に活性化する規範の適用のことである。例 H-SL-4 は文化の違いなどとは関係なく、ホテルでの活動を最低限遂行するために契約上必要な情報を得なければならないとするものである。しかし、旅行者がユニバーサルであると感じていても、必ずしも相手はそう感じていない可能性が接触場面にはあるということには注意が必要であろう。

ⅵ．新規範

　例 O-SC-1 の筆者の規範意識は日本で適用しているものでも、ホスト国で適用されているものでもない。単に海外では旅行者を狙うすりが多いであろうという期待[7]のもとに、海外旅行接触場面でのみ筆者個人に使用されている規範である。

【注】
[7] 加藤（2010：48）は「期待」とは、情報量が十分でない状態のもとに構築される会話相手に対する行動の予測や相手国の動向予測などに関する知識構造を含むものとし、実際の接触場面の経験、あるいは印刷物やテレビなどを介した情報などからも生成されるものとしている。

「第三の場所」(Kramsch 1993) など個々の文化を越えた新たな場の生成が強調されることが多くなっているが、そういった場の形成のためにお互いが共有できる新規範の生成も必要となってくる。そこには均一化を指向する傾向がある。しかし、海外旅行で旅行者が求めているものは、多くの面での相違点であることが多い。相違を楽しみつつ、共通の新規範をどのように生成できるかも一つの課題であろう。

〈表1〉 規範の動態性の6分類

	ホテル場面	交通機関場面	その他の場面
ⅰ 規範の緩和	H-SL-3	T-SC-1・T-SL-4	O-SL-2
ⅱ 規範の強化	H-SC-1・H-SL-2		
ⅲ 規範の顕在化		T-SC-2	
ⅳ 規範の欠如		T-SL-3・T-LG-5	O-LG-3
ⅴ 規範の保持	H-SL-4		
ⅵ 新規範			O-SC-1

5．おわりに

　本研究は日本を訪問する外国人観光客の研究に先だって行われたものであり、一旅行者としての筆者自身の内省をもとに、規範にどのような動態性が認められるかを調べたものである。一旅行者であった筆者は、母語場面における規範を緩和・強化させたり、新しい規範を生成させたりして接触場面参加を行っていた。敷延して述べれば、今後の海外旅行接触場面における問題の予測とその事前調整を図っていくためには、母語場面で適用される規範を基準にして論じるだけでは不十分であり、どの規範がどのように変容していくかを考慮して対策を講じる必要がある。
　本稿の目的の一つは前述のように海外旅行接触場面における多様な規範の有り様を分析することにあった。この目的に関しては、今回の研究はパイロット的なものであるが、規範の動態性の大枠だけは見えたように思われる。
　もう一つの目的は、旅行者が経験するインターアクションを正確に把握するために、どのような研究方法が可能であるかを検証するものであった。海

外旅行では次々に新たな発見があり、一日経過するだけでも思い出せなかったり、記憶がかなり簡略化されたりする。今回、筆者はメモ、写真、フェースブックを使ったが、それらを同時に使えばかなり具体的に記憶を再生できると感じた。日記をつけるのにはある程度時間を要するが、それ以外は被調査者にそれほど負担を強いるものではないであろう。また、記憶の新鮮さが重要であるので、被調査者に対しては、帰国後できるだけ早めに記録された情報をもとにインターアクション・インタビューを行う必要がある。

　日本への海外旅行者やそのリピーターを増やすためには、こういったインターアクションの基礎研究と同時に、問題の調整行動も考えていかなければならないが、そういった点も含めて、今後、海外旅行接触場面の研究を進める必要があるだろう。

〉〉〉参考文献

加藤好崇（2010）『異文化接触場面のインターアクション―日本語母語話者と日本語非母語話者のインターアクション規範―』　東海大学出版会
ネウストプニー，J. V.（1994）「日本研究の方法論―データ収集の段階―」『待兼山論叢　日本語学編』28.　1-24
ネウストプニー，J. V.（1995）『新しい日本語教育のために』　大修館書店
長谷政弘編（2004）『観光学辞典』　同文舘出版
Kramsch, C. (1993) *Context and Culture in Language Teaching*. Oxford University Press.
日本政府観光局（JNTO）「国籍 / 月別　訪日外客数（2003 年～ 2012 年）」
　http://www.jnto.go.jp/jpn/reference/tourism_data/visitor_trends/index.html（2013/2/16 アクセス）

依頼場面における日韓両言語の談話構成について
―日本語母語話者と韓国人日本語学習者の比較を通して―

許　明子

1. はじめに

「依頼」とは、「ダレカが、ダレカに、ナニカをたのむというコミュニケーション活動」（宮地 1995）であり、われわれの日常生活で直接的もしくは間接的に「依頼」という行動が頻繁に行われている。依頼を行う際に用いる言語表現は話し手と聞き手の対人関係によって様々な形式をとるため、両者の関係をとらえるバロメーターともいえる。

日本語教育現場では初級レベルのかなり早い段階から依頼の意味を表す表現が取り上げられている。たとえば『Situational Functional Japanese』では次のような表現が取り上げられている。
(1)　山下：ええと、アニ……。
　　　シャルマ：アニール・シャルマです。シャルマと呼んでください。
　　　　　　（第1課MC[1]）
(2)　（郵便局で）これ、航空便でお願いします。（第2課MC）
(3)　きょうは、ちょっと本のことで……。（第15課MC）
日本語教育現場では「～てほしい」「～てください」「～てもらえませんか」「～ていただけませんか」などの定型表現、「～んですけど」などの言いさし文などを中心に依頼表現が教えられている。しかし、上の(1)と(3)のよ

【注】
[1] MCとは Model Conversation の略語である。

うに、言い淀みや省略表現でも依頼の意味を表すことが可能であり、実際のコミュニケーションの場面で頻繁に使われている。日本語の依頼表現には定型表現が使われやすい反面、命題の内容だけで依頼の意味を表したり[2]、言語・非言語的な要素で依頼の意味を表したりすることもあり、依頼表現の構成はバリエーションが豊富で、複数の要素が関係している。

しかし、日本語学習者の中には、丁寧な依頼表現を使っているにも関わらず、丁寧さの観点から不適切であったり、聞き手の状況を考慮せず唐突に依頼をしたり、命題だけを言い放ったり、引き受けを押し付けたりすることがあり、不快感を与えてしまうことがある。その理由は様々であるが、言語間のコミュニケーション・スタイル[3]の違いや、依頼を構成する要素の異なり、相手に対する配慮ストラテジーのずれなどが関係していると思われる。

日本語学習者が日本人とのコミュニケーション・スタイルの違いに戸惑ったり、日本人との対人関係がうまく作れず誤解や摩擦を招いてしまったりするケースは少なくない（許 2010b）。高いレベルの日本語力を有していても、日本語学習者にとって円滑にコミュニケーション活動を行うことは決して容易ではない。

そこで本研究では、日常生活で頻繁に使われ、しかも聞き手に対して負荷がかかりやすい依頼場面において、日本語母語話者と韓国人日本語学習者がどのような言語形式を用いるかについて調査分析を行った。日本語母語話者の日本語（以下、JNS）、韓国人学習者の日本語（以下、JKL）、韓国人学習者の母語である韓国語（以下、KNS）の間にどのような違いがあるかについてアンケート調査を行い、これら3者の依頼表現の構成について move 数の分析による結果と、各グループの依頼表現の特徴について比較分析を行った。さらに、聞き手に対する配慮の要素としてどのようなストラテジーが用いられていたかについて比較分析を行った。

【注】

[2] 一方、依頼の意味を表す表現を使わず、「財布を忘れちゃって」のような命題内容だけで依頼の意味を表す場合もある。

[3] 任栄哲（2006：9）では「コミュニケーション・スタイル」について会話を円滑に運ぶためのストラテジーであると述べられている。

2. 先行研究

　滝浦（2008：29）は「《依頼》の行為は将来における相手の自由を一部制限するため、相手のネガティブ・フェイスを侵害する」と述べ、「フェイス侵害行為（FTA）」であると述べた。

　また、中田（1990）、熊谷（1995）では依頼の仕方について国研岡崎調査のデータから、依頼の発話に見られる機能のバリエーションを「依頼表現」「情報提供」「恐縮の意の表明」「呼びかけ」「言い淀み」「案内の申し出」「都合を聞く」「あいさつ」「相手を確かめる」に分けてmove数の分析を行った。また、依頼のストラテジーを「依頼の目的を効果的に達成するためのストラテジー」と「相手への配慮を示すためのストラテジー」に分けて、依頼表現におけるそれぞれのストラテジーの使用について考察を行った。

　一方、杉戸（1996）は「メタ言語行動」の機能の働きを次の2点にまとめている。

①言語行動の「丁寧さ」「あたらまり」を実現するための行動主体の配慮のありかやあり方を明示する。

②言語行動の「わかりやすさ」「規範性」を実現するための行動主体の配慮のありかやあり方を明示する。

　依頼する時はその理由や事情の正確な説明と、相手に対する丁寧さを表す要素の構成が重要であるといえる。依頼する際に、構成要素の組み合わせ、配慮の方法などは個人差も存在するが、とりわけ外国人日本語学習者は日本人とは異なる言語行動をとることが多く、それによって問題が生じるケースも少なくない。

　他方、尾崎（2008）では、日韓両言語の依頼行動には根本的に異なることはなかったとされており、日本人と韓国人の間には類似点も存在していると考えられる。本研究では、これらの先行研究に基づいてJNS、JKL、KNSの依頼に関する言語行動について依頼表現の構成や談話構成の特徴などについて比較分析を行う。

3. 調査の概要[4]

筑波大学で学ぶ大学生もしくは大学院生を対象に、丁寧体を使って、相手の所有物を借りる際にどのような依頼表現を用いるかについて回答してもらった。調査対象は日本語母語話者51人、韓国人日本語学習者61人であり、日本語および学習者の母語（韓国語）で回答してもらった。

依頼の場面は[5]、①先輩にパソコンの使い方を教えてもらいたい、②友人に携帯電話を借りたい、③指導教員に著書を借りたい、④友人にレポートを見せてもらいたい、⑤先輩にイギリス人の友人を紹介してほしい、の5つの場面である[6]。

4. 調査の分析結果

熊谷（1995）に倣い、談話において各機能を担う最小の単位としての要素をmoveに分割して、各依頼表現がどのように構成されているかについて分析を行った。また、JNS、JKL、KNSのmove数の比較を通して日韓両言語の依頼表現の特徴について考察を行った。全体のmove数による分析の後、依頼表現の前置きに焦点を当ててどのようなストラテジーが使われていたかについて分析を行った。

4.1 ▶ move数

本研究では依頼の構成要素として、「依頼」「理由説明」「確かめ」「謝罪」「呼びかけ」「言い淀み」「断り」「都合を聞く」「補償」「負荷の軽減」をmoveに分割した。本調査で得られた回答例も挙げる。

- 依頼
  ➢ 教えていただけませんか、教えてほしいです、等

【注】

[4] アンケート調査の内容、調査方法、調査資料、結果については許（2010a）を参照されたい。
[5] 丁寧体を使うべき場面を設定するため、上下関係、親疎関係が明確な相手を聞き手として設定した。指導教員、先輩、親しくない友人に依頼する5つの場面を設定した。
[6] 本調査で設定した相手の所有物は角田（1991）の「所有傾斜」および鈴木（1997）の「私的領域」の概念に基づいて設定した。また、許（2011）で指摘したパーソナル・テリトリーに関わる内容として、パーソナル・テリトリーの中心部から周辺部への位置するものが含まれている。

- 理由説明[7]
  - ➢コンピュータの使い方が分からない
  - ➢携帯電話を忘れてきたが、緊急に連絡をしなければならない
  - ➢指導教員の著書が自分の研究に必要
  - ➢レポートの書き方が分からない
  - ➢英語が上手な留学生と友達になりたい、等
- 相手の状況を確かめる
  - ➢先輩の友達にイギリスの方がいらっしゃいますよね、××のレポート書いてたよね、等
- 謝罪、恐縮の意の表明
  - ➢すみません、申し訳ないですけど、等
- 呼びかけ
  - ➢先生、先輩、等
- 言い淀み
  - ➢あのう…、それで…、等
- 断り
  - ➢だめだったらいいんですけど、等
- 都合を聞く
  - ➢お時間はよろしいでしょうか、今ちょっといいですか、等
- 補償
  - ➢ご飯おごりますよ、今度お礼するから、等
- 負荷の軽減
  - ➢レポートの書き方を参考にするだけ、心配しないで、まる写しはしません、等

　以上の機能がどのように構成されているのか、move数を分析した結果、次の〈表1〉の結果が得られた。

　熊谷（1995：25）では、move数の平均から、もっとも丁寧なことば遣いをしている丁寧度1と判断された被験者の平均move数は3.33、その次の丁

【注】
[7] 本調査における依頼の理由については、話し手が置かれている状況について特定の場面を設定した上で、依頼表現を使うように指示した。

〈表1〉 move 数の平均[8]

($P < 0.05$)

	1 コンピュータ	2 携帯電話	3 先生の著書	4 レポート	5 先輩の友人
JNS	2.82*	3.10	2.76*	2.46*	2.40*
JKL	3.30	2.73	4.10**	3.10**	3.36
KNS	3.06	2.36***	3.12	2.55	2.98***

寧度2の平均 move 数は2.99、丁寧度3の平均 move 数は2.63であったとし、「丁寧なことばづかいをしている人のほうが、機能も多く使って依頼をする傾向がある」と述べている。

　本調査で行った move 数の平均値について〈表1〉に示したように、全体的な傾向として、JKL の move 数の平均が高く、携帯電話以外のすべての項目において韓国人が日本人より丁寧さを意識していることがわかった。JNS は携帯電話において丁寧度が高いが、他の項目は move 2、もしくは3の結果であった。特に、JKL の指導教員に著書を借りる場面では、move 数の平均が4.10で、もっとも丁寧な表現が使われていた。

　3グループの各項目の move 数について、2グループずつ t 検定を行った結果、8項目において有意差が認められ、各グループの依頼表現の構成には相違点が存在していることがわかった。JNS と JKL の間には携帯電話を除く4場面で有意差が認められ、学習者のほうが日本人母語話者より丁寧さに対する認識が高いという結果が現れた。韓国人学習者の目標言語と母語の間には、先生の著書とレポートにおいて有意差が認められ、いずれも日本語の move 数のほうが多かった。また、日本人と韓国人の母語の間には携帯電話と友人の紹介において有意差が認められた。

　move 数の平均値を項目別にグラフで示すと、〈図1〉のようになる。

　各項目を比べてみると、学習者の母語である KNS は JNS より move 数の平均は低いものの、JKL と同じ傾向があることがわかった。KNS も JKL と

【注】
[8] *：JNS と JKL で有意水準 0.05 で、有意である。
　＊＊：JKL と KNS で有意水準 0.05 で、有意である。
　＊＊＊：JNS と KNS で有意水準 0.05 で、有意である。

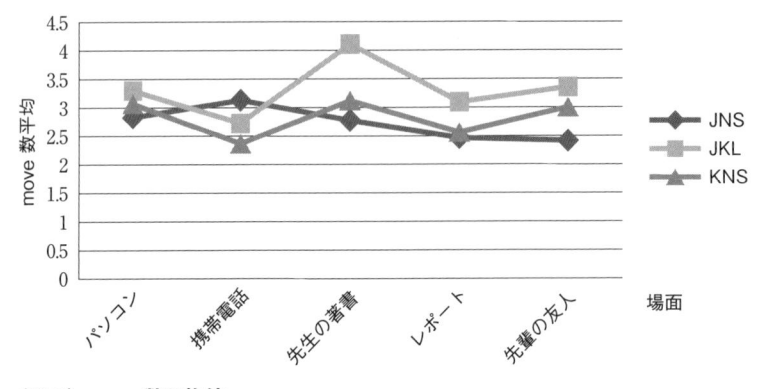

〈図1〉move 数平均値

同じ傾向が見られたが、母語である韓国語より目標言語である日本語のほうが move 数が多く、丁寧度が高い表現を使用していることがわかった。move 数の t 検定の結果からも携帯電話を借用する場面で有意差が認められたが、JNS では一番 move 数が高かった項目である。

各場面におけるそれぞれのグループの move 数のばらつきについて分析した結果[9]、パソコンの使い方を教えてほしい場面では、〈図2〉で示したように3つの move 数のばらつきに類似性が見られた。

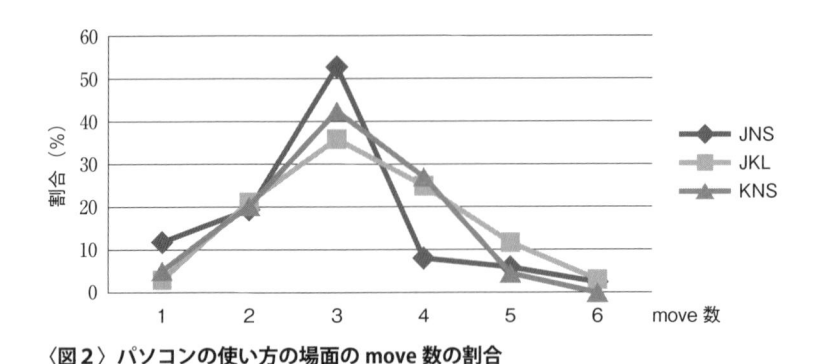

〈図2〉パソコンの使い方の場面の move 数の割合

【注】
[9] 各場面における国別 move 数の内訳および割合については参考資料の〈表3〉を参照されたい。

しかし、特に、携帯電話を借りる、指導教員から著書を借りる場面では、3つのグループのmove数のばらつきに相違点が現れた。携帯電話を借りる場面のmove数のばらつきの割合をグラフで示すと次の〈図3〉のようになる。

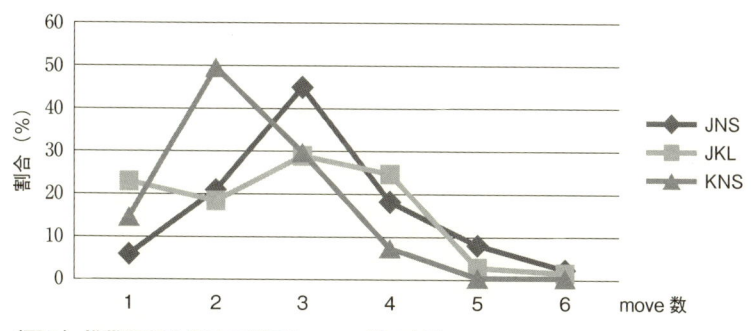

〈図3〉携帯電話を借りる場面のmove数の割合

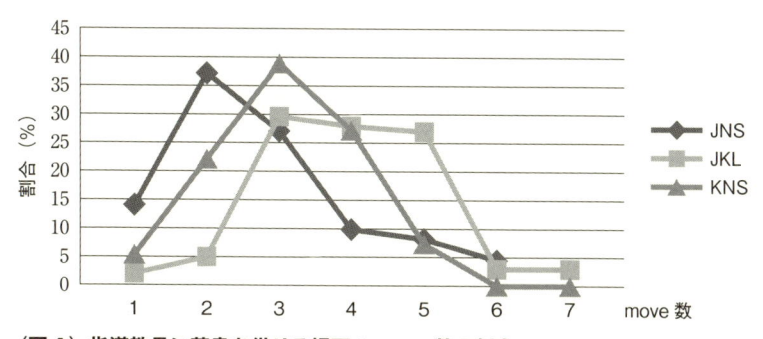

〈図4〉指導教員に著書を借りる場面のmove数の割合

　携帯電話を借りる場面ではJNSのmove数が多く、韓国より日本のほうが携帯電話の借用に対して、丁寧さを認識していることがわかる。
　一方、〈図4〉で示したように、指導教員から著書を借りる場面では、日本より韓国のほうが丁寧さを認識していることがわかった。KNSとJNSはmove数3が最も多く、3以上の割合を合計すると全体の70%以上を占めている。それに対して、JNSはmove数2がもっとも多く、他の項目と類似したmove数のばらつきが見られた[10]。
　以上の結果から、韓国では丁寧さの認識に上下関係がもっとも重要な要素

であり、日本では携帯電話のように個人のプライバシーに関わる内容がもっとも重要な要素として働いていると推測できる。

4.2 ▶聞き手に対する配慮のストラテジー

　前述したように、依頼行動はFTAであり、配慮のためのストラテジーが用いられることが多い。滝浦（2008：40-41）は「ネガティブ・ポライトネスのストラテジー」として10の下位分類を紹介しており、熊谷（1995）は配慮のためのストラテジーとして「恐縮、恐縮の意を表明する、言い淀み、依頼を和らげる、親しみの気持を表す」があるとしている。本研究では聞き手に対する配慮表現として使われた表現の中で、「補償」「負荷を和らげる」の２つのストラテジーについて考察する。

　本調査で、日本語母語話者と韓国人学習者の間にもっとも大きな相違点として現れた特徴は補償に関する表現の有無である。補償に関する表現は、JNSが１例、KNSが６例、JKLが６例使われており、以下の＿＿＿のような使用例が見られた。

① JNS（１例）
・悪いんだけど、ちょっと急ぎで電話をかけたいんだけど、今日、ケータイ忘れちゃって…。こんど、話した分だけお礼するから、貸してもらえないかな…。（携帯電話）

② JKL（６例）
・よろしければ教えてくれないんですか。ごはんおごりますよ。[11]（パソコンの使い方）
・あのー、俺ケータイ持ってくんの忘れてしまったんですけど、ちょっと貸してくれませんか。ジュース、おごりますよ。（携帯電話）
・ちょっとまーくんの書いたやつを貸してくれませんか？　ごはんおごるよー。（レポート）
・今度、一緒にごはんに呼んでくれませんか。てゆーか、あれって俺が払い

【注】
[10] 指導教員に著書を借りる場面のmove数３以上を合計した結果、JNSは49％、JKLは93％、KNSは73％であった。
[11] 韓国人学習者の日本語による使用例は、アンケート調査で使われたままの表現を転載した。

ますんで。(先輩の友人の紹介)
- 私、彼(彼女)と親しくなりたいんですけど、紹介してもらえませんか。もしかして、彼が韓国語が習いたかったら教えてあげることもできますよ。(先輩の友人の紹介)
- 私の考えでは、英語も上手だし、ハンサムだと思うけど。もしよかったら、3人で食事でも…どうですか。(先輩の友人の紹介)

③ KNS（6例）
- 언제 시간 있을 때, 사용법 좀 알려 주세요. 보답으로 제가 한 턱 쏠께요.（パソコンの使い方）（筆者直訳[12]：いつか時間がある時に、使い方、教えてください。お返しに、私がおごりますよ。）
- 형, 이담에 내가 밥 살테니까, 컴퓨터 좀 가르쳐 주세요.（パソコンの使い方）（筆者直訳：兄さん、今後、私がご飯おごるから、コンピュータ、ちょっと教えてください。）
- 안 베낄께. 어찌 쓰는지만 참고하려고. 그리고, 밥 살께, ヲ.（レポート）（筆者直訳：写しはしないよ。どんな書き方をするのか参考だけするから。それから、ご飯、おごるよ、フフ。）
- 그냥 형식만 참고할테니 빌려 주지 않을래? 내가 나중에 음료수 사 줄게.（レポート）（筆者直訳：ただ、形式だけ参考にするから、貸してくれない？ 後で、私が飲み物、買ってあげるよ。）
- 나 개랑 친해지고 싶은데, 소개해 줄래요? 내가 밥 살께요.（先輩の友人の紹介）（筆者直訳：私、あの人と親しくなりたんだけど、紹介してくれませんか。私がご飯、おごりますよ。）
- 그 영국에서 온 친구분 소개 좀 해 주시면 안 될까요? 이번 점심 제가 살께요.（先輩の友人の紹介）（筆者直訳：あのイギリスから来たお友達、紹介してくれませんか。今度、お昼、私がおごりますよ。）
- 선배가 아는 ○○랑 친해지고 싶은데, 같이 밥 한번 먹어요.（先輩の友人の紹介）（筆者直訳：先輩が知っている○○さんと親しくなりたいんだけど、一緒にご飯食べませんか。）

【注】
[12] 日本語訳は筆者による。韓国語のニュアンスを伝えるために、できるだけ直訳する形で訳文を記した。

以上の使用例からもわかるように、JNSの場合も携帯電話の借用に対する依頼場面で補償に関する表現が1例見られたが、韓国人の場合、もっと頻繁に使っていることがわかる。聞き手に対する負担を軽減させるために依頼に対する補償を示すストラテジーを使う傾向があると考えられる。特に、ご飯をおごるという補償のストラテジーは食事を社交の手段として捉える韓国事情がうかがえるものである。

　また、JKLの特徴として、聞き手の負担を軽減させるためのストラテジーとして、自分の行為を最小限に表す表現が多く使われていた。例を挙げると、「一日だけお借りします」「早く読んでお返しします」「ちょっと1週間だけ借りてもらいませんか13」「ちょっと5分ぐらい教えてくれたら宜しいです」「1通だけなんでごめん」「丸写しはしませんので」「コピーだけしてすぐ戻しますから」などのように、話し手の行為を小さく表現することによって聞き手への負担を軽減させようとしていることがわかった。

　その他にも、謝罪や前置き、依頼を和らげるための表現が多く使われており、3者の間にはそれぞれの特徴が表れていた。KNSは「ちょっと」「ちょっとだけ」の意味を表す「좀/jom/」という表現が多く含まれていたのに対して、JNSは「お時間があったら」「もしよかったら」などの聞き手の都合を確認する前置き表現が多く見られた。また、KNSには話し手自身を卑下したり、マイナス評価するストラテジーも見られ（許2009）、「ぼく、パソコン苦手なんです」「私韓国人なのでレポートの書き方がよくわからないんです」のような表現が使われていた。前置きや評価に関する表現などについては稿を改めてご報告したいと思う。

5. おわりに

　本研究では日常生活で頻繁に行われている依頼表現を取り上げて日韓両言語の比較を行った。その結果、日本語母語話者、韓国人日本語学習者、韓国語母語話者の間には異なる特徴があることが明らかになった。韓国人学習者

【注】
13 本調査で使われた表現をそのまま転載したものである。

は丁寧さに関する意識が高く、move 数が多い反面、日本人より補償の表現が使われやすい傾向が見られた。日本語と韓国語の間にコミュニケーション・スタイルの違いが存在していることを示す特徴の一つであるといえるが、今後もさらに分析を進めていきたい。

　韓国人日本語学習者の日本語の発話には習得の過程に現れる間違いもあれば、母語の影響によるものと思われる表現も多数含まれている。日韓両言語の相互理解がより円滑なコミュニケーション活動に少しでも役に立つことを願う。

〉〉〉参考文献

任栄哲（2006）「韓国人とのコミュニケーション」『韓国人による日本社会言語学研究』　pp. 7-19　おうふう

尾崎喜光（2008）『対人行動の日韓対照研究―言語行動の基底にあるもの―』　ひつじ書房

熊谷智子（1995）「依頼の仕方―国研岡崎調査のデータから―」『日本語学』14、pp. 22-32　明治書院

杉戸清樹（1996）「メタ言語行動の視野―言語行動の「構え」を探る視点―」『日本語学』15、pp.19-27　明治書院

鈴木睦（1997）「日本語教育における丁寧体世界と普通体世界」『視点と主観性』、pp. 45-74　くろしお出版

滝浦真人（2008）『ポライトネス入門』　研究社

角田太作（1991）『世界の言語と日本語』　くろしお出版

中田智子（1990）「発話の特徴記述について―単位としての move と分析の観点―」『日本語学』　pp. 9-11、明治書院

許明子（2009）「공유감을 만드는 한국어，거리감을 두는 일본어」『언어표현을 통해서 본 한일문화』　韓国日語日文学会、pp. 277-293　J&C 出版社

許明子（2010a）「日本語と韓国語の聞き手の私的領域に関する言語行動―韓国人日本語学習者と日本語母語話者の言語行動に関する調査を通して」『地域研究』第 31 号、筑波大学人文社会科学研究科、pp. 25-44.

許明子（2010b）「日韓対照研究と日本語教育―話し手と聞き手との関係から見た日本語と韓国語の言語行動について―」『日本語教育研究への招待』　pp. 273-288　くろしお出版

許明子（2011）「聞き手のパーソナル・テリトリーに関わる談話分析：日本人・韓国人・中国人母語話者の調査を通して」『筑波大学留学生センター日本語教育論集』第 26 号、pp. 1-17　筑波大学留学生センター

宮地裕（1995）「依頼表現の位置」『日本語学』14、明治書院

Situational Functional Japanese（1991）筑波ランゲージグループ、凡人社

>>> 参考資料

〈表2〉 場面別・国別move数の割合

move数	1 パソコンの使い方			2 携帯電話の借用			3 先生の著書の貸し出し			4 レポートの参照			5 先輩の友人紹介		
	JNS	JKJ	KNS	JNS	JKJ	KNS	JNS	JKJ	KNS	JNS	JKJ	KNS	JNS	JKJ	KNS
1	12	3	5	6	23	14	14	2	5	20	5	14	20	9	8
2	19	21	20	21	18	49	37	5	22	36	17	42	39	19	26
3	53	36	43	45	29	30	27	30	39	30	55	29	29	25	36
4	8	25	27	18	25	7	10	28	27	10	15	10	8	34	21
5	6	12	5	8	3	0	8	27	7	2	7	3	4	8	9
6	2	3	0	2	2	0	4	3	0	2	0	2	0	3	0
7							3	0		1				2	
8							2								

30%以上の割合を占めている項目を■で示した。数字は%を示す。

韓国語教材における活用語の品詞名・文体名について
―日韓の韓国語教材の調査結果より―

入佐信宏

1. はじめに

　韓国語を母語としない韓国語学習者のための韓国語教育文法は、韓国語文法を遍く体系的に正確に記述しようとする韓国語記述文法とは異なり、直接韓国語教育に役に立つ文法、すなわち韓国語を母語としない学習者が韓国語をわかりやすく習得するための文法と言える。
　韓国語教育文法を具体的に示したものが韓国語教材であり、韓国語学習者はそれらの教材を用いて韓国語を学習することになる。しかし、教材で使用されている文法用語が難解であったり、教材ごとに用いられる文法用語が異なっていたりすると、韓国語学習の妨げとなることがある。
　本稿は、日本および韓国で出版された韓国語教材において、活用語の品詞名・文体名に対してどのような文法用語が使用されているかについて調査し、日本語母語話者を対象とする韓国語教材において、どのような文法用語が適切であるかについて提案する。

2. 先行研究

　韓国語教育文法を示す「文法用語」について、국립국어원（国立国語院）(2005) は、外国語としての韓国語文法に使用される専門用語は、できるだけ既に広く知られ誰にでも理解できるやさしい用語を使うべきだとしている。例えば、「用言」「体言」のような、韓国語学習者はもちろん韓国語母語

話者にもなじみのない用語は避け、「用言」は「動詞」「形容詞」に、「体言」は「名詞」「代名詞」「数詞」に置き換えて記述するべきであると述べている。

방성원（2002）は、正確性を考慮し、過度に専門的でない一般的な用語を最小限使用すべきであるとし、学習者が理解しやすい文法用語をめざすべきであると述べている。

文法用語は、韓国語教育文法を正確に表している用語であることはもちろん、言語の専門家でない一般の学習者がわかりやすい用語、後出の文法事項の学習にも継続して使える用語、自国語の文法知識を活用できる用語、文法項目の形態上の特徴をよく表している用語であるべきだと考える。

韓国語教材でどのような文法用語が使われているかについては、金（2005）が、日本で出版された韓国語初級テキスト5冊を対象にして、文体名等に用いられている文法用語について調査している。文法用語がテキストによって多種多様で、韓国語学習に支障をきたす可能性があることを指摘しているが、代案の提示はない。

油谷（2004）は、教材によってスピーチレベルを表す用語や品詞名が異なることを指摘し、文法用語が統一されていないことは学習者にとっても指導者にとっても不便なことであると述べている。

桂（2005）は、世界各国の韓国語教育で使用されている文法用語はもちろん、日本で出版された教材に用いられている文法用語すら統一されていないため学習者の負担になっているとし、世界各国での韓国語教材作成の基準となる標準文法を確立すべきだと述べている。

日本の学校文法では日本語の品詞を、名詞・動詞・形容詞・形容動詞・副詞・連体詞・感動詞・接続詞・助詞・助動詞の10種に分類している。一方、韓国の学校文法では韓国語の品詞を、명사（名詞）・대명사（代名詞）・수사（数詞）・동사（動詞）・형용사（形容詞）・부사（副詞）・관형사（冠形詞）・감탄사（感嘆詞）・조사（助詞）の9種に分類している[1]。日韓の韓国語教材では、上の品詞名のうち、形容動詞、助動詞を除く品詞名が使用されているが、教材によって使用されている品詞名が統一されているわけではない。

【注】

[1]（　）内の漢字表記は筆者による。動詞・形容詞等の活用形の語尾は、日本の学校文法では助動詞に分類されるが、韓国の学校文法では品詞を立てない。

教材や教育機関ごとに使用される文法用語が異なっていると、教師および学習者が混乱する可能性があることは否めない[2]。したがって、韓国語教育文法を記述するための統一された文法用語が望まれる。

3．調査対象と方法

3．1 ▶調査対象

日本で出版された韓国語教材[3]は、国際文化フォーラム（2005）の「7．使用教材」に基づき、四年制大学での採用大学数が3校以上で、かつ使用者数が300人以上の教材のうち、本稿の調査項目である、品詞名、文体名が扱われているもの11種22冊を調査対象とした。同一著者による教材が2種類あるものについては、直近の教材のみを対象とした。また、本稿執筆時に改訂版が出版されているものはそれを、同一著者による続刊があるものについてはそれも調査対象とした。調査対象とした教材をまとめて示すと、〈表1〉の通りである。

〈表1〉日本で出版された教材11種

本稿の表記	教材名
『入佐』	入佐信宏・文賢珠（2002）『よくわかる韓国語STEP1』白帝社
	入佐信宏・金炫辰（2005）『よくわかる韓国語STEP2』白帝社
『生越』	生越直樹・曺喜澈（2011）『韓国語朝鮮語初級テキスト　ことばの架け橋』改訂版　白帝社
	生越直樹（2009）『韓国語朝鮮語テキスト　ことばの架け橋 中級表現編』白帝社
『木内』	木内明（2002）『基礎から学ぶ韓国語講座』国書刊行会
	木内明（2005）『基礎から学ぶ韓国語講座 中級』国書刊行会
『金』	金東漢・張銀英（2003）『改訂版 韓国語レッスン初級Ⅰ』スリーエーネットワーク
	金東漢・張銀英（2003）『改訂版 韓国語レッスン初級Ⅱ』スリーエーネットワーク
『白川』	白川豊・白川春子（1998）『これならわかる！朝鮮語』白水社
『髙島』	髙島淑郎（2002）『書いて覚える初級朝鮮語』改訂版　白水社
	髙島淑郎（2005）『書いて覚える中級朝鮮語』白水社
『野間』	野間秀樹（2007）『新・至福の朝鮮語』朝日出版社

【注】
[2] 新内・関（2012）は、主に海外で日本語を教えている日本語教師から、「ティームティーチングや前任者から引き継いだ授業、異なる教材での学習歴がある学習者の指導時に、文法用語が統一されていないため混乱する」という意見があることを報告している。
[3] 日本で出版された教材の中には言語名を「韓国朝鮮語」「朝鮮語」としているものもあるが、本稿が調査対象とする韓国語教材にはそれらも含める。

『長谷川』	長谷川由紀子（2001）『コミュニケーション韓国語 会話編1』白帝社
	長谷川由紀子（2012）『コミュニケーション韓国語 聞いて話そうⅠ』白帝社
『松原』	松原孝俊・金延宣・黄聖媛（1999）『ポイントレッスン入門韓国語』改訂版　東方書店
『油谷』	油谷幸利・南相瓔（2000）『総合韓国語1』白帝社
	油谷幸利・南相瓔（2002）『総合韓国語2』白帝社
	油谷幸利・南相瓔（2003）『総合韓国語3』白帝社
	油谷幸利・南相瓔（2004）『総合韓国語4』白帝社
『李』	李昌圭（2006）『韓国語初級』改訂版　白帝社
	李昌圭（2005）『韓国語中級』白帝社
	李昌圭（2005）『韓国語上級』白帝社

　韓国で出版された韓国語教材は、韓国の主要な韓国語教育機関（主に大学付属の韓国語教育機関）で使用されている教材のうち、日本語の文法解説がある6種19冊を調査対象とした。但し、本稿の調査項目である、品詞名、文体名が扱われている巻までを調査対象とした。調査対象とした教材は〈表2〉の通りである。

〈表2〉韓国で出版された教材6種

本稿の表記[4]	教材名
『カナタ』	가나다한국어학원（2010）『New 가나다 KOREAN for Japanese 初級1』랭기지플러스
	가나다한국어학원（2011）『New 가나다 KOREAN for Japanese 初級2』랭기지플러스
	가나다한국어학원（2012）『New 가나다 KOREAN for Japanese 中級2』랭기지플러스
『慶熙』	경희대학교 국제교육원（2000）『한국어 초급1』경희대학교 출판부
	경희대학교 국제교육원（2001）『한국어 초급2』경희대학교 출판부
	경희대학교 국제교육원（2002）『한국어 중급1』경희대학교 출판부
『西江』	서강대학교 한국어교육원（2009）『西江韓国語 1A 翻訳・文法解説』서강대학교 국제문화교육원 출판부
	서강대학교 한국어교육원（2009）『西江韓国語 1B 翻訳・文法解説』서강대학교 국제문화교육원 출판부
	서강대학교 한국어교육원（2011）『西江韓国語 2A 翻訳・文法解説』서강대학교 국제문화교육원 출판부
	서강대학교 한국어교육원（2010）『西江韓国語 2B 翻訳・文法解説』서강대학교 국제문화교육원 출판부
	서강대학교 한국어교육원（2009）『西江韓国語 3A 翻訳・文法解説』서강대학교 국제문화교육원 출판부
『延大』	연세대학교 한국어학당（2007）『연세한국어1』연세대학교 출판부
	연세대학교 한국어학당（2007）『연세한국어2』연세대학교 출판부
『梨大』	이화여자대학교 언어교육원（2010）『이화 한국어1-1』이화여자대학교 출판부

【注】

[4] 『カナタ』『慶熙』『西江』『延大』『梨大』『漢陽』は、各教材の著者名である「カナタ韓国語学院」「慶熙大学校国際教育院」「西江大学校韓国語教育院」「延世大学校韓国語学堂」「梨花女子大学校言語教育院」「漢陽大学校国際語学院」の一部または略称である。

『梨大』	이화여자대학교 언어교육원 (2010)『이화 한국어 1-2』이화여자대학교 출판부	
	이화여자대학교 언어교육원 (2010)『이화 한국어 2-1』이화여자대학교 출판부	
	이화여자대학교 언어교육원 (2010)『이화 한국어 2-2』이화여자대학교 출판부	
『漢陽』	한양대학교 국제어학원 (2008)『한양한국어 1』 한양대학교 출판부	
	한양대학교 국제어학원 (2008)『한양한국어 2』 한양대학교 출판부	

3.2 ▶調査方法および調査項目

調査対象の教材において、活用語(「싸다」「기쁘다」等・「가다」「먹다」等・「있다」「없다」・「재미있다」類・「이다」)の品詞名、文体名に対してどのような文法用語を用いているかを調査した。

4. 調査結果と考察

4.1 ▶活用語の品詞名

● 4.1.1 「싸다」「기쁘다」等の品詞名

「싸다(ssada 安い)」「기쁘다(gippeuda 嬉しい)」のように事物の性質・状態や話者の感情等を表す語の品詞としてどのような用語が用いられているかは、〈表3〉の通りである。

〈表3〉「싸다」「기쁘다」等の品詞名

用語	日本の教材	韓国の教材
形容詞	入佐・生越・木内・金・白川・高島・野間・長谷川・松原・油谷・李	カナタ・西江・延大・梨大・漢陽
状態動詞	-	慶熙

＊「-」は、該当する教材がないことを表している。(以下〈表4〉~〈表7〉まで同じ)

日韓の全ての教材の中で『慶熙』のみが「状態動詞」としている。これは이관규(2005)の指摘にある通り、英語の形容詞(adjective)と韓国語の形容詞が大きく異なる[5]ことを考慮したもので、いわば英語母語話者のため

【注】

[5] 最も大きな違いは、英語の形容詞(adjective)は be 動詞を伴わなければ述部を形成できないが、韓国語の形容詞は単独で述部を形成できることである。

の用語である。韓国語の形容詞と日本語の形容詞は大変類似しているので、日本語母語話者のためには「形容詞」とするのが適切である。

●4.1.2 「가다」「먹다」等の品詞名

「가다（gada 行く）」「먹다（meokda 食べる）」のように人や事物の動作・作用を表す語の品詞名としてどのような用語が用いられているかは、〈表4〉の通りである。

〈表4〉「가다」「먹다」等の品詞名

用語	日本の教材	韓国の教材
動詞	入佐・生越・木内・金・白川・高島・野間・長谷川・松原・油谷・李	カナタ・西江・延大・梨大・漢陽
動作動詞	–	慶熙

日韓の全ての教材の中で『慶熙』のみが「動作動詞」としている。これは上述したように「싸다（安い）」「기쁘다（嬉しい）」等を「状態動詞」としたことに対応したものである。『慶熙』は、いわゆる動詞を「動作動詞」、いわゆる形容詞を「状態動詞」とし、両者の上位概念を「動詞」としているが、一般の日本語母語話者は混乱する可能性がある。

「가다（行く）」「먹다（食べる）」等は「動詞」、「싸다（安い）」「기쁘다（嬉しい）」等は「形容詞」とするのが適切である。

●4.1.3 「있다」「없다」の品詞名

「있다（itda ある／いる）」と「없다（eopda ない／いない）」は、ある環境（連体形等）では動詞のように活用し、またある環境（한다体の叙述形）では形容詞のように活用する、動詞とも形容詞とも言いがたい品詞である[6]。

調査対象の教材において「있다（ある／いる）」「없다（ない／いない）」の品詞名としてどのような用語が用いられているかは、〈表5〉の通りである。

〈表5〉「있다/없다」の品詞名

用語	日本の教材	韓国の教材
存在詞[7]	入佐・生越・木内・金・白川・高島・野間・長谷川・松原・油谷・李	―
形容詞	―	梨大
状態動詞	―	慶熙
使用せず	―	カナタ・西江・延大・漢陽

　日本の教材は11種全て「存在詞」としている。韓国の教材では「形容詞」としているものが1種、「状態動詞[8]」としているものが1種、品詞名を使用しない教材が4種である。

　韓国の教材で「形容詞」が用いられているのは、韓国の学校文法で「있다（ある／いる）」「없다（ない／いない）」が形容詞とされているからであろう。しかし、注6に示したように、「있다（ある／いる）」「없다（ない／いない）」は動詞のように活用することもあるため、「形容詞」とすると矛盾が生じる。

　本稿では品詞名として「存在詞」を提案する。「있다（ある／いる）」「없다（ない／いない）」はまさしく「存在」するか「存在」しないかを示す語であり、動詞とも形容詞とも区別されるべきものだからである。

● 4．1．4 「재미있다」類の品詞名

　日本語の形容詞「おもしろい」「おもしろくない」と同等の意味を表す韓国語は、名詞「재미（jaemi 面白み）」と存在詞「있다（itda ある）／없다（eopda ない）」の複合語の「재미있다（jaemiitda おもしろみがある→おもしろい）」

【注】

[6] 국립국어원（2005）は、「있다（ある／いる）」が「人が一定の場所にとどまる」という意味を表すときには動詞のように活用し、「있다（ある／いる）」が「何かがある場所に存在する、何かを所有する」という意味を表すときには形容詞のように活用するとし、以下の例を挙げている。
　　그는 내일 집에 있는다고 말했다.　　彼は明日家にいると言った。
　　나는 돈이 많이 있다.　　　　　　　私はお金がたくさんある。
また、「있다（ある／いる）」が連体形として活用するときには、常に動詞のように活用するとしている。
[7] 郭（1978）によれば、「存在詞」の初出は、李完応（1929）『中等教科朝鮮語文典』であるという。
[8] 4.1.1で述べたように、いわゆる「形容詞」と同義で用いられている用語である。

「재미없다（jaemieopda おもしろみがない→おもしろくない）」である。「맛있다（味がある→おいしい）」「맛없다（味がない→まずい）」「멋있다（粋がある→かっこいい）」「멋없다（粋がない→不格好だ）」等も同様である。調査対象の教材でこれらの語の品詞名としてどのような用語が用いられているかは、〈表6〉の通りである。

〈表6〉「재미있다」類の品詞名

用語	日本の教材	韓国の教材
存在詞[9]	高島・長谷川・油谷	－
있다・없다で終わる形容詞	入佐	－
있다・없다が入る状態動詞	－	漢陽
-있다/-없다の形態をもった形容詞	－	慶熙
使用せず	生越[10]・木内・金・白川・野間・松原・李	カナタ・西江[11]・延大・梨大

　日本の教材では、「存在詞」が3種、「있다・없다で終わる形容詞」が1種、品詞名を使用していないものが7種であった。韓国の教材は、「있다・없다が入る状態動詞[12]」が1種、「-있다/-없다の形態をもった形容詞」が1種、品詞名を使用していないものが4種であった。日韓共に品詞名を使用しない教材が多いことがわかる。

【注】

[9] 管野ほか編（1991）は「맛있다（おいしい）」を独立した見出し語とはせず、「맛（味）」の項目で、「맛（이）있다（おいしい）」を「存在詞」としている。油谷ほか編（1993）は「맛있다（おいしい）」を独立した見出し語とし、品詞を「存在詞」としている。

[10] 「재미있다（おもしろい）、재미없다（おもしろくない）など、있다（ある／いる）、없다（ない／いない）の複合語は、意味は形容詞と似ているが、連体形は存在詞の形を取る」としているが、品詞名の明言はしていない。

[11] 形容詞の連体形を説明する単元で、「『있다（ある／いる）』『없다（ない／いない）』や『있다』『없다』が形の中に含まれている『재미있다（おもしろい）』『재미없다（おもしろくない）』などには、『－는』が使われる」とし、一般の形容詞とは連体形の作り方が異なっていることを述べているが、品詞名は使用していない。

[12] 4.1.1で述べたように、いわゆる「形容詞」と同義で用いられている用語である。

「재미있다（おもしろい）」類に品詞名を用いなければ、様々な文法事項を説明するときに、「재미있다（おもしろい）は…」と具体的に言及しなければならなくなる。一方、「形容詞[13]」とすると、連体形の説明等で「－있다形の形容詞は…」と説明しなければならなくなる。

「재미있다（おもしろい）」類は、意味は形容詞的ではあるが、文法的な機能や形態は「있다（ある／いる）」「없다（ない／いない）」と同じなので、「存在詞」とするのが適切である。

● 4．1．5 「이다」の品詞名

「이다（ida だ／である）」は名詞の後ろに付いて「～だ」の形の名詞文を作る。調査対象の教材で「이다」の品詞名としてどのような用語が用いられているかは、〈表7〉の通りである。

〈表7〉「이다」の品詞名

用語	日本の教材	韓国の教材
指定詞[14]	生越・木内・金・白川・高島 野間・長谷川・松原・油谷・李	－
叙述格助詞[15]	－	慶熙
이다助詞	－	漢陽
使用せず	入佐	カナタ・西江・延大・梨大

日本の教材では10種が「指定詞」としている。韓国の教材では、「叙述格助詞」が1種、「이다助詞」が1種である。これは、韓国の学校文法で「이

【注】
[13] 국립국어원（国立国語院）(2005) は、「있다（ある／いる）」「없다（ない／いない）」は一部の名詞の後ろについて「재미있다（おもしろい）」「재미없다（おもしろくない）」「관계있다（関係がある）」「관계없다（関係がない）」「상관있다（関係がある）」「상관없다（関係がない）」「맛있다（おいしい）」「맛없다（まずい）」のように多様な形容詞を作るとし「재미있다 / 재미없다」類の品詞を形容詞としている。また、국립국어원（国立国語院）(2012.8.20)、연세대학교 언어정보개발연구원（延世大学校言語情報開発研究院）(1998) は共に「재미있다（おもしろい）」「재미없다（おもしろくない）」類を形容詞としている。

다（だ／である）」を叙述格助詞とするのに従ったものと思われる。品詞名を使用しない教材は、日本が1種、韓国が4種である。

「이다（だ／である）」は独立して用いられることはなく、必ず「名詞＋이다[16]」の形で名詞文の一部として存在する。韓国語を教育する上で重要なのは、独立して存在し得ない「이다（だ／である）」を切り取って、その活用の仕方を教えることではなく、名詞文をどのように作るかを教えることである。

したがって、「이다（だ／である）」に敢えて品詞名を与える必要はないと考える。代わりに、「名詞＋이다」を使用することを提案する。

4.2 ▶文体名

韓国語は日本語と同じく、話し手の聞き手に対する待遇の度合いを、文の丁寧さで表すことができる。韓国語の文は述語の文末形式によって大きく4つの文体[17]に分けられる。日本語と異なり、韓国語の動詞の辞書形「가다（gada 行く）／먹다（meokda 食べる）／하다（hada する）」等は文末に辞書形のままで使われることはなく、必ず4つの文体のうちのいずれかで表現される。

文体1[18]（갑니다／먹습니다／합니다）は初対面の人や目上の人に対してあらたまって丁重に話すときに用いられる文体である。公式な場所での演説や発表等にも用いられる。文体2（가요／먹어요／해요）は目上の人、同等の人、目下の人[19]に対して、うちとけて丁寧に話すときに用いられる文体である。文体3（가／먹어／해）は、家族、親しい友人、目下の人に対してく

【注】

[14] 郭（1978）によれば、「指定詞」の初出は、朴勝彬（1931）『朝鮮語学講義要旨』であるという。
[15] 남기심・고영근（1985）は、「이다（だ／である）」には叙述機能があり、活用するので、研究者の中には「이다（だ／である）」を用言の一種と考え「指定詞」等とする者もいるとしている。活用する「이다（だ／である）」を活用しない「助詞」に分類するのは必ずしも正しくはないが、「学校文法統一案」（1963年文教部公布）に従って「叙述格助詞」とし、助詞として扱うと述べている。
[16] 『西江』は、例えば「『-（으）면』は動詞、形容詞、있다／없다、名詞＋이다とともに用いられる」とし、「이다（だ／である）」が「名詞＋이다」の形で用いられることを適切に表現している。
[17] それぞれの文体の特性と用法については、李ほか（2004）が詳しい。
[18] 「文体1」～「文体4」という名称は、本稿を執筆するに当たって筆者が便宜上付けたものである。
[19] 李ほか（2004）は、해요体は話者の年齢にはいかなる制約も加えないが、聴者の年齢に下限線を要求するとし、下限を高校生以上としている。

だけて話すときに用いられる文体である。文体4（간다 / 먹는다 / 한다）は親しい友人に対してくだけて話すとき、大人が中学生以下の子供に対してくだけて話すときに用いられ、新聞、雑誌、論文等の書き言葉としても用いられる。

　調査対象の教材でこれらの文体名としてどのような用語が用いられているかは、〈表8〉の通りである。

〈表8〉文体名

		文体1	文体2	文体3	文体4
가다（行く）		갑니다	가요	가	간다
먹다（食べる）		먹습니다	먹어요	먹어	먹는다
하다（する）		합니다	해요	해	한다
日本の教材	野間	합니다体	해요体	해体	한다体
	生越	합니다体 （上称）	해요体 （略待上称）	해体 （略待、반말）	한다体 （下称）
	入佐	합니다体	해요体	해体（반말）	－
	長谷川	합니다形	해요形	－	－
	木内	ㅂ니다体	요体	반말	下称形
	油谷	最敬体	敬体	パンマル	下称（ぞんざい体）
	白川	あらたまった表現の ていねい形	うちとけた表現の ていねい形	うちとけた表現の 普通形	普通形
	松原	丁寧形	親しさを表す	－	×
	金	かしこまった表現	親しみを込めた打ち 解けた表現	－	－
	李	かしこまった言い方	うち解けた感じを与 える言い方	－	－
	高島	上称形	略待上称形	略待下称形 （パンマル）	下称形
韓国の教材	延大、漢陽	格式体敬語	非格式体敬語	非格式体パンマル	格式体パンマル
	カナタ	格式体	非格式体	パンマル（나）	パンマル（가）
	慶熙	格式体	非格式体	非格式体반말	格式体반말
	西江	格式体	ヘヨ体	반말（パンマル）	×
	梨大	×	×	パンマル（반말）	ナチュンマル （낮춤말）

＊1「×」は用語を使用していないことを表し、「－」は該当文体の扱いがないことを表している。
＊2（　）は併記されていることを表している。

　まず、文体1、2を見ると、日本の教材では、「합니다体、해요体」が3種、「합니다形、해요形」が1種、「ㅂ니다体、요体」が1種、「最敬体、敬体」

が１種、「あらたまった表現のていねい形、うちとけた表現のていねい形」が１種、「丁寧形、親しさを表す」が１種、「かしこまった表現、うちとけた表現」類が２種、「上称形、略待上称形」類が２種である（複数提示を含む）。韓国の教材では、「格式体敬語、非格式体敬語」が２種、「格式体、非格式体」が２種、「格式体、ヘヨ体」が１種、特別な用語を使用しないものが１種である。

文体３を見ると、日本の教材では「해体」が３種、「반말（パンマル）」が５種、「うちとけた表現の普通形」が１種、「略待」が１種、「略待下称形」が１種であり（複数提示を含む）、文体３を扱っていないものが４種ある。韓国の教材では、「非格式体반말（パンマル）」が３種、「반말（パンマル）」が３種である。

文体４を見ると、日本の教材では、「한다体」が２種、「下称形」類が４種、「ぞんざい体」が１種、「普通形」が１種、特別な用語を使用しないものが１種であり（複数提示を含む）、文体４を扱っていないものが４種ある。韓国の教材では、「格式体パンマルまたは格式体반말」が３種、「パンマル（가）」が１種、「ナチュンマル（낮춤말）」が１種、特別な用語を使用しないものが１種である。

日本の『生越』『高島』が用いている「上称形、略待上称形、略待下称形、下称形」は、一般の日本人学習者にはなじみがなく、難解である。韓国の教材では、「格式体」「非格式体」という用語を用いているものが多い。これは韓国の学校文法に従ったものである。韓国の学校文法では「하다」の命令形に従って、韓国語の文体を格式体の「합쇼体、하오体、하게体、해라体」、および非格式体の「해요体、해体」に分類している[20]。

『延大』『漢陽』『慶熙』は文体３、４を「非格式体パンマル、格式体パンマル」としているが、両者を非格式・格式で区別することには疑問が残る[21]。

【注】

[20] 국립국어원（国立国語院）(2005) は、「하오体、하게体」は若者の間ではほとんど使用されないことを理由に、格式体の「합쇼体、해라体」および非格式体の「해요体、해体」で韓国語の文体を体系化することも可能だと述べている。

[21] 李ほか (2004) は、해体（本稿の文体３）は해라体（本稿の文体４）とほとんど何の区別もなく用いられ、１つの状況でお互いを入れ替えて使っても問題が生じないのが普通としている。

以上の考察からわかるように、文体を表す文法用語は大変多様であり、学習者が混乱する可能性があることは否めない。
　本稿では、「하다（する）」の叙述形に従って命名された「합니다体、해요体、해体、한다体」という用語（ハングルと漢字を併用した表記）が最も適切であると考える。なお、「해体」には一般によく用いられる「반말」の併記も必要であろう。

5．結論

　以上考察してきたように、活用語の品詞名、文体名共に教材によって様々な文法用語が使用されていることが分かった。また、同じ教材の中でも複数の異なる用語が使用されているのが散見された。韓国語学習者が韓国語を効率よく学習するためには、教材ごとに異なる品詞名、文体名を統一する必要がある。
　本稿で提案する日本語母語話者向けの文法用語は〈表9〉の通りである。

〈表9〉 **提案する文法用語**

	項目	提案する文法用語
品詞名	싸다（安い）、기쁘다（嬉しい）等	形容詞
	가다（行く）、먹다（食べる）等	動詞
	있다（ある／いる）・없다（ない／いない）	存在詞
	재미있다（おもしろい）類	存在詞
	이다（だ／である）	用語は使用しない。「名詞＋이다」で提示する。
文体名		합니다体 해요体 해体（반말） 한다体

＊（　）は併記することを表している。

6. おわりに

　本稿では、日本および韓国で出版された韓国語教材で使用されている、活用語の品詞名、文体名について調査を行った。その結果、日韓で出版された韓国語教材では非常に多様な文法用語が用いられており、韓国語の指導・学習のためには文法用語を統一する必要があることを明らかにした。さらに、考察を通じて日本語学習者にとって適切と思われる文法用語を提案した。

　本稿は書籍として出版された韓国語教材のみを調査対象としているため、実際の授業で教師がどのような文法用語を用いているのか、学習者はどのような文法用語を必要とし、どのような文法用語を難しいと感じているのかについては不明である。それらの調査については今後の課題としたい。

>>> 参考文献

※調査対象の教材は本文中に記載した。

郭永喆（1978）「韓国文法研究の史的考察：日本文法との関係を中心に」『上智大学国文学論集（11）』pp. 86-116

管野裕臣ほか編（1991）『コスモス朝和辞典』第2版　白水社　p. 329

金泰虎（2005）「日本における韓国語教育の諸問題」『言語と文化』9号　甲南大学　pp. 217-235

桂正淑（2005）「日本における韓国語学習・教育の問題点―韓国語テキストの比較―」『文化情報学：駿河台大学文化情報学部紀要』12（2）pp. 33-45

国際文化フォーラム（2005）『日本の学校における韓国朝鮮語教育―大学等と高等学校の現状と課題―』国際文化フォーラム　pp. 59-63

新内康子・関正昭（2012）「日本語教師の日本語教育用文法用語使用実態―主に海外で教える教師に対する調査結果より―」『日本語教育用文法用語の通時的かつ共時的研究―その出自から使用の実態まで―』平成21-23年度　科学研究費補助金基盤研究（C）成果報告書　pp. 7-22

油谷幸利ほか編（1993）『朝鮮語辞典』小学館　p. 665

油谷幸利（2004）「日本における韓国朝鮮語教育の現状と課題」『大学等韓国語教師研修会講義要旨』財団法人　国際文化フォーラム　pp. 7-11

李翊燮・李相億・蔡琬（2004）『韓国語概説』大修館書店　pp. 256-258

국립국어원（2005）『외국인을 위한 한국어문법 1- 체계편』커뮤니케이션북스　pp. 19-20、pp. 220-224、pp.342-343

국립국어원『표준국어대사전』http://stdweb2.korean.go.kr/main.jsp（2012.8.20）

남기심・고영근（1985）『표준국어문법론』탑출판사　p.243

방성원（2002）「한국어 교육용 문법 용어의 표준화 방안」『한국어교육』13-1　pp. 107-125　국제한국어교육학회

연세대학교 언어정보개발원（1998）『연세한국어사전』두산동아　p. 666、p. 689、p. 1565

이관규（2005）「교육용 문법 용어」『한국어교육론 2』한국문화사　pp. 149-163

日本の高等教育機関における経験的異文化トレーニング研究概観
―実践の目的と理論的背景に着目して―

園田智子

1. 本論の目的と研究背景

　近年、日本社会における国際化は、より加速的に進んできており、高等教育場面でも、これまでの留学生の受け入れ推進策に加え、日本人学生の国際化に焦点を当てた施策を策定し、グローバル人材育成、日本社会のグローバル化を推進しようとしている（産学連携によるグローバル人材育成推進会議 2011）。また、社会的要請として、企業ではグローバル人材へのニーズが高く、留学生の採用も注目されてきている。一方、現実の日本人学生に目を向けると、異文化との接触はごく限られており（坂田 2004）、留学生とも積極的に交流することもなく（横田 1991）、自然にまかせておいても、異文化理解や交流が促進されることは難しい。その育成には「教育的な介入」（加賀美 2006）が必要とされている。

　このような社会背景の中、高等教育場面における異文化間教育の重要性は増すばかりであり、中でも、異文化への適応や受容を促進する具体的で実践的な教育実践が重要になってくる（佐藤・横田ら 2006）。近年、大学等における異文化間教育が様々な科目名で実施されていることが報告されている（松浦 2006）が、その具体的な実践及び、実証的研究の効果を検討した研究は多くない。さらに、教育実践のモデルとなるデータの蓄積やシラバス化、テキスト化、マニュアル化もアメリカと比較すると少なく、現場の教育者は海外からの、特にアメリカにおける研究成果やマテリアルを日本に導入して実践に活用しているのが現状である。

以上のことから、本研究では日本の高等教育における異文化間教育の実践としての異文化トレーニング[1]に関する実証的研究を概観することを目的としており、実践的かつ実証的な研究を取り上げその目的及び理論的背景から分析し、概観する。

2. 異文化トレーニングの実践とその目的及び理論的枠組み

　1960年代からアメリカで活発になった異文化トレーニングの方法論や理論的枠組み、分類法にはいくつかの視点がある。まず、Triandis（1977）はどの文化にも共通の内容を学ぶ「文化一般」と特定の文化について学ぶ「文化特定」に分けられるとした。また、その目的を認知、情動（態度の変容）、行動の三段階に分類した。さらにGudykunst & Hammar（1983）はトレーニングが教授的なのか、経験的なのかという点で分けられるとした。〈表1〉は以上の枠組みを統合し、代表的な異文化トレーニングの手法を分類した表である。

〈表1〉 **異文化トレーニングの方法とその分類**[2]

	教授的		経験的	
文化一般　◆　　　　　◆　文化特定	講義・ビデオ学習	認知	イマージョン 異文化合同・混合クラス シミュレーションゲーム	行動 認知 態度
	セルフアセスメント	認知		
	ケーススタディ（帰属T）	認知 行動	カルチャーコントラスト	認知 態度
	クリティカルインシデント カルチャーアシュミレーター	認知 態度 行動	ロールプレイ（ソーシャルスキルトレーニング・アサーション） フィールドワーク・フィールドトリップ	行動 認知 態度

【注】
[1] 異文化トレーニングは、異文化間教育の中でもより実践的な領域として捉えられているが（渡辺 1992）ここでは、その厳密な違いは取り上げず、「異文化間の接触において起こる課題を解決し、効果的な対処のできる能力を育成する実践的教育法」と定義する。

一般的に大学モデルと呼ばれる講義やビデオ学習などは、いずれも文化一般型で認知的な側面にアプローチするのに対して、経験的手法によるものは、行動面から認知に進むトレーニングであることがわかる。本論では、これらの中で、より実践的な経験的アプローチを採用している実践と研究に焦点を当てて分析を行いたい。

3. 経験的異文化トレーニングの実践と研究

3.1 ▶経験学習としてのシミュレーションゲーム

　シミュレーションゲームは、異文化接触の際に実際に起こる問題解決や意思決定に擬似的に参加する経験を通して、認知、情動、行動のすべての面に影響を及ぼす（Brislin 1989）とされており、ある程度方法論が確立され、目的も明確なことから、短期間に様々なクラスに導入できる手法として広くその実践が行われている。しかし、その研究、評価を見ると、学生へのアンケートやコメントのまとめに留まっているものが多く、実証的なデータが不足している。

　そのような中、加賀美（2006）は、日本人学生と留学生の合同合宿でシミュレーションゲームと協働活動（ディスカッションと発表）を取り入れ、文化理解態度尺度を考案し、事前事後にデータを収集し分析した。その結果、トレーニング後に特に日本人学生の創造性、共感性，協働性，複眼性，多文化尊重，相手文化尊重，状況判断，寛容性など多くの項目で重要性を感じる態度が上昇したが、柔軟性などパーソナリティや信念に関わる項目は変化がなかったと報告している。また、森山（2010，2011）は、大学生に対してアルバトロス[3]とバーンガ[4]の2つのシミュレーションゲームによる異文化トレー

【注】

[2] 異文化トレーニングは、様々な学習理論に影響を受けている。例えば、カルチャーアシミュレーター（Brislin 1989）は帰属モデルが背景理論であり、文化差によって理解できない状況の例が示され、なぜ相手がそのように行動したか原因を考え選択肢から選び、それに対するフィードバックが与えられる。一方、ロールプレイやソーシャルスキルトレーニングは、認知行動理論を、セルフアセスメントやビデオ学習は文化的自己認識モデルを背景理論としている（高井，1992）。

[3] アルバトロスとは、架空の国での儀式体験とその後のディスカッションの2部構成から成り、男尊女卑の文化だという偏った解釈への振り返りを行い、文化への客観性を学ぶもの。

ニングを実施し、その学びを以下のように報告している。まず、アルバトロスでは、文化を誤解した際に、自らの持つ文化的バイアスに対する気付きが得られたこと、またバーンガでは、ルールの不確かさ、言語の使用禁止という中での少数派と多数派のパワーの不均衡を学生が感じており、多文化社会の課題を感じていると報告している。さらに、前村（2007）では、参加学生を言語、価値観の同異を軸に4つの実験群に分けて、バファバファ[5]を実施し、その結果をKJ法、及びテキストマイニング法で分析した。その結果、グループ間の価値観の違いは相手にネガティブな印象を喚起させやすく、言語の違いは疎外感を引き起こして交流する意図を妨げる傾向にあることが明らかになった。このことからトレーニングの目的によって条件をコントロールし、事前に反応を予測して、フォローアップできるとしている。

　このように、シミュレーションゲームは、その効果や手法がある程度明確になっており使いやすい手法である。しかし、その効果は認知、態度レベルに留まり、行動面の効果は明らかになっていない。また、学生に葛藤やフラストレーションが起こるため、それらのストレスの対処についてどう指導するかという課題が残されている。さらに、限られた時間内での単発の模擬トレーニングで実際にどのような認知が向上したのか、目標設定とともに明らかにすることが重要であろう。

3.2 ▶相互作用としての日本人学生・留学生混成（合同）クラス

　次に、日本人学生と留学生の混成クラスの取り組みを取り上げる。日本の大学は欧米の大学と比較すると、大学の国際化では遅れをとっており、留学生の数は、約13万8千人と徐々に増加しつつも、その数は未だ全大学生数のわずか3.8％に満たない（日本学生支援機構調査 2012）。また、大学内における異文化交流も進んでいないことがたびたび指摘されてきている（横

【注】

[4] バーンガでは、単純なトランプのルールを学んだ後、言語使用が禁じられた環境でトーナメントを行う。参加者が表面化しないわずかなルールの違いによってどのようなコミュニケーションへの影響を受けるかを知り、相互理解のためのストラテジーを学ぶことを目的としている。

[5] バファバファは、参加者をαとβの2つの文化に分け、それぞれの文化を身に付けた後相手文化を訪れることにより異文化を疑似体験するもの。

田 1991, 加賀美 2001)。そのため、正課内外の教育的な取り組みとしての日本人学生、留学生の合同授業に関する実践は、接触仮説（Allport 1954）に基づいた異文化トレーニングとしての意義と、日本人学生、留学生相互の異文化交流の促進という二つの意義を担っており、相互交流、協働型の異文化トレーニングであるといえる。

　まず、日本語教育分野では、留学生教育における日本語・日本事情科目として（徳井 1997, 足立他 2001, 原沢 2009 など）、英語教育分野では日本人学生の動機付けや英語学習として（大藪 2003, 前田 2010 など）、また、異文化間教育分野では相互交流及び多文化理解の視点から（井下 1992, 加賀美 2001, 神谷・中川 2007 など）、様々な実践について報告されている。ただ、その評価は、学生の主観的な感想のまとめであり、目標も日本人学生と留学生の交流促進、外国語学習の動機付けなど漠然としたものが多く、理論的枠組みによってその効果が可視化された研究の割合は少ない。

　そのような中、岩井（2006）は、留学生と日本人学生がともに学ぶ多文化クラスでディスカッションワーク及び多言語学習の講座を受けた学生にインタビュー調査を実施し、グラウンデッドセオリーアプローチを用いて分析した。その結果、日本人学生に、違いの想定、違いの認識、類似性の認識、という段階的な認知上の変化が見られたと報告している。一方、末松・阿栄那（2008）は、大学における国際化推進の試みを留学生と日本人学生の自発的な協働プロジェクトとして実施し、その結果、「国際化」「異文化」「自文化」に関する深い理解が得られたとしている。また、多文化メンバーでの活動が、チームワークやリーダーシップ、リスク管理、コミュニケーションの促進や自発性などを学ぶ重要な場となったとしており、人間形成にも有効な教育手段の一つになりえると述べている。

　このように、日本人学生と留学生の合同クラスでは、異文化接触そのものが学習となり、多重的な相互作用が起こっていることが考えられる。しかし、先に述べたとおり目的が明確でないものも多く、また、学習の結果、認知以外の態度、行動面でどのような変化が見られたのかは明らかになっていない。さらに、合同クラスでは、コミュニケーションに難しさを感じて積極的に参加できないものもおり（大藪 2003, 足立 2008）、学生間にフラストレーションやコンフリクトが起こる可能性もある。教育者が学習者の能力とニーズの

把握し、適切な枠組み作りをし、ディスカッションのスキル指導を行うなど、適切な教育的介入やフィードバックを与えながら実施することが望まれる。また近年、合同クラスにおける学びは、日本人学生に対して、より効果がある（原沢 2009, 足立 2000）という指摘があるが、日本人学生と留学生双方に平等な学びが得られるような考慮が必要だろう。さらに、活動プロセス及び学生の学びに関する評価法も今後の大きな課題であるといえる。

3.3 ▶認知行動療法としての留学前ソーシャルスキルトレーニング

次に注目されるのは、海外留学前のトレーニングとしての異文化間教育である。Yashiro（1994）は、海外留学予定の日本人学生65人に対する3日間の異文化間トレーニングを実施した。内容は講義、セルフアセスメント、シミュレーションゲームなどで、トレーニング後の学生による評価表から、クリティカルインシデント[6]を用いたワークの評価が5点中平均3.9点と高評価だったと報告している。参加者は、米国文化との差を認識し、自己文化をより知る必要性を感じた、危機管理について考えるようになったなどとしている。これらは海外渡航前の研修の必要性を示しているといえるが、一方で、その効果は認知的側面に限定されており、また、その後実際の留学生活にこれらの内容がどう活かされたのかは検証されていない。

ここで、田中・高濱（2008, 2010）による留学前の日本人学生を対象としたソーシャルスキルトレーニング（以下SST）に関する研究を見ていく。一連の研究で、田中・高濱は、日本人留学生の最大の留学先である米国の対人関係におけるソーシャル・スキルをロールプレイで学習する方法を留学前に行い、各セッションの詳細を報告すると同時に効果を実証的に検証しており、「文化特有」のトレーニングの検証として希少なデータを示している（田中・高濱 2008, 2010, 高濱・田中 2009a, 2011b）。スキルの選定は、田中（1994）及び平木（2000）のアサーショントレーニング（主張訓練法）をもとに選ばれており、「聴く態度（笑顔・アイコンタクト）」「友人を作る」「先生に質問・

【注】

[6] クリティカルインシデントは、状況設定の具体例で、異なる文化から来たものが理解を妨げられるような場面が準備される。Yashiro（1994）は、寮生活、ホームスティ場面、授業場面などから問題が起きやすい状況を設定し、その行動の意味を考えさせるワークを行っている。

相談に行く」「主張・交渉する」「授業で自分の意見を言う」など10項目である。

研究はまず、1年未満の交換留学生に行った。1．人関係の開始、2．学習場面への対応、3．アサーション[7]に関するロールプレイを中心としたセッションについて、そのセッションの内容、及びセッション中のやり取りの詳述が示され、徐々に学習者の自己表現力が向上していく様子や、文化理解、対人関係形成への自信や意欲の向上、不安の低下が見られたことを報告している（田中・高濱 2008, 2010, 高濱・田中 2009a, 2011b）。また、その後の留学先での現地調査でスキルが利用されていることも確認されている（高濱・田中 2009c）。これら一連の研究は、臨床心理領域における認知行動的な学習方法の採用、異文化間教育領域への応用、米国のソーシャル・スキルに焦点を当ててトレーニングを行ったという3つの点で、他に類を見ない研究である。ただし、米国における様々な生活場面において日本人学生が感じる困難についての基礎的な研究についてはまだ検討の余地があるだろう。また、トレーニングの対象者がいずれも10名以下と少人数であり、詳細にセッションを検証するのには有益であるが、もともとモチベーションが高く語学能力の高い一部の学生のデータの可能性があるという点においては、結果の解釈に注意が必要である。また、対象者が再び日本へ帰国した際のコードスイッチ、リエントリーショックの問題も含め、帰国後研修の試みが今後の課題といえるだろう。

3.4 ▶異文化間感受性発達モデル（DMIS）の異文化トレーニングへの応用

ここまで、異文化トレーニングの実践とその効果の検証を中心に見てきたが、最後に、近年注目されてきているBennett（1986）の異文化間感受性発達モデル（The Developmental Model of Intercultural Sensitivity〔DMIS〕）のトレーニングへの応用について見ていきたい。Bennettは、文化の違いに対する認知レベルでの感受性の発達を6つの段階（及び13の下位分類）に

【注】

[7] アサーションは自己主張訓練といわれるもので、平木（2000）は、「自分も相手も大事にしようとする自己表現で、自分の意見、考え、気持を素直に、その場にふさわしい方法で行ってみようとすること」としている。

分け、前半の3段階は自己文化中心的で異文化の「1 否定」「2 防御」「3 最小化」と進み、後半の3段階は文化相対的であり、「4 受容」「5 適応」「6 統合」の過程へ進んで、最終的に自文化と他文化の世界観を自由に行き来することが可能になるとしている。このDMISについては、その理論の教育面での応用が期待されている。また、異文化間感受性を測る尺度（The Intercultural Development Inventory〔IDI〕）が開発され、日本人への応用についても研究がすすめられており（山本・丹野 2002，山本 1998，坂田 2004）、異文化トレーニングの評価にも利用されている。

一方で、DMISを発達させるための具体的な方法論はまだ確立されていない。坂田・前田（2005）は、自己分析やDIE法[8]、シミュレーションなどを用いたトレーニングの効果をIDIを用いて検証したが、「防衛」から「最小化」へ一部進化が見られたものの、実際の場面で異文化を受容したり対処したりできるレベルに達しなかったとしている。これにはいくつかの理由が考えられる。一つは、トレーニングの目的が、「多様な文化に対応する能力の育成」のように、大きくパラダイムのシフトが必要とされる文化相対的なレベル4や5を目指しており、トレーニング期間に対して目標設定が高いこと、また、具体的にどのような能力を向上させるかが明確でないこと、さらに、トレーニングに体験的学習の割合が少なく、実際の異文化間接触が含まれていないことなどが挙げられる。

このように、DMISモデルは、文化の違いにどう対処するかについて一つの段階的視点を与えており、研究や教育への応用が期待される。だが、文化の差異を認識するだけでなく、受容、適応していくようなパラダイムシフトを起こすには、教授的なトレーニングでは限界があり、学生の現状とニーズを十分に把握し、具体的な目標を設定し、そのために必要な経験的トレーニングを摸索する必要があるだろう。

【注】

[8] 小池（1998）は、DIE法について、誤解や自文化中心主義が絡むトラブルが発生したときの解決法の一つで事実の描写、解釈、評価をステップバイステップで行っていくものであるとしている。

4．まとめと課題

　ここまでの論点を整理する。まず、初めにシミュレーションゲームを用いた実践について、短時間のトレーニングは利用しやすく、様々な教育場面で利用され、認知面、態度面に効果が見られることが明らかになった。一方で、葛藤を感じた学生のストレスマネージメントが課題であることも述べた。二つ目に相互作用としての多文化合同クラスにおける教育実践について、留学生と日本人学生間の協働による深い相互作用が窺えた。しかし、関連する研究では認知レベルでの効果が示されるに留まっており、相互作用のプロセスの調査と実践の評価法の課題が残されていることを述べた。三つ目には留学前の異文化教育実践としてのソーシャルスキルトレーニングについて、スキルの向上に伴って相手文化理解や不安の低下など態度、認識にも変化があったことが明らかになった。一方で、新たに日本帰国後の課題があることを述べた。最後に、異文化間感受性発達モデルの実践への応用について、理論と実践にずれがあり、具体的方法論が欠如しているという問題点を指摘した。

　これらの研究から、今後の課題をまとめる。まず、異文化間能力の向上という壮大な目標と、実際のトレーニングの実践及び結果にずれが生じているという点である。稿末参考資料（P.146参照）を見る限り、トレーニングの目的と結果が一致しているものが少ない。総合的な異文化能力の向上、DMISモデルの最終レベルは、あくまでも最終的到達目標であって、各トレーニングには段階的で具体的な学習の目標設定が必要である。異文化間能力には、認知、態度、行動面の多様な側面があり、また、個人のパーソナリティと思われる

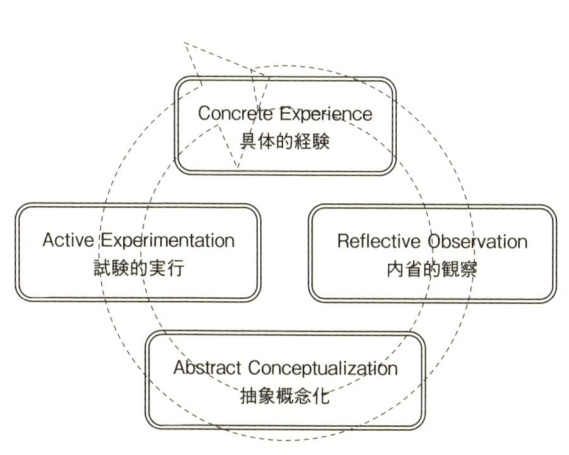

〈図1〉Kolb（1984）**Learning Preference Cycle**

部分もあって、知識の提供や認知レベルのトレーニングのみで身につくものではなく精査する必要がある。

　Kolb（1984）は、体験学習の過程を、「具体的経験」「内省観察」「抽象概念化」「試験的実行」のサイクルで示した。経験的異文化トレーニングには、目的を明確化した具体的体験が組み込まれ、十分な振り返りがあり、多面的な解釈と再試行を行うことでより学習効果が上がることが考えられる。その意味で、田中・高濱（2008）のSSTや、末松・阿（2008）の協働プロジェクトは、具体的経験が学生の認知、態度、行動に効果をもたらすことが期待される実践の形に近いのではないかと考えられる。今後は、フィールドワークやフィールドトリップなどより実践的で経験的なトレーニングの実践及びその実証研究が望まれる。

　さらに、日本人学生のコミュニケーションの特徴の把握と支援の必要性があげられる。加賀美（2006）は、日本人学生の受容性、共感性を評価しており、聞く能力の高さが特徴的だとしている。しかし、一方で、ディスカッションを取り入れたワークでは、せっかくの協働ワークでも、自信のなさが指摘され、消極的で自分の意見をいえない、発言できない日本人学生の姿が示されていた（前田 2010, 原沢 2009）。園田（2009）は、日本人学生は留学生と比較して、より受身的なコミュニケーションをとる傾向があり、中でも対人葛藤の場面で最も受身的で逃避的傾向が強いとしている。しかし、異文化トレーニングでは、葛藤や意見の対立など日頃避けてきた場面に直面することになる。そのため、日本人学生に対するフォローアップやストレスマネージメントが重要であるといえよう。青木（1999）は、異文化教育にはアイデンティティーの揺れや自己認識の変化、不慣れな環境への困惑、失敗経験などリスクが伴うとしている。日本人学生にとって異文化接触の際、何が問題になるのか、心理的、技術的支援についても、異文化受容、異文化適応の両面から明らかにされることが望まれる。

5．今後の発展

　グローバル化した世界の中で、今後の日本社会を支えていく若い世代への異文化トレーニングは今後ますますその必要性を増すと考えられる。それは、

海外留学を目指す一部の学生のための異文化適応に向けたものだけでなく、異文化接触の経験が浅く、異文化に無関心な学生への教育も、多文化社会におけるマジョリティー側への異文化教育として今後の大きな課題となるだろう。また、日本の高等教育は、現在、日本人学生だけでなく、多様な文化背景を持つ留学生を含めたグローバル人材の育成が急務であり、シナジー効果の高いトレーニングの開発が必要とされている。異文化トレーニングから、多文化トレーニングへ。多文化の人々との協働の経験を通して学ぶ実践的多文化トレーニングの今後の展開が期待されている。

>>> 参考文献

青木順子(1999)『異文化コミュニケーション教育―他者とのコミュニケーションを考える教育―』渓水社.

足立恭則(2008)「留学生・日本人学生合同の日本事情授業―留学生から学ぶ日本事情―」『人文・社会科学論集』25. pp. 103-113

足立裕子・押谷裕子・土屋千尋(2001)「コミュニケーション体験の場としての多文化クラス」『日本語教育連絡会議第12回発表論文集』pp. 42-47

井下理(1992)「異文化合同授業の展開」『現代のエスプリ229 国際化と異文化教育 日本における実践と課題』至文堂、pp. 54-63

岩井朝乃(2006)「日本人大学生の「文化的他者」認識の変容過程―多文化クラスでの異文化接触体験から―」『異文化間教育』23. pp. 109-124

大藪加奈(2003)「異文化理解と表現―留学生との合同授業の試み―」『言語文化論叢』7. pp. 47-58

加賀美常美代(2001)「留学生と日本人のための異文化間交流の教育的介入の意義:大学内及び地域社会へ向けた異文化理解講座の企画と実践」『三重大学留学生センター紀要』3. pp. 41-53

加賀美常美代(2006)「教育的介入は多文化理解態度にどんな効果があるか―シュミレーション・ゲームと協働活動の場合―」『異文化間教育』24. pp. 76-91

神谷順子・中川かず子(2007)「異文化接触による相互の意識変容に関する研究―留学生・日本人学生の協働的活動がもたらす双方向的効果―」『北海道大学学園論集』134. pp. 1-17

小池浩子(1998)「第6章異なる文化のとらえ方・接し方:異文化の理解」『異文化トレーニング ボーダレス社会を生きる』三修社. pp. 203-240

坂田浩(2004)「日本人大学生の異文化感受性レベルに関する一考察」『異文化コミュニケーション』7. pp. 137-157

坂田浩・前田有香(2005)「異文化発達質問紙(IDI)を用いたトレーニング効果の検証」『徳島大学留学生センター紀要』1. pp. 1-18

佐藤郡衛・横田雅弘・吉谷武志(2006)「異文化間教育学における実践性―「現場生成型研究」の可能性―」『異文化間教育学』23. pp. 20-36

末松和子・阿栄娜(2008)「文化間協働プロジェクトに見られる教育効果」『異文化間教育』28.

pp. 114-121

園田智子(2009)「外国人留学生と日本人学生の対人コミュニケーション行動の特徴―アサーション・チェックリストを用いて―」『留学生交流・指導研究』12.pp. 83-93

髙井次郎(1992)「異文化間ソーシャルスキルトレーニング」『現代のエスプリ229国際化と異文化教育　日本における実践と課題』至文堂.pp. 42-53

高濱愛・田中共子(2009a)「アメリカ留学準備のためのソーシャル・スキル学習セッションの試み―対人関係の開始に焦点を当てて―」『留学生教育』14.pp. 31-37

高濱愛・田中共子(2009c)「在米日本人留学生による滞米中のソーシャル・スキル利用―留学前ソーシャル・スキル学習の受講者と非受講者の場合―」『留学生交流・指導研究』11.pp. 107-117

高濱愛・田中共子(2011b)「米国留学準備を目的とした短期集中型アメリカン・ソーシャルスキル学習セッションの記録(1):自己紹介と対人関係の開始に焦点を当てて」『一橋大学国際教育研究センター紀要』2.pp. 123-132

田中共子・高濱愛(2008)「米国留学準備のためのアメリカン・ソーシャルスキル学習：大学での学習場面への対応を課題とした中級セッションの記録」『岡山大学文学部紀要』第49号.pp. 31-48

田中共子・高濱愛(2010)「米国留学のためのアメリカンソーシャルスキル学習(2)対人関係開始場面を課題とした初級セッションの記録」『岡山大学文学部紀要』54.pp. 55-68

田中共子(1994)『アメリカ留学ソーシャルスキル　通じる前向き会話術』アルク．

德井厚子(1997)「異文化理解教育としての日本事情の可能性―多文化クラスにおけるディベカッション―の試み」『日本語教育』92号.pp. 200-211

原沢伊都夫(2009)「留学生と日本人学生の混成授業における実践報告―異文化コミュニケーション能力育成に向けて―」『静岡国際交流センター紀要』3号.pp. 95-106

平木典子(2000)『自己カウンセリングとアサーションのすすめ』金子書房．

前田ひとみ(2010)「異文化コミュニケーション能力の育成に向けた異文化理解教育の実践と英語学習への展開―日本人学生と留学生の授業外共同プロジェクト活動を通して―」『目白大学高等教育研究』第16号.pp. 119-125

前村奈央佳(2007)「異文化交流ゲームの設定条件による参加者の反応の様相―」『異文化コミュニケーション』10.pp. 83-97

松浦真理(2006)「異文化間教育に関する授業の現状と課題」『異文化間教育』23.pp. 84-94

森山美雪(2011)「シミュレーションゲーム「バーンガ」の効果とその要因　―多面的な状況に注目して―」『異文化コミュニケーション』No.14.pp. 69-84

森山美雪(2010)「異文化トレーニングにおける大学生の学び―シミュレーション「アルバトロス」の効果について―」『異文化コミュニケーション』No.13.pp. 105-119

山本志都(1998)「異文化センシティビティ・モデルを日本人に適用するにあたって―再定義の必要性について」『異文化コミュニケーション』No.2.pp. 77-100

山本志都・丹野大(2002)「「異文化感受性発達尺(The Intercultural development Inventory)」の日本人に対する適用性の検討：日本語版作成を視野に入れて」『青森公立大学紀要』7(2).pp. 24-42

横田雅弘(1991)「留学生と日本人学生の親密化に関する研究」『異文化間教育』5.pp.81-97

渡部文夫(1992)「多極的世界に対応する異文化教育を目指して」『現代のエスプリ229　国際化と異文化教育　日本における実践と課題』至文堂　pp. 9-12

Allport, G.W.（1954）The nature of prejudice. New York : Doubleday Anchor Books.（原谷達夫・野村昭訳,（1968）『偏見の心理』 培風館.

Bennett, M, J.（1986）A developmental approach to training for intercultural sensitivity. *International journal of intercultural Relation*,10. 2. pp. 179-196

Brislin, R.（1989）Intercultural communication training. In M. K. Asante & W.B. Gudykunst（Eds.）*Hand book of International and Intercultural communication*. Newbury Park, CA: Sage. pp. 441-457

Gudykunst, W.B., & Hammer, M.R,（1983）Basic training design : Approaches to intercultural training. In D, Landis & R. Brislin（Eds.）, *Handbook of Intercultural Training Vol1*, Elmsfood: Pergamon. pp. 61-80

Kolb, D. A.（1984）Experimental learning. Englewood Cliffs, NJ: Prentice Hall.

Yoshino, K.（1994）Pre departure Training: Critical Incident Exercises, Reitaku *Journal of Interdisciplinary Studies, Volume 2* Number. pp. 17-32

Takai, J.（2003）Current trends of intercultural communication research in Japan. *The Annual Report of Educational Psychology in Japan*, 42. pp. 240-254

Triandis, H（1977）Theoretical framework for evaluation of intercultural effectiveness. *International Journal of intercultural relations*,1. pp. 17-45

〉〉〉参照 Web サイト：

産学連携によるグローバル人材育成推進会議最終報告「産学官によるグローバル人材の育成のための戦略」（文部科学省 2011）

http://www.mext.go.jp/component/a_menu/education/detail/__icsFiles/afieldfile/2011/06/01/1301460_1.pdf（平成 23 年 4 月 28 日）

日本人学生の海外留学生数及び外国人留学生在籍状況調査（文部科学省 2012）

http://www.mext.go.jp/b_menu/houdou/24/01/1315686.htm（平成 24 年 1 月 20 日）

>>> 参考資料

経験的異文化トレーニングに関する論文とその分析（本文掲載順）

著者・年	関連理論	Tの具体的内容	目的（文化特定／一般）	枠組み	受・適	実施者	分析方法	結果・成果
加賀美常美代 (2006)	接触仮説 (Allport, 1954)	シミュレーションゲーム「肉体労働」・ディスカッション	異文化適応と再適応を経験する・ホスト文化による異文化受け入れを経験する（文化一般）	日本人学生17名・留学生29名・正課外（交流合宿）	受容・適応	異文化トレーナー（招致）	多文化理解尺度を用いた事前事後データ分析	「共感性」など認知・態度面の向上
前村奈央佳 (2007)	（社会的学習理論）	シミュレーションゲーム「BahaBaha」(Shirts, 1977) ディブリーフィング	（文化一般）	大学生68名・90分・14グループ・正規	受容・適応	筆者本人	KJ法、データマイニング法、クラスター分析	態度（認知）面の気付き
森山美香 (2011)	（社会的学習理論）	シミュレーションゲーム「Barnga」(Thiagarajan & Steinwachs, 1990)	（文化一般）グループ活動、文化の違い、コミュニケーション困難な状況のもたらす効果を探る	A大学日本人学部2年生42人・90分・正規（英語講義内）	受容・適応	筆者本人	事後アンケート（自由記述式）KJ法	文化の差に対する理解・認知・態度面の変化
田中・髙濱 (2008) 田中・髙濱・田中 (2009a他)	認知心理学・認知行動療法・ソーシャルスキル学習	留学前準備ソーシャルスキル学習・ロールプレイ・ディブリーフィング	留学前の日本人学生のスムーズな環境移行を支援するのに効果的と思われるアメリカンソーシャルスキルの習得を目指す（文化特定）	留学前の日本人学生（米国留学生）正課外	適応	筆者ら2名	インタビュー、セッション後評定（自己評価）と自由記述、録画ビデオ映像分析	行動面（スキル）の習得初対面会話、アサーション等

				受容	日本語教師	インタビュー・グラウンデッドセオリーアプローチ	認知的枠組みに一部変化
岩井朝乃 (2006)	接触仮説 異文化感受性発達モデル	合同クラス・ディスカッション 多言語学習	言語や文化背景を異にする人々と相互に学びあうこと・多様な言語文化背景が尊重される社会の創造に主体的に関わること(文化一般)	O大学日本人学生20名留学生13名、正規			
末松和子・阿栄那 (2008)	(社会的学習理論?)	協働学習・プロジェクトワーク・グループワーク・体験学習	実社会に近い協同作業をおこないながら多角的な視点、新たな価値観を創造する(文化特定・文化一般)	日本人学生18人留学生30人、正課外	受容 適応	筆者ら2名	アンケート・インタビュー・グラウンデッドセオリーアプローチ	認知・態度・行動面の変化 「国際化」「異文化」「自文化」意識変化
坂田浩・前田有香 (2005)	異文化感受性発達モデル (DMIS) 異文化発達質問紙 (IDI)	講義・シミュレーション・DIE法・自己分析等	1) 日本国内での多様な文化に対応する能力の育成 2) その能力を異文化とのコミュニケーションに応用する(文化一般)	T大学日本人学部2・3年生27名・4日間(30時間)・正課外	受容 適応	筆者ら2名	IDI (日本語版)による事前事後データの比較分析	1) 異文化間感受性のレベルアップ 2) 文化的アイデンティティの安定(認知・態度)

第2部
日本語教育史・言語教育史

コメニウス著『大教授学』に見る言語教育者への指針
―「新編〈すべき・すべからず集〉」の試み―

松岡　弘

1. まえがき

　本稿は、17世紀チェコの教育者ヤン・アモス・コメンスキー（Jan Amos Komenský, 1592-1670．ラテン語名コメニウス）がその主著『大教授学（Didactica Magna）』（1657）において述べている、主に教授原理や方法に関する指針を、ほぼコメニウス自身が用いた表現によって伝えることを目的とし、そのための手段として、リントナー著『教育学百科事典（Encyklopädisches Handbuch der Erziehungskunde）』（1884）の中の「コメニウス」の項から『大教授学』の内容解説に関する部分をとり出し、翻訳・掲載するものである。

　コメニウス著『Didactica Magna』の日本語完訳版として、われわれはすでに鈴木秀勇訳『大教授学』2巻（1962）を有している。これは、ラテン語の原文とその元となったチェコ語『教授学』とを比較対照した上で詳細な注をほどこした周到かつ厳密な訳業であり、『大教授学』の内容と用いられた語句すべてを正確に知るにはこれに優るものはない。ただ、原著には宗教上の信念に基づいて記述された部分も多く、また全般にわたって多様で豊富な比喩表現が随所にあり、さらには同趣旨の内容が繰り返されることもあって、コメニウスの教授学上の理念や方法のエッセンスを手際よく整理するには、かなり忍耐の求められる本である。勿論、その概要を知るためには多くの啓蒙書や研究書が役にたつが、多くはコメニウスを特徴づけるいくつかのキー概念に基づいた一般的な解説であるか、あるいは、新しい研究動向を取り入

れて分析した専門的な内容である。

　本稿は、以上のような概括的な紹介あるいは学術研究のいずれでもない。基本的には、日本語教育を含む言語教育に携わる人たちが読者であり利用者であることを念頭におき、コメニウスがその主著において、どのような言い方で彼の教育理念を表現し、どのような指針をわれわれ教師に与えているかを、コメニウス自身の言葉で直截かつ簡潔に、解説を交えずに、ほぼ箇条書き形式で伝えようというものである。このような形式での指針提示の有効性は、あとがきにおいて筆者の経験を交えて述べるが、一言で言えば、ある言語（より範囲を狭めて言えば、第二言語としての日本語）を教えようとする若い教師がこれを通読し、教材や教案の準備、あるいは教室活動の際の示唆・反省の材料として頭の隅においておくことにはそれなりの意味がある、という筆者の確信である。

　ところで、コメニウスの『大教授学』自体は細かく章を設定し、各章は番号を付した項目に分割され、それぞれにまとめ的な小見出しや定義があり、結論も箇条書きで示されていて、それぞれがキー・センテンスであり、箇条書きであるといってよい。それらは拾い読みしていくだけで教師にとっての具体的な指針となり、考えるヒントになる。しかしながら、それらは合計すれば厖大な量となり、これまた整理の対象となる。そして、それを絞り込む作業は、結局は、どれをより重要と考えるかで個々人のコメニウス理解やそれぞれの時代の教育思潮に左右されるため、決して同一ではありえない。ここであえてつけ加えるが、この作業を個人の好みを排して過不足なくそして簡便に遂行する能力が、今のところ筆者には欠けている。

　そこで筆者は、『教育学百科事典』の中の「コメニウス」の項でリントナーが行なったコメニウスからの引用とまとめを利用した。19世紀後半のオーストリアを代表する教育学者であったグスタフ・アドルフ・リントナー（Gustav Adolf Lindner, 1828-1887）は、自ら『大教授学』をドイツ語に翻訳し（初版1876）、その一方で、『教育学百科事典』（約1000頁、1884）の全項目を一人で執筆し、晩年はプラハ大学チェコ語部の教育学教授の任にあった。コメニウス教授学の、最上の理解者の一人であったと考えて無理はない。

　リントナーによる引用は、現代の視点に照らせば異論があっても当然であ

ろう。例を挙げれば、コメニウスの宗教的信念や神学上の記述はそこから排除されている。また一方、筆者が語学教師としての体験から、膝を叩いてその通り！と共感できた箇所でも、取り上げられていない部分がある。だが、そうした点をさしひいてもリントナーのこのまとめは、コメニウスの死後2世紀半を経た、そして今を遡ること約1世紀半の、「19世紀後半」のヘルバルト派コメニウス学者の標準的なコメニウス把握を反映しているという教育史的意味に加え、何よりも筆者の今回の目的に最も適うものとなっている。コメニウス教育学のエッセンスと指針の箇条書き提示は、特に言語教育の現場に立つ教師にとって実用的な意義があるという判断の下に、本論に入る。

2. 本論

　『教育学百科事典』の「コメニウス」の項における『大教授学』の内容紹介部分は、タイトルの翻訳を含めてほぼ3頁である。原文は行を変えずに追い込み式で記述されているが、本稿では原則としてピリオドで終わる文毎に行を改め、それに便宜的に通し番号を付した。リントナーは基本的に、コメニウスの書いた内容を自分の要約で示すことは数箇所にとどめ、ほぼ自らが翻訳した『大教授学』のドイツ語訳文をそのまま引用して内容紹介としている。一部の語句にリントナーの解釈で意訳したものがあるが（例えば、encyclopaedia を Gesamtwissenschaft とするなど）、この場合は、両者を較べて、より文脈に合致する日本語訳を選んだ。なお、必要に応じて主に名詞語彙の後にラテン語を併記（名詞は主格単数形ないしは複数形で表示）したが、ラテン語の直訳と訳語とが必ずしも一致しないのはそのためである。
　それぞれの文章が『大教授学』のどこから引用されたものかが特定できる場合は項目末尾の（　）に、該当する章と項の番号を記した。（　）のない1～3項と59～63項はリントナーによる要旨となっている。和訳では、まずリントナー訳ドイツ文から日本語に翻訳し、確認のためにラテン語原文並びに鈴木秀勇訳『大教授学』を参照した。　鈴木の訳文をそのまま利用することも可能であったが、それをしなかったのは、鈴木訳は厳密を期するあまりか訳語の中には耳慣れぬ表現が多く、このことがコメニウスをわれわれから遠ざけている面があると判断したからである。その点では、鈴木訳に先

行して完訳された稲富栄次郎訳『大教授学』(1956) は、英語及びドイツ語からの重訳であるが、ずっと読みやすい。以下に掲げる訳文も重訳ではあるが、原文の意味を損なわないように努め、同時に現代の言語教育の関係者に親しみやすい日本語で表現することを心がけた。

　リントナーは『大教授学』の内容紹介の冒頭で、まず「本書において初めて、国民学校（Volksschule）の基本的理念が教授の必要と就学の義務という基本構造の上に展開される」としている。ここから、コメニウスが『大教授学』における教育の内容、そしてその対象として念頭に置いたのは、日本にあてはめるならば、近代日本の明治から現代までの義務教育としての一般的な小学校教育と学童である、と一応設定することができよう。以下は、それに続くリントナーによる要旨と『大教授学』からの引用である[1]。

1　すべての人間は青少年期に、裕福・貧乏、貴族・庶民、男子・女子にかかわりなく、教育を受けるべきである。
2　学校では、知らなければならないこと、すなわち言葉だけでなく事物にかかわることが、両方、同時に教えられるべきである。
3　学校の授業は平易に、楽しく、強制や苛酷さなしに進行すべきであり、授業方法が自然の順序に従えば、それは可能となるだろう。
　　従って、授業方法は自然から借り受けるべきである。（14章見出し）
4　自然は、適切な時期を選ぶ。（16章7）
5　自然は、形を整え始める前に、まず素材を用意する。（16章11）
6　自然は、その活動に際し、適切な課題（subjectum）を選ぶか、あるいはそれを適切なものにするために、まず適切なやり方で準備を整える。（16章20）
7　自然は、その作業において混同することはなく、互いに区別しながら前に進む。（16章26）
8　自然は、その作業をすべて内側から始める。（16章33）
9　自然は、飛び越すことをしない。段階的に進む。（16章46）

【注】
[1] 1、2、3は『大教授学』の表題をリントナーの表現でまとめたものと解される。

10　自然は、ある事を始めたら、それが完了するまで中断しない。(16章51)
11　自然は、対立するものと害を与えるものを避けて通る。(16章57)
12　自然は、不適切なものが混じらない無地のものから始める。(17章3)
13　自然は、求める形式に合致するように、素材を加工する。(17章10)
14　自然は、形は小さいが力強い源からすべてを引き出す。(17章21)
15　自然は、より単純なものから次第に複雑なものへと前進する。(17章25)
16　自然は、詰め込みすぎない。少量で満足する。(17章29)
17　自然は、急ぎすぎない。ゆっくりと進む。(17章31)
18　自然は、可能な限りのやり方で、他に頼らず自らを支える。(17章39)
19　自然は、その利用が明確でないものは作らない。(17章43)
20　自然は、すべてを同一のやり方で実行する。(17章46)
21　自然は、無用なことは始めないし、必要なことは見落とさない。(18章5, 10)
22　自然は、土台なしには何も行なわず、すべてを生み出す元である深い根を張る。(18章13, 17)
23　自然は、用途が多様になればなるほど、細かく区切られる。(18章29)
24　自然は、絶えず進歩し続け、決して立ち止まらない。つまり自然は、前のものを廃棄することによって新たなものを創造するのではなく、より前に始めたものをさらに前に進め、拡大し、そして完成する。(18章31)
25　自然は、すべてを途切れることのない連環の中で一つにまとめる。(18章34)[2]
26　授業は、このような自然の方法に似せて行なわれるべきである。
27　人間の教育 (formation hominis) は、できるだけ早く（青少年期に、春に、そして午前中に）開始され、学ぶべきことは年齢段階によって配分される。(16章10)
28　学校において、ことば (sermo) は事物 (res) に先立って教えられる

【注】
[2] 26により、4〜25の「自然」は、「教育」ないしは「授業」と読み変えることができる。

べきではない。なぜなら、事物が本質（substantia）であり、言葉（verbum）は属性（accidens）だからである。事物は肉体で言葉は衣服、事物は中核で言葉はその皮と莢にすぎない。（16 章 15）

29　従って、両者は同時に人間の認識（intellectus）の前に示されるべきである。特に事物はそうである。なぜならば事物こそは、認識の対象であると同時に、ことば（sermo）の対象だからである。（16 章 15）

30　教え方の抜本的な改善のためには、テキストとその他の教材がすべて用意されること、最初に事物を理解し、次にそれを言語によって表現することが教育されること、言語は文法によってではなく適切な作家（著者）を通して学ばれ、用例が規則に先行することである。（16 章 16）

31　科目の内容が何であれ、それに取りかかる前に、生徒の気持ちの準備ができて、受け入れられるようになっていること、その障害となるものは取り除かれていることが望ましい。（16 章 25）

32　生徒は、同一の時間には一つの事柄だけを考え、行なうべきである。（16 章 32）

33　生徒は、まず第一に事物の理解（intellectus）を、第二に記憶（memoria）を、そして最後に言語（lingua）と手（manus）の使用を目指すべきである。（16 章 37）

34　言語（lingua）、知識（scientia）、技術（ars primum）は、最初は、学び始めることの理由を最もわかりやすく示し、その後は規則と例を用いてより完全にし、そして最後は、例外・規則外のものを付け加えて体系化した要約を通して、もし必要と考えるならば解説書も付して、教授されるべきである。（16 章 45）

35　学習内容は、前に学んだことが次に学ぶことへの道となり、光を当てるようになるために、きちんと学年（classes）別に区分されるべきである。ということは、時間は、各年、各月、各曜日、各時間がそれぞれの部分、特にそれぞれの役割・任務を持つように、慎重に配分されるべきである。（16 章 50）

36　できる限り学習の負担を少なくするために、授業は、導入から始まり、一般的なことから特殊なことへ[3]、軽いものから重いものへ、そして、とにかくゆるやかに進むべきである。つまりは、決して強制されることなく、

生徒の発達年齢に従い、感覚・直観を通し、同一不変の教授法に基づいて行なわれ、直ちに応用練習が行なわれるべきである。(17章2)

37 そして学校は楽しい居場所であり、教室は明るく清潔で壁一面に絵を飾った居間でなくてはならない。このほか学校には、散策と遊戯のための広い場所と庭園が備わっていることが必要である。(17章17)

38 役所や学校の責任者は、公開の学校行事があれば（例えば、朗読会、討論会、あるいは試験や賞品授与といったこと）、これらは予行演習かもしれないが、その都度自ら出席し、勤勉な生徒には褒め言葉とちょっとした贈り物（個人に対してでなくてもよい）を与えることで、生徒のやる気をかきたてることができる。(17章20)

39 技術（ars）はすべて、最も簡潔な規則で把握され、規則はすべて最も簡潔で明瞭な言葉（verba）によって表現されなくてはならない。(17章24)

40 ラテン語が母語（vernaculus）と関連づけられる場合は、母語は既知のものとして先行し、ラテン語はそれに従うべきである。(17章28)

41 学習内容は、生徒に対してまず最も身近なものが、次に身近なもの、次に既知のもの、そして最後に最も遠いものが示されるように、きちんと組み立てられていなくてはならない。(17章28)

42 学習（studium）の容易さと楽しさは、学校の授業をより少なくしたとき、つまりそれを4時間にして、同じくらいの個人学習の時間を残しているときに生徒の間で増大するであろう。記憶の要求をできるだけ少なくすれば、つまり基礎的なことに集中して、残りは自由な理解に任せれば、そしてすべてを理解能力の基準に従って調整すれば、それは可能である。(17章35)

43 正しく認識され、理解されたもの以外は記憶させないようにしよう。また、形と模倣の指示がきちんと提示されているもの以外は暗記させないようにしよう。(17章38)

44 悲惨なこと（crudelis）は、生徒に課題を与えるに際して、それが何で

【注】
[3] コメニウスはここ [17章] では「分析的方法」を推してはいない：リントナーの注。

あるか、どうやって行なうべきかを十分に説明をしない教師のいることである。（17章）

45　生徒を叩くこと（verbera）は、教授（doctrina）手段としては許されない。（17章41）

46　生徒が学ぶべきこと（disciplina）は、目の前の五本の指のように、生徒にはっきりと提示され、説明されなければならない。（17章41）

47　そして、これらすべてのものがより容易に記憶に刻みこまれるためには、可能な限り、感覚（sensus）が援用されなければならない。（17章41）

48　例えば、聴くこと（audictus）は視覚（visus）と、話すこと（lingua）は手（manus）と常に結びついていなくてはならない。（17章42）

49　そして、この目的のためには、クラスにおいて普通に取り扱われるもの、テーマ（theoremata）や規則（canoes）の類であっても、丁度これから行なわれる授業のための絵画（imagines）やエンブレム（embremata）であってもかまわないが、それらをすべて教室の壁に視覚化して提示するのがよいだろう。（17章42）

50　どんな事柄を教えるにしても、それが普段の日常生活の中でどのように応用できるかを示せば、それは生徒の理解をより容易にするだろう。（17章44）

51　学校では、学問（literae）だけではなく、道徳心（mores）と信仰心（pietas）も教えなければならない。（18章12）

52　要約すると、人間は可能な限り、本を通して賢くなるだけではなく、天と地、樫の木やブナの木に教わらなければならない。それは、事物そのものを知り、探求することであり、決して事物についての他人の観察や話であってはならない。（18章28）

53　物事はすべて、単なる権威（autoriatas）によってではなく、感覚的訴え（demonstratio sensualis）または理性的訴え（demonstratio rationalis）によって教えられなければならない。（18章28）

54　分析的方法（methodus analytica）だけではなく、むしろ総合的方法（methodus synthetica）によって教えられるべきである。（18章28）

55　生涯の学習（studium）は、それが一つの知識総体（encyclopaedia）を構成し、その中ではすべてが共通の根から発し、すべてがそのしかるべき

位置にあるように配列されなければならない。(18章35)

56 　誰かにある事柄を教え、理解させるときは、同時に彼がそれを口で述べ、実行し、実際に応用するよう指導すべきである。(18章39)。

57 　その意味で、「君の知識は、君がそれを知っていることを他の人が知らなければ、何の意味も持たない」[4]は真理である。(18章40)

58 　多くのことを尋ね、尋ねたことを心にとどめ、心にとどめたことを人に教える、生徒はこの3つによって教師を乗り越えていく。(18章44)

59 　学んだことを生徒の精神的な財産とするため、コメニウスは、お金を払ってでも自分が知っていることを教えられる人を見つけよと生徒に勧めるくらい、反復と伝達の重要さを強調する。(18章44)

60 　コメニウスはそれゆえ、学校において生徒が自ら教師となって教えることを許され、自由に講義をすることに慣れるという、授業における役割交代まで提案している。(18章45)

61 　授業の統一性を獲得するには、一人の教師が一つの学校、少なくとも一つの学年を担当すべきであり、一つの教科書が一つの科目の基礎となるべきであり、同一の作業が全クラスで課されるべきであり、そしてすべての教科 (disciplinae) と言語 (linguae) が同一の方法によって教えられるべきである。(19章14)

62 　コメニウスが教師に課したこの高度な任務を満たすために、生徒は個別にではなく皆一緒に、かつ一斉に授業をうけ、一クラスの生徒 (coetum) はいくつかの組 (tribus) に分かれるべきである。(19章18)

63 　コメニウスは、授業の総合 (Concentration des Unterrichts)[5]のために、いつどこであれ、関連するものは関連するもの同士を、すなわち、言葉と物、読むことと書くこと、文章表現と読解練習を組み合わせることを推奨し求める[6]。(19章44)

64 　人は認識する (intellegere) 限りのことは、それを言葉で言い表す (eloqui) 習慣をつけるべきで、また逆に、言葉に出すことは、それを正

【注】

[4] ペルシウス・フラックスの『諷刺詩』から：鈴木秀勇 (1962) の注による。
[5] リントナーの用語。
[6] 59〜63は直接引用ではなく、リントナーによるまとめ。

しく認識することを学ぶべきである。(19章45)
65 読解(lectio)練習と作文(scriptio)練習は、適切な相互関連を有するべきである。(19章47)
66 言語の学習(linguarum studium)は、ことに、ことば(sermo)と同時に多くの事物を習得する青少年期には、事物の学習と平行して進まなければならない。(22章3)
67 言語は、それぞれ別個に学習されなくてはならない。(22章9)
68 まず最初に母語を、次に母語に代わって利用される言語、例えば隣国の言語、それからラテン語、ギリシャ語、ヘブライ語等々である。(22章9)
69 言語はすべて、文法規則(praecepta)によってではなく、実用(usus)によって学ばれるべきである。(22章11)
70 一方、文法規則は実用を促し、より確実なものとする。(22章12)

以上は、『大教授学』の、限られた部分の抜粋であるが、これだけでもコメニウスがその主著において、抽象的・比喩的に述べるだけでなく、現実のクラス運営や教師への具体的指示にまで言い及んでいることがわかる。リントナーの要約と引用は、最終的には言語教育に向けられているため、そこには選択の偏りもあり、特に近年のコメニウス研究の主流である哲学的・神学的側面への言及がないことはすでに述べた。しかしながら、これによって、教授学の創始者にして大思想家とされるコメニウスが、実は、青少年のためのラテン語の教育者という、いわばわれわれと同じように第二言語の現場の教師であり、その言葉一つ一つがいかに日々の実践と経験に裏づけられたものであるかが明確に示されていると、筆者は考える。

3. あとがき

本稿を、関正昭教授とも関わりのある一つのエピソードで閉じることをお許しいただきたい。筆者は直接的には関教授の要請を受けて2006年度から6年間東海大学大学院文学研究科の「日本語教授法研究Ⅰ-2」を担当し、主に欧州における言語教授法の歴史と言語教育思想について話してきたが、その最終年度の終わる頃になって、受講生の一人の机の上に「オーディオ・

リンガル教育法におけるすべき・すべからず集」という、手書きの青字印刷の冊子があるのを発見した。学生によれば関教授の講義中に手渡され、よく読んでおくように指示されたのだという。

　実はこれは、ほぼ40年前、筆者が英語で書かれた小冊子"Do's and Don't's of Audio Lingual Teaching"から主要部分を翻訳し、手書きのまま印刷機にかけ、そして、当時の〈財〉海外技術者研修協会日本語教師新人講習会で配布したものであった。筆者の手元にはこれと同じものは残っておらず、また、もとになった英文冊子も紛失している。したがって原著者ダニエル・クヴィルターが誰であるか、その英字表記さえもおぼつかない。

　そういった、責任の所在がかなり不明確な翻訳であるが、にもかかわらず関教授がこれを大切に保持し、40年後の学生に対して精読するように勧めたことに深い感銘を受けた。その後関教授に直接確かめ、学生から借り受けて再読した「すべき・すべからず集」を読み直して、言葉の教育の理念や方法を簡潔に、具体的に、実践的に、そして箇条書きに記した冊子の意味について、改めて思いを馳せることになった。

　原本の英文の小冊子は、45年前に筆者がハワイ大学の日本語クラスで教員研修生として立つ時に指導教官から渡されたもので、教案を作成する際、そして教室に向かう前にこれを通読ないし拾い読みをすることで、語学教師が普段心得て置くべき事柄や無意識に犯しがちな教室でのミスを事前に気付かせるのに有効であった。その経験が帰国後に勝手な日本語版を作らせ、職場の同僚と分かち合うことに向かわせたのであろう。

　これは、私家版和訳によれば115の項目からなっている。題名の如く語学教育のクラスにおいて教師がすべきこと、すべきではないことへの指針が、当時の主流であったオーディオ・リンガル教授法の立場に立って記されている。

　例えば項目3の内容は次のようである。

3　教材をよく知っていることが重要である。これはレッスンプランをざっと見ることを意味しない。各ドリルの背後にある原則を把握し、必要ならばさらにそれを引き延ばせるようにしておくことである。

　　生徒に暗記させるダイアローグは教師も暗記しておくこと。これは大した努力もなくできることで、その上、生徒に与える心理的影響は大き

い。さらに教師はテキストにあまり頼ってはいけない。そうしないと、クラスにより多くの注意を与えることはできない。

駆け出しの語学教師がうっかり忘れてしまいそうな注意事項が具体的に示されている。もう一つ例を挙げる。

34　クラスの授業内容にかかわらず、できれば生徒からの質問は最低に抑えるべきである。そして教師は生徒からの質問を奨励してはいけない。これは彼らの意気を殺ぐことを意味しない。首尾一貫した適切な質問が出るということは教師がうまく教えていないということなのである。教師はクラスが直面する問題を予想していなければならない。そして完全な準備と明白な提示によってその質問が出ぬよう心がけるべきである。

「生徒に質問させるな」という指針は、教師主導型オーディオ・リンガル教授法の典型でもあり、現代の学習者重視の教育観からは批判されるかもしれない。だが、その底を流れるのは、教師に対し教室内の言語活動をその場限りの思いつきで行なうことを戒め、細心の準備をして臨むことを説いたものであり、それが時に意表をつく表現で具体的に示される。

この過去との40年目の遭遇が本稿作成の直接の動機となった。リントナーのまとめによるコメニウスの指針に、やや突飛ながら「新編〈すべき・すべからず集〉の試み」なる副題を付したのも、ダニエル・クヴィルターの「すべき・すべからず集」とコメニウスの指針との間に時代を超えた共通性を感じたからでもある。

箇条書きの指針で示すことの効用は、これもまた東海大学の学生が再認識させてくれた。コメニウスには『最新言語教授法』（Methodus Linguarum Novissima, 1649）というそのものずばりの大著があって、これもコメニウス好みの見出し文や定義、結論の箇条書きであふれている。この第10章にあたる部分「分析的教授学」を受講生と輪読した折、学生たちがくどくどしい説明部分よりも簡潔な定義文の方をどんどん拾い読みして、コメニウスの言わんとすることを手っ取り早く理解していることを知った。それはコメニウスの意図にも添った理解の仕方であったに違いないことに思い至った。本論においては『大教授学』のみを対象としたが、この『最新言語教授法』についてもいずれ同様のことを試みることにしよう。

以上、本稿をなすに至ったきっかけと意義を記し、併せて東海大学学生諸

君への感謝を表するとともに、無事職務を全うして退任される、長年の盟友にして畏敬してやまぬ関正昭教授へのお祝い、並びにねぎらいの言葉とします。

〉〉〉引用並びに参考文献

Comenius, J. A. Große Unterrichtslehre in Pädagogischer Klassiker, Band I Johann Amos Comenius, herausgegeben v.G.A.Lindner. 1876. Wien.
Komenský (Comenius), J. A. Didactica Magna Editio secunda quam paravit Jos. Hendrich. 1938, Brno[7].
Komenský (Comenius), J. A. Linguarum Methodus Novissima[8].
Lindner, G. A. Encyklopädisches Handbuch der Erziehungskunde mit besonderer Berücksichtigung des Volkschulwesens. 1884. Wien.
コメニウス著・稲富栄次郎訳（1956）『大教授学』 玉川大学出版部。
コメニュウス著・鈴木秀勇訳（1962）『大教授学1・2』 明治図書。
鈴木秀勇著（1982）『コメニュウス「大教授学」入門上・下』 明治図書。

【注】

[7] Didactica Magna は、コメニウス著『教授学著作全集』（Opera Didactica Omnia）第1部に収められて1657年にオランダで公刊された。その後、ラテン語『大教授学』とチェコ語『教授学』とを左右のページに対照・印刷したものが『コメンスキー総著作集』第4巻（1913）としてチェコで刊行されている。本稿は、これよりラテン語部分のみを取り出し刊行された1938年版（チェコ語表題 Didaktika velká）を参照した。

[8] 『最新言語教授法』。『教授学著作全集』（1657年。復刻版1957年）第2部に所収。『コメンスキー総著作集』（Veškeré Spisy Jana Amosa Komenského）第6巻（1911）にも収められている。日本語完訳はなく、第10章のみ「分析的教授学」として藤田輝夫訳〈私家版〉がある。

ヴァリニャーノの第二言語教育観
―「日本管区及びその統轄に属する諸事の要録」を中心に―

久津間幸子

1. はじめに

　16、17世紀の日本において、イエズス会総長の代理として全権を与えられた巡察師アレッサンドロ・ヴァリニャーノは、キリスト教布教で大きな改革を行った。そのうち教育の分野では宣教師養成の必要から本格的な教育制度を導入した。

　ヴァリニャーノの来日から40年後の1620年に、ジョアン・ロドリゲスは『日本語小文典』を編纂した。その第一部「日本語の学習と教授にふさわしいと思われる方法について」の章で日常の交際や告解を聴くことができる程度の日本語習得を目指す者と、自由に説教し異教徒を論破できるような日本語習得を目指す者とは「一緒に勉強すべきではないし、学習内容も書物も同一のものであってはならず、学級も学習法も2つあるべきであるし、教師も手段も異ならなければならないからである。そもそも両者は目的が異なっているためである[1]」と述べている。また日本語上達のための3つの要素は「教師・教材・学習方法とその順序」だとし、詳細に記している。長谷川（2000）はロドリゲスが唱える「異なるニーズに対する日本語教育の方法」は「現代的な言語教育感覚」を持っており、コースデザイン論から評価できるとしている。

【注】
[1] ロドリゲス著　池上訳（1993）

ロドリゲスはヴァリニャーノが設立した府内のコレジオの第一期生として入学し学んでいる。評価されているロドリゲスの日本語教育観は、すでにヴァリニャーノの第二言語教育観に見られるものである。

　そこで本稿では、ヴァリニャーノが第一次日本巡察を終え、コチンで1583年に著した「日本管区及びその統轄に属する諸事の要録」（以下、「諸事要録」と略す）、第二次巡察後1592年に著した「日本管区及びその統轄に属する諸事の要録補遺」[2]（以下、「補遺」と略す）の記述を中心にヴァリニャーノの第二言語教育観について考察したい。

2. ヴァリニャーノ来日まで

　ヴァリニャーノは1539年2月、当時スペインの支配下にあったナポリ王国で誕生した。ヴェネツィアのパドヴァ大学で法律学を学び学位を取得し、1566年5月にイエズス会員になった。すでに教会法学者として認められていたが、ローマでさらに哲学、物理学、形而上学、神学を学び、1570年に司祭に叙せられた。

　当時、イエズス会員のインド派遣志願者は多く、派遣を申請しても10年以上待たされる者もいた。そのなかにあって教会法学者として名声を得ており、高い徳と学識に優れていたヴァリニャーノは、インド派遣を申請し、わずか半年後の1573年8月には東インド巡察師に任命された。リスボンからインドに向けて出発したのは1574年3月21日のことである。同年9月にゴアに到着してから3年間インドを視察し、その後マラッカに到着した。マラッカで1年余りすごす間にも書簡などで日本に関する情報を得た。1579年7月7日、ヴァリニャーノはマカオを出発し、7月25日に口之津に到着した。1582年2月20日に離日するまでが第一次日本巡察、1590年7月21日に長崎に到着してから1592年10月9日長崎出発までが第二次日本巡察、1597年8月14日長崎に再来してから1603年1月15日長崎を離れるまでが第三次日本巡察として、計10年にわたって日本を巡察し、日本の布教活動を大

【注】
[2] テキストは、ヴァリニャーノ著 松田ほか訳（1973）を使用する。

きく改革した。

3. 教育改革

3.1 ▶神学校設立

　ヴァリニャーノは「諸事要録」以前、1580年に日本で脱稿された「東インド管区とその統轄に関する諸事の要録」[3]に、言語を学ぶためのセミナリオの開設の必要性について述べている。

> 我々は現在までに東洋の5、6の地方に改宗事業とキリスト教界を抱えているが、それらはいくつもの異なる言語を有している。そこでこれらの地方にも複数のセミナリオを設ける必要があろう。
> 　第一の、そして最も重要なキリスト教界は日本にある。日本は極めて重要な布教地で、改宗[事業]も日を追うごとに著しく拡大しているが、日本語は難解である。それゆえ、我がイエズス会員たちのためのコレジオ、あるいは完備したセミナリオを開設し、[そのセミナリオで]彼らが他の事に煩わされることなく、確固として意志をもって2、3年の間、日本語を学ぶことが必要である。このセミナリオには毎年インドから18歳から23歳の会員を数人送り込んで存続させてゆかねばならない。この者たちは日本語を充分に学習した後で[司祭として]叙階されるのに不可欠な他の事柄を学んでも良い。それゆえこのセミナリオは永続されなければならず、[日本語を]教える教師、確固とした意志をもって学習するイルマンが絶対に欠かせない。[4]

　ヴァリニャーノの改革の大きな柱は、教育改革であり、組織化された学校の創設にあった。そこでヴァリニャーノは日本を下、豊後、都と三つの教区に分け、基本的教育を担うセミナリオを作ることを決めた。セミナリオで3、4年学んだ後入学する学院としてコレジオ、セミナリオ修了後イエズス会に

【注】
[3] テキストは、ヴァリニャーノ著 高橋訳（2005）を使用する。
[4] ヴァリニャーノ著 高橋訳（2005）33章

入会を希望する者のためには、修練院を置くことを決定した。また、毎年4、5人派遣されるヨーロッパ人宣教師の準備教育と日本語学習のために大村にコレジオを作ることも決定した。しかし、当時、日本は政治的混乱期にあり、ヴァリニャーノの学校設立構想は、予定通りには実施されなかった。

1580年に安土、有馬に最初のセミナリオが開設された[5]。ヴァリニャーノは学生には「その性格と能力に応じて」教養としての古典と日本語、ラテン語の読み書き、多くの学識、礼儀、風習、儀礼も教授しなければならないとしている。学生の能力だけでなく性格も併せて考え、個別に学習を進めようとしていたことがわかる。セミナリオは日本人武士や名門の子弟が多かったが、少数ながらポルトガル人生徒も混じっていた[6]。

また府内にはコレジオが開設され、そこでは人文科学とヨーロッパから来た修道士たちのための日本語の授業が行われた[7]。

3.2 ▶神学校の日課

ヴァリニャーノは、学習者に目的意識を明確に持たせるような組織づくりを行い、学校を設立するに当たり、すべての学校で守るべき規則を決めた。それが「神学校内規」[8]である。下の表はセミナリオ生徒の日課である。

神学校生徒時間表

4:30	起床
～5:00	祈祷
～6:00	掃除

【注】

[5] 村上訳・柳谷編輯（1969a）「1581年日本年報」より
[6] 「1588年のセミナリヨの学生名簿」に、その時点では3名のポルトガル人名が記載されているという。（柳谷1966）また1581年度日本年報に、修練院には日本人6人、ポルトガル人6人が入学したと記されている。
[7] コレジオはセミナリオ修了後の日本人学生のための学院のはずだったが、実際は1580年開校時はポルトガル人のみで、1585年時点で日本人は2名、他はポルトガル人であり、ヴァリニャーノの計画通りにはいかなかった。H. Cieslik（1987）
[8] ローマでイエズス会学事規則が制定される3年前の1580年1月ヴァリニャーノによって作成されたセミナリオで遵守するべき規則である。〈ヴァリニャーノ著 松田ほか訳（1973）p. 327〉

～7:30	暗誦。年少者はラテン語の単語を覚える。
～9:00	ラテン語の教師と共にすごす。宿題を見せ、暗誦。教師の朗読を聴く。年少者は課題を与えられる。
～11:00	食事・休息
～14:00	日本語の読み書き。日本語の読み書きができる者は日本文の書状を作成。
～15:00	音楽
～16:30	ラテン語教師と共にすごす。作文。生徒に有効と思われる別の学課を講義。年少者はその学習状況によってラテン語の読み書きのみ。
～17:00	自由時間
～19:00	夕食・休息
～20:00	ラテン語の復習。年少者は日本文字、ローマ字の学習。その他
20:00	就寝

　セミナリオでは日本語、ラテン語が教えられたが、ラテン語は外国人神学生にとっても第二言語であった。「神学校内規」では、

> 教師は上級生も下級生も、よく覚え、邪魔をしたり、時間を無駄に費やさぬように配慮せねばならぬ。その際、彼はより高い知識を持っている幾人かの生徒に手伝わせてもよい。それらの生徒は下級生に試問したり、彼らが書いた答えを訂正してやったりする。(中略)
> 日本語の教師はすべてよく秩序立て、彼らが上達するようにする。(中略)
> 教師は数名のすでに上達したものを助手とし、これにより一人ずつに教える時間をより多くもつようにしてもよい。[9]

と、規定している。時間を浪費せず集中して学習することを求め、食事の間もラテン語か日本語の朗読を聴かせている。学習時間内では、上達した者は

【注】
[9] ヴァリニャーノ著　松田ほか著（1973）p. 331

常に遅れている者を援助させるようにしている。これは学習者に対して個別に対応できるという長所とともに、上級の学習者は学習した内容を教えることによって、理解が促進される効果も得られる。また授業は与えられた課題だけをするのではなく、それぞれの進捗状況に応じて復習させるなど、時間を有効に使い、学ばせている様子が窺える。

3.3 ▶活版印刷機の導入

　神学校設立と共にヴァリニャーノの教育におけるもうひとつの重要な改革には、活版印刷機の導入がある。カリキュラムを遂行する上で、ヴァリニャーノは「日本人は我らが与える書籍のほかは何も所持していないし、入手することもできない[10]」「日本人のためにはあらゆる学問について、特別な書籍をつくることが必要[11]」と、教科書の作成を命じた。教科書もヨーロッパで使われている書籍をそのまま使うのではなく、日本人に合わせたものを翻訳させた。それと同時に外国人神学生に向けても「すでに用意している文典を完成させるほか、豊富な日本語辞書、および日本語の平易で日常的な対話の書の作成が命ぜられ、それらが作られた[12]。」外国人神学生には教理書のみではなく実用的な対話の書も与えられている。これらの教材作成のために印刷機の導入をイエズス会に要請した。第二次日本巡察時に、遣欧少年使節の帰還と共にヨーロッパから活版印刷機を日本に持ち込ませ、後にキリシタン版と呼ばれるローマ字本、国字本を多く編纂し印刷した。この印刷機の導入は日本の学習者に合わせた独自の教材作成を容易にし、学習者は筆写せずに教科書を使うことができ、第二言語の学習に大きな成果をもたらした。

4．ヴァリニャーノの第二言語教育観

4.1 ▶言語習得の重要性の認識

　ヴァリニャーノが東インド巡察師として着任した初めてのインド管区は、

【注】
[10]「諸事要録」9章
[11]「諸事要録」12章
[12] フロイス著　松田ほか訳（1978）p. 329

イエズス会ヨーロッパ全管区を併せたよりも広範囲で、統治されておらず、無秩序な状態だった。ヴァリニャーノはインド各地の宣教師、キリスト教徒の話を聞き、現地の言語の習得がもっとも切実な問題だと考えた。また中国への伝道計画にあたり、それ以前の入国の計画がすべて不成功に終わった原因は、言語を学び現地の風習を習得していなかったことにあると分析した[13]。

そこでヴァリニャーノは、当時日本布教長であったカブラルの要請に応えて、日本へ出発するより一足早く1575年に司祭3名、1576年に司祭6名、修道士7名、1577年に9名のイエズス会員を日本へ派遣した。そして、ヴァリニャーノが日本へ着くころまでに、彼らに最良の教師をつけて、日本語を習熟させ、彼らの日本語を充分進歩させておくことを指示した。

このようにヴァリニャーノは、早い時期から現地の言語習得を必須条件と考え準備し来日した。

4.2 ▶異文化理解

現地の言語習得を最重要課題と考えたヴァリニャーノは、日本布教において「異文化に適応する」方法をとった。しかし、ヴァリニャーノ来日以前の日本布教長カブラルは、異文化に適応する発想はなかった。むしろ、日本の文化に偏見を持ち、日本語の習得も放棄していた[14]。そして、ヴァリニャーノ来日前に派遣した修道士たち（4.1▶言語習得の重要性の認識を参照）の日本語学習もカブラルによって勧められていなかった。

それに反して、ヴァリニャーノは意思の伝達や情報収集のために言語が不可欠なものだとし、言語習得には異文化を理解し適応することが必要だと考えた。それは、ヨーロッパと全く異なる生活様式・風習の日本において、当時の日本の政権にイエズス会が認められ、日本人をキリスト教に改宗させるためには日本文化に適応することが必要不可欠なことだと考えたからである。また彼は外国人宣教師と日本人の間の「心の統一」も求めていた。

我等が彼らに同調し、彼らが我等に同調しなければ、精神的な融合はあ

【注】
[13] ヴァリニャーノ著 高橋訳（2005）14章
[14] ヴァリニャーノ著 松田ほか訳（1973）pp. 301-304

り得ず、それなくしては、日本に存在する数多の悪徳に関する危険や機会を克服する力を持つことができないで、イエズス会は簡単に破滅するであろう。[15]

お互いに理解しあうことができなかったら、日本におけるイエズス会そのものが存続しえなくなってしまうという強い危機感を、ヴァリニャーノが抱いていたことがわかる。「諸事要録」に「あらゆる点でヨーロッパ人修道士と同様に待遇し、同宿[16]もその身分に応じて同様に扱うことである[17]。」とあり、同宿もヨーロッパ人修道士と同様の待遇をするべきだとしている。『日本イエズス会士礼法指針』[18]（以下、『礼法指針』と略す）に日本人とつきあうときには日本人のしきたりに合わせて、各人がそれぞれの位置と位階に応じて振る舞うようにすることだと記している。イエズス会の内部ではヨーロッパ人と日本人の統一を図り、日本人社会と接するときには日本の流儀を守るように細かく指示をしているのである。

異文化適応は安場他（1991）が規定しているように「異文化の環境との相互作用を通して自己実現を目指そうとする過程」である。日本人はラテン語を学び、外国人は日本語を学ぶということで双方向的な学びをするというヴァリニャーノの異文化適応の捉え方は単なる同化ではなく、両者の自己実現を目指したといえよう。

4.3 ▶日本語観

ヴァリニャーノは日本語について「諸事要録」で、ラテン語よりも語彙が豊富で、思想をよく表現する言語だと記している。そして以下のように述べている。

> 同じ一つのものを意味する名称が数多くあるうえに、彼らの名誉を重ん

【注】
[15] 「諸事要録」16 章
[16] 司祭と生活を共にし、司祭の仕事を手伝っている日本人信者。しかしイエズス会修道士ではない。
[17] 「諸事要録」16 章
[18] 1581 年、ヴァリニャーノが豊後にて日本におけるイエズス会員の生活様式の基準を記したものである。

ずる優雅な天性により、すべての人、及びすべての事物に向かって同一の名詞や動詞を持ってすることは許されず、対応する相手の人物や事物の階級に応じて、高尚、低俗、軽蔑、尊敬の言葉を使い分けなければならない。口語と文語は異なるし、男女は非常に異なった言葉を話す。書く言葉の中にも少なからぬ差異があって、書状と書物とでは、用語が異なる。つまり、これほど種類が多く優雅であるので、それを習得するには長期間を必要とする。[19]

このような多様性は漢字の上にも無数にあって、書くことを学ぶのは不可能であるし、人に見せられるような書物を著すことができるようになることは、我らの何人にも不可能である。[20]

さらに、キリスト教徒に説教できるようになったとしても、仏僧や貴人、宮廷の人々に対して説教できるようになることは、ほとんどできないだろうとも述べている。日本語習得は、高度な社会言語能力が必要であり、かつその習得が非常に困難であることをヴァリニャーノは認識していた。

また、「諸事要録」には「司祭が修院の内外で守るべき方法」として「突然訪問することは決してせず、常にいずれの側からか、まず文書を送るのが一般の風習である」とある。『礼法指針』にも、手紙を書く際も日本の知識層の人々に倣って礼儀を守るように記されている[21]。このことから、当時の社会の日本語における書きことばの重要性も認識していたと思われる。とくに書状を書くことについては、ヴァリニャーノの規定した「神学校内規」のセミナリオの日課（3.2「神学校生徒時間表」を参照）にも反映され、実践的教育がなされていたことがわかる。

4.4 ▶実践にみられる第二言語教育観

ヴァリニャーノは「諸事要録」18章に、「ヨーロッパの諸条件や態度によっ

【注】
[19]「諸事要録」3章
[20]「諸事要録」16章
[21]「礼法指針」《15》《168》

て生徒を導こうとしない」こと、「彼らが喜んで生活するのでなければ進歩することは不可能である。なぜなら日本人の天性である萎縮的性癖ほど大きい障害はないからだ。」と記している。ヨーロッパの方法を強制するのではなく、不安を取り除いて学ぶことが進歩を促すとして、いわゆる情意フィルターを低減させることに特に留意している。

　さらに第二次巡察時には「諸事要録」に掲げた項目で成果が上がらなかった言語習得に関して修正し、学校ごとに、より具体的な教育目標を掲げた。セミナリオではラテン語と日本語の読み書きを学ばせ、次のように目標を持ってすれば神学校はよく管理されるだろうと記している[22]。

> 第一の神学校には、ラテン語と日本語の読み書きを学ぶ生徒ばかりが居り、（第二、脱落[23]）第三の神学校では、説教し、書物を作り、巧みに書状を書き、日本語の上品な言葉で、また美しい文体で必要な他のことができるように日本語を研究する人々が居り、これらの人々は聖職者の候補者を養成するために集められ、訓練される。なぜならこういう区別なり目標をもってすれば、神学校はよく管理されよく利用されることであろうし、子どもたちは、大人と共にいると良い影響を受けないで、ただ時間を無駄にし数多の誘惑や苦労に遭遇するのみである。もし、こどもだけで生活するならば、純朴さを保って成長するし、大きな進歩もし、その監督は容易である。

　ヴァリニャーノは言語習得の同じ目標を持った者ごとにグループに分けて学習させることで、効率的に習得させようとしている。ヴァリニャーノが「効率」にこだわるのは、ラテン語習得の困難さ、日本語習得の困難さを強く認識し、人材育成のためには猶予がなかったことに起因しているのだろう。そして、その同じ学院内でもさらに細かく目的別にするべきだと記されている。

　同様にラテン語と他の学科を学んでいる学生は、決して日本語を学んで

【注】

[22]「補遺」七

[23] ヴァリニャーノ著　松田ほか訳（1973）訳者補足

いる学生と一緒に援助を受けはしない。なぜならば、彼らの勉学には大きい障害があり、果てしない誘惑の機会があるからである。何となれば、日本の文学と書物を研究し、それらで博識になりたいという日本人の持つ嗜好は非常に大きいので、必然的に、またほとんどみじめなほどにラテン語の勉学には力を入れないのである。そしてその主な原因は、彼らの母国語を勉学するときに見出す容易さに加うるに、それに反し彼等にとってまったく珍奇で不思議なラテン語の難しさなのであるが、日本語及び日本の書物を知ることと直結している有用性と誇りは、ラテン語では見出されず、むしろ縁遠いものなのである。事実、国語を熟知している人々は高く評価され、手紙や書物を書くことができるし、日本の有識者に説教し、討論し、納得させることができるので、すぐにその有用性に気づくのである。(中略)

　日本ではラテン語を習得してよくできるようになってから、日本でいう学問もまた身に付ける人々は、なるほど大変な学者で、大きな名声と尊敬を受けるべき人であると考えられる。何となれば、ただこれらの人々だけが司祭になりうるわけで、真の学識を持ち、我々の書物で研究することによって、他の人々と討論して容易にこれを屈服させうるからである。しかしまだ誰も司祭になっていないし、またラテン語を勉強しても日本語ができない間は、他の人ができることを自分ができないので、この有用性と名声はまだずっと手が届かぬところにある。[24]

ヴァリニャーノはラテン語に対する動機づけの弱さが、その習得を遅らせていると考えている。そのためには、日本語学習者とラテン語学習者を切り離し、クラスの目標を共有させることにより、一人一人の競争心を動機づけにつなげようとしている。このことから、ヴァリニャーノが学習者の学習環境を整えること、言語習得のための動機づけを特に重視していたことが窺える。時間を要する第二言語習得において学習意欲を維持することは重要で、倉八（1991）は「無意図的環境によって動機づけが与えられないとすれば、

【注】
[24]「補遺」七

外国語学習に動機づけていく環境を意図的に与えていく必要がある」と述べている。このように、ヴァリニャーノは学習者の情意要因である不安を除き、学習環境を整え、動機づけを高め、情意フィルターを低減させて言語習得が効率よく進むようにしたと推察される。

また、1593年-1594年度日本年報ではペドロ・ゴメスが以前より日本語の勉強も進歩したと述べている[25]。その理由は日本語とラテン語のクラスをはっきりと分け、日本語も、書状の書き方、本を書くための文語、説教のための口語の3教科に分けられ、「生徒たちは自分にとって一番必要な級で勉強しています」と述べている。ここには学習者を主体的に学びにかかわらせている様子が窺える。

府内のコレジオで1580年に最初に受け入れた学生は、来日2、3年のポルトガル人神学生のみであったが、フロイスは「修道士たちが大いに精励できるように、あらゆる便宜が与えられたので、彼等には多大な進歩がみられた[26]」と述べ、1583年日本年報で、説教師の不足から語学に上達している学生を公に説教を始めさせたと記している。1580年10月20日付ロレンソ・メシヤがイエズス会の総会長に送った書簡には、すでに日本語の学習において非常に成果が上がっていることが記されている。

　　日本語を学ぶことの容易なるは、我らが実験によりて発見したるところにおいて、また一人は都において、日曜日および聖徒の祝日ごとに説教をなし、また他の2、3人は近くで説教をなさんとし、その他は日本人と話して互に相当理解し、更に熟練するために欠けたるところは練習にすぎず。かくのごとく経験によりて日本語を学ぶことは非常に困難にあらず。もし努力すれば日本人と通常の談話をなし、告白を聴き、また説教をもこなすことは2年にして可能なることを認めたり。パードレ数人は1年の後教師なくして相当に告白を聴き、また住院において事務を処理するを得たり。而して本年文法書を編纂し、動詞の活用および規則を載せたれば、これによりて語学は今後一層容易なるべし。この経験と編

【注】
[25] 有馬のセミナリヨ建設構想策定委員会編（2005）p. 262
[26] フロイス著　松田ほか訳（1978）p. 329

纂したる文法書とによりて今後渡来する者に与ふる助は大なるべく、我等日本に在るものは大なるべく、我等日本に在る者は大なる喜びと利益を得べし。[27]

　来日直後に日本語習得の困難さを記していたヴァリニャーノだったが、上記のことから彼の教育改革がすでに実を結びつつあることがわかる。

5. おわりに

　本稿では、ヴァリニャーノの第二言語教育観を「諸事要録」「補遺」を中心に考察した。ヴァリニャーノの改革は卓見に富んだものであり、学校を創設し、印刷機を購入して学習の環境を整え体系化した。イエズス会員の目的は「異教徒を改宗させ、キリスト教徒を保持すること[28]」であったが、ヴァリニャーノはそのためには当時日本で不足していた人材を育てることが急務であると考え、外国人と日本人それぞれに適合した言語教育を行うことにした。こうしたことから彼は、異文化を観察しこれに適応することを徹底し、学習者にとって適切な学習環境を与えることに留意し、学習を維持する意欲を持たせるため、動機づけを高めることに努めたことが確認できた。1980年代以降、情意要因が第二言語学習過程に果たす役割に関する研究が盛んになってきた[29]が、教授法などが確立されていなかった16、17世紀にあって、第二言語習得に情意要因が深く関わっていることに着目したヴァリニャーノの教育は、現代の日本語教育にとって示唆に富むものであったといえる。

》》》参考文献

有馬のセミナリヨ建設構想策定委員会編（2005）『「有馬のセミナリヨ」関連資料集』　北有馬町役

【注】

[27] 村上訳・柳谷編輯（1969）
[28] ヴァリニャーノ著　高橋訳（2005）33章
[29] 情意要因が外国語、学習過程に果たす役割を検討する枠組みとしてKrashenが1982年に示した情意フィルター仮説がある。（倉八　1991）

場　pp. 113-284
片岡千鶴子（1970）「八良尾のセミノリヨ」『キリシタン文化研究シリーズ』3　キリシタン文化研究会
倉八順子（1991）「外国語学習における情意要因についての考察」『慶應義塾大学大学院社会学研究科紀要』（33）　pp. 17-25
長谷川恒雄（2000）「J. ロドリゲスの日本語学習論再考―史料に対する意味付与をめぐって―」『日本語教育史論考―木村宗男先生米寿記念論集』　凡人社　pp. 1-12
ヴァリニャーノ著　松田毅一・佐久間正・近松洋男訳（1973）『日本巡察記』　平凡社
ヴァリニャーノ著　矢沢俊彦・筒井砂共訳（1970）『イエズス会士礼法指針』キリシタン文化研究会　pp. 52-127
ヴァリニャーノ著　髙橋裕史訳（2005）『東インド巡察記』　平凡社　pp. 332-353
フロイス著　松田毅一・川崎桃太訳（1978）『日本史7』　中央公論社
Hubert Cieslik S. J. (1987)「府内のコレジヨ」『キリシタン研究』第27輯　吉川弘文館　pp. 65-153
松田毅一監訳（1987）『16、17世紀イエズス会日本報告集第Ⅰ期第1巻』　同朋舎出版
松田毅一監訳（1992）『16、17世紀イエズス会日本報告集第Ⅲ期第5巻』　同朋舎出版
松田毅一監訳（1991）『16、17世紀イエズス会日本報告集第Ⅲ期第6巻』　同朋舎出版
松田毅一監訳（1994）『16、17世紀イエズス会日本報告集第Ⅲ期第7巻』　同朋舎出版
村上直次郎訳・柳谷武夫編輯（1969a）『イエズス会日本年報上』　雄松堂出版
村上直次郎訳・柳谷武夫編輯（1969b）『イエズス会士日本通信下』　雄松堂出版
安場淳・池上摩希子・佐藤恵美子（1991）『異文化適応教育と日本語教育1』　凡人社　pp. 1-20
柳谷武夫（1966）「セミナリヨの生徒たち」『キリシタン研究』第11輯　吉川弘文館　pp. 139-164
ロドリゲス著　池上岑夫訳（1993）『日本語小文典上』　岩波文庫　pp. 30-45

アーネスト・サトウ、ウィリアム・アストン、ジョン・オニールらが使用した日本語学習書の一考察
―『鳩翁道話』を中心に―

金沢朱美

1. はじめに

　1800年代には日本国内外を問わず、外国人研究者による日本語研究が興ってきたが、同年代後半には特にイギリス人を中心とする日本語研究が盛んになった。その一人アーネスト・メーソン・サトウ（Ernest Mason Satow, 1843-1929）は1862年江戸在勤の通訳生として来日、書記官に昇進し、通算25年に亘り日本に滞在した。サトウ著、坂田精一訳（1960）『一外交官の見た明治維新』[1]（原題：A Diplomat in Japan, 1921）には、サトウがアメリカ人宣教師ブラウンから『鳩翁道話』を使って日本語を学んだとある。一方、同じ日本語の通訳生として1864年に来日したウイリアム・ジョージ・アストン（William George Aston, 1841-1911）も、1869年、1871年、1873年に刊行した『日本口語小文典』序文によると、『鳩翁道話』を用いて日本語の口語文体を習得したことがわかり、『鳩翁道話』を口語学習者に薦めている。

【注】

[1] 原本の"A Diplomat in Japan"は1921年、ロンドンのシーレーサービス社から出版された。日本では戦前25年間禁書扱いされ、非売品の一訳が出たり、要約版が出たが、1960年に初めて坂田精一による全訳が岩波書店から刊行された。『鳩翁道話』を用いて学習したことは『一外交官の見た明治維新』上68頁に見える。

ほかにもサトウの同僚で、『鳩翁道話』を教科書として日本語を習得したアルジャーノン・バートラム・フリーマン・ミットフォード（Algernon Bertram Freeman Mitford, 1837-1916）は 1871 年、ロンドンで"Tales of Old Japan"を出版し、英訳した『鳩翁道話』3 篇を収めた。法制局役人のジョン・オニール（John O'Neill, 1837-1905[2]）は自身が学んだ『鳩翁道話』の一部を教科書として編纂した。本稿では、このように 1800 年代後半口語文体教科書として盛んに使用された『鳩翁道話』を取り上げ、サトウらが口語の日本語能力の基礎を培うのにどのように効果があったかを考察する。

なお、テキストとした『鳩翁道話』は、国立国会図書館にて保護期間満了後、近代デジタルライブラリーで公開された『鳩翁道話』のうち、最も古い 1886 年 4 月（明治 19 年 4 月）松田周平によって出版された版を使用した。

2.『鳩翁道話』に至るまで

日本国内外における 1860 年代の日本語学習の環境についてサトウは『一外交官の見た明治維新』で以下のことを述べている。

J. リッギンスによる長崎の方言の小さな語句集、ウイリアム・メダーストの編纂によるバタヴィアで刊行された単語集、ランドレス編のロドリゲス日本文典、オランダ語で書かれたドンケル・クルチゥスとホフマン共著の文法、レオン・パジェスによる同著のフランス語訳、同氏による 1603 年の日葡辞典の一部訳、ホフマンの日蘭英会話書、ロニイの日本語入門書しかなく、日本での入手が困難であったこと、しかし、当時 S. R. ブラウン博士が「会話体日本語」を印刷に付していて上海の印刷所から送ってくる度に見せてくれたこと、メダースト単語集の日本版は書店で購入できたが役に立たなかったこと、自分には先生もいなかったが（来日前中国に 7 か月派遣され）、数百の漢字の知識がありメダーストの支英辞典をもっていたゆえ、日本語を書いてもらうと、何とか意味が理解できた[3]こと等である。

【注】
[2] 大林（1978）に拠ると、オニールの生没年は本文の通りであるが、オニール著"The Night of the Gods"をハーバード大学蔵書から公開している Internet Archive の Princeton Theological Seminary に拠る書誌情報では 1837?-1895 となっている。

アストン（1899）も"A History of Japanese Literature"序文で「40年前にはイギリス人は誰も日本の書物を読んだことがなかった。有益な知識をもつヨーロッパの日本語学者もいたが、我々の知識に対する貢献は重要なものではなかった。その後、サトウやミットフォードやチェンバレンやディキンズらによる文法書や辞書の執筆や翻訳が現れ、この最も難解な言語の習得が容易になった[4]（拙訳）」と述べている。

サトウに理路整然と科学的に日本語を教えたのはアメリカ人宣教師のブラウンである。『鳩翁道話』との出合いについて「ブラウン氏の日本語の教授は大いに役に立った。同氏は、われわれが同氏の著『会話体日本語』のなかの文章を復誦するのを聞きながら、文法の説明をしてくれ、また『鳩翁道話』という訓話集の初めの部分を一緒に読んでくれた。[5]」と述べている。

楠家（2005）によると、アストンもイギリス公使館に提出したレポート「1865年11月1日より1866年4月までの日本語学習覚書」のなかに『鳩翁道話』を用いて日本語を学習した[6]とあり、来日して早い時期に『鳩翁道話』と出合っていることがわかる。

3.『鳩翁道話』の詳細

3.1 ▶概要

『鳩翁道話』は、柴田鳩翁（1783-1839）が口述した心学道話を、嗣子である武修が筆録・編纂した作品である。正編3巻は1835年刊行、続編3巻は1836年、続々編3巻は1838年に刊行された。使用言語は各地域での講筵を通して汎共通語的に通用してきた[7]が、言語学的には特に上方出自の口語資料として貴重である。

冒頭には次のようにねらいが記されている。

【注】
[3] 前掲サトウ著、65頁
[4] Aston（1899）Preface II. 3-12頁
[5] 同上、68頁
[6] 楠家（2005）27頁
[7] 森岡（1965）373-391頁

聖人の道もチンプンカンでハ。女中や子ども衆の耳に通ぜぬ。心学道話ハ識者のためにまふけました事でハござりませぬ。たゞ家業におハれて隙のない。御百姓や町人衆へ。聖人の道ある事をおしらせ申たいと。先師の志でござりまするゆゑ。随分詞をひらたうして譬をとり。あるひハおとし話をいたして。理に近い事ハ神道でも仏道でも。何でもかでも取こんで。おはなし申ます。かならず軽口ばなしのやうなと。御笑ひ下されな。これは本意でハござらねどもたゞ通じ安いやうに申すのでござります。[8]

このように、柴田鳩翁がその聴衆としていた人々は、一般社会のなかでも特に書物を読んで教養を養う暇などのない百姓や町人衆であった。それゆえ、「たゞ通じ安い」ことを目的に、古典の難解な文献のことばも身近な例えを挙げて興味を喚起するように、平易な語彙・表現を努めて使用し、理解を促進することが最大のねらいであった。なかには武士階級の聴衆も相当いた[9]と宮田（1939）は記している。

山口（1965）は「文末表現の特色として、丁寧語『ございます』が多く用いられて聴衆への敬意を表している。[10]」と記している。鳩翁は幼年者を含む聴衆に対して随所で丁寧な言葉遣いを心掛けており、「かの横着ものが廿六歳に成ました[11]」「是に付ておそろしい又有がたい話がござります[12]」「ナント放心は恐ろしいことじやござりませぬか[13]」「お眠かろうが聞ておくれなされませ[14]」等を頻用している。

繰り返し、同じ一定の表現を使って語りかけていることも注目される。

　　ナント人もおそろしい心になれば成ものでハござりませぬか。（『鳩翁

【注】
[8] 『鳩翁道話』壹之上　4-5頁
[9] 宮田（1939）46頁
[10] 山口（1965）241-254頁
[11] 『鳩翁道話』壹之下　6頁
[12] 同上、4頁
[13] 同上、5頁
[14] 同上、4頁

道話』壹之下 11 頁。以下、引用例はすべて壹之下より。）
ナントありがたいものでハござりませぬか。（18 頁）
ナント親の子にまよふあはれなこゝろをご推察なさりませ。（16 頁）
此無分別からおこることじや。（9 頁）
飯蛸は蜘蛛には見えぬ、隠れたるより顕るるはなしじや。（10 頁）
其大病にならぬうち、心学をおすゝめ申する。（11 頁）
ドウゾ皆さま御なきなされぬ様の御用心を御たのみ申しまする。（20 頁）

聴衆に対する丁寧語の多用の一方で、説教の中ではぞんざいな表現、悪態を吐いたり罵倒する卑語も出現する。「蒔絵の重箱に馬の糞入たやうなものじや[15]」「あたなめくさつた小丁稚つら。（中略）おのれ覚えてけつかれ。[16]」サトウ（1873）『会話篇』I Exercise V. Orders to a servant にも Nani wo uji-uji shite i-yagaru d'aro ne 等、卑語の助動詞も紹介されているが、『鳩翁道話』が参考になったであろう。

文体も丁寧体と普通体を混用し、ぞんざいな表現と丁寧な表現を混在させて畳み掛けるように語りかけており、緩急自在の速度が独特の迫力と緊張感とリズムを生みだし、注意を逸らさぬ説得力をもつ効果があると思われる。このような語りの効果で鳩翁は労働に疲れた聴衆を引き込んだと考えられる。

ういつらひ世の中じやとしつたら。こふハせまひものと。後悔した文句でござります。こんなことハ世間にハまゝあること。嫁を貰たら面白からうの。世帯を持たらうれしかろうのと。鍋尻こがさぬ畑水練のムチャクチャじあん。思ひの外に所帯持って見ると。面白うもなんともない。唯今日に追廻わされ、髪もかたちもかまハゞこそ。すき髪に前垂帯。ふところへ子をねぢこんで。みそこしさげて歩行て見たがよい、どのやうなものであろうぞ。是みな親の教訓をきかず。時節到来をまたずして。はやまつて俄所帯、これは誰がしつたことじや。[17]

【注】
[15]『鳩翁道話』弐之上　6頁
[16] 同上、7頁

高梨(2000)によると、使用されている漢字の85％に振り仮名が備えられており[18]、あて字の割合も小さく[19]、学習者の理解を助けている。

　以上をまとめると『鳩翁道話』について以下のことがいえよう。
①平易なかたちの文が繰り返し出現する。丁寧語、美化語だけでなく卑語も出現する。このような語彙の豊かさが話に幅をもたせる。これらの特徴が話を印象づけ、聴衆を飽きさせない。
②漢字の振り仮名とあて字の割合の少なさが理解や講読を助ける。
③丁寧体と普通体の畳み掛けるような混用は、テンポのよいリズミカルな速度や緊張感、迫力と強い説得力という効果を生み出す。
④丁重で優しい語りかけに依り、親近感が生まれる。
⑤聴衆のレベルに合わせた通俗性を帯びた興味深い話柄と内容が聴衆を惹きつけるための多大の効果をもたらす。
　後述するが、これらの特色はそのまま、外国人成人日本語学習者用教材にとっての条件ともいえるもので、初級外国人学習者の理解と記憶と習得とを助けるといえる。『鳩翁道話』が外国人成人学習者にとって大いに歓迎されたのは故のないことではないと考えられる。

3.2 ▶上方語系の特徴を示す表現
　山口(1965)は、『鳩翁道話』におけるウ音便の多さを指摘しているが、本稿では山口が指摘しなかった上方語系の特徴を考察する。
● 3.2.1　動詞・助動詞未然形＋接続助詞・打消しの意を示す「いで」
　『鳩翁道話』においては、動詞・助動詞未然形＋接続助詞・打消しの意を表す「いで」という表現が際立つ。「いはいでもしれてある[20]」の「いで」は室町時代から江戸時代に用いられた上方語系の助詞であるが、大阪人の間では現在も使われることがある。「いわなくても当然分かっている」の意を

【注】
[17]『鳩翁道話』臺之上　14-15頁
[18] 高梨(2000)74頁
[19] 同上、79頁
[20]『鳩翁道話』臺之上　10頁
[21] 同上、16頁

示す。「思の外に間に合ひで[21]」、「親たちは本心に立かいらいでさへ勘当はせぬ[22]」「きたないめをせいでも[23]」等が散見される。

サトウ『会話篇』Ⅱ巻末の活用一覧表には「いで」は次のように掲げられていない。

Negative Participle (Root. mochi-) mota-zu, mota-zu ni, mota-zu shite, mota-nakute, mota-nai de

アストン(1869)『日本口語文典』初版にも「いで」は記載されていない。

Negative Participle (Root kashi, lend) kasa de, kasa nu de, dzu ni,

● 3.2.2　動詞未然形＋助動詞・過去の打消しの意を示す「なんだ」

「なんだ」は近世江戸語とされるが、「いで」と同様、発祥地関西では「せなんだ」等の普通形で現在も使われることがある規範的な古形表現である。「犬にとられはせなんだか[24]」「さのみつらいとも存ぜなんだが[25]」「幸ひにさかさまに落いらなんだ[26]」等、過去否定形は「なんだ」で統一されている。

1860年代、1870年代は江戸語では「ませんだった」が盛んにつかわれ、1880年代中盤以降になると、「ませんでした」が一般化してくる[27]が、1830年代は「ませなんだ」が主流であった。言文一致運動に大きな影響を与えたとされる1884年東京稗史出版社刊行の『怪談牡丹灯籠』においては、「ませなんだ」と「ませんだった」と「ませんでした」が混在していて過渡期を示している[28]。サトウ『会話篇』Ⅱ巻末の活用一覧表にはNegative Indicative Pastとして"mase-nanda"が記載されている。Exercise Xの23に"masen datta"が「ちっとも知りませんだった」の例で記載されているが、"mase-nanda"が基本形である。アストン『日本口語文典』(初版)でも活用表にNegative of Past Tenseとして"kasa nanda"が基本形として記載されている。助動詞の説明の項に"kasananda""tabenanda"より"kasanu de atta"

【注】

[22] 『鳩翁道話』、臺之下　20頁
[23] 同上、三之上　5頁
[24] 同上、1頁
[25] 同上、19頁
[26] 同上、三之下　2頁
[27] 松村(1956)「ませんでした考」に三者の変遷経過が詳しい。
[28] 金沢朱美(2011) 105頁

"tabenu de atta"のほうが通常よく聞かれるとしている。さらに「であった」が「だった」「じゃった」に短縮されるとし、例として"konu jatta""yoroshiu arimasenu jatta"を挙げていることから、アストンは特に言及していないが「ありませんだった」使用への道筋が見えてくる。

4. アストン、ミットフォード、ジョン・オニールによる『鳩翁道話』への言及

4.1 ▶アストンによるコメント

楠家（2005）は、アストンによる『鳩翁道話』に対する評価として、「事実これ以上に面白い説教はどこにも見つけられないといっても安全であろう。（中略）非の打ちどころのない道徳性をもっており、少年少女に語りかけられているけれど、この集のそこここに充ちている物語や挿画はしばしば非常にラブレー風な特徴を持つ[29]。」と記されていることに言及し、「アストンが用いた『ラブレー風』とは、豊かな言葉遣いとたくましい想像力を特色とした、野卑で滑稽で皮肉な表現のことである[30]。」と解説している。

長崎で出版されたアストン（1869）『日本口語小文典』の序文には『鳩翁道話』に言及した箇所がある。

> 口語の文体で書かれた日本語の本はほとんどないし、口語文法は文語文法とは非常に異なっている。『心学道話』ならびに『鳩翁道話』という道徳についての大衆向けの説教集は、日本の中心地における口語で語られていて、日本語の学習者にお薦めしたい本である。（拙訳）

第二版（1871）序文にも上記と同様に記されており、第三版（1873）序文にも同様の文章のほか、さらに以下の文章が付加されている。

> 英語式の発音と訳と注釈、語彙集を付したこれらの説教の一篇が間もな

【注】
[29] 前掲楠家著、27頁
[30] 同上、27頁

くジョン・オニール氏によってイギリスで出版される。このような著作が口語学習者にとって大いに役に立つことは間違いない。（拙訳）

　上掲の初版、二、三版序文に記されている「日本の中心地における話し言葉」とは上方の話し言葉である。一方、1888年の四版序文では内容をほとんど書き改めたこと、増補版で全く新たな版であること、今や概して上層部の言語になったといえる東京方言に多大の注目を払ったこと等が書かれている。同時に『鳩翁道話』への言及は消え、上方語重視から東京語への移行、実用性から理論性への移行が見られる。

4.2 ▶ミットフォードによる英訳

　1866年に二等書記官として来日したミットフォードのために、サトウが編纂したのが『会話篇』の基となった資料[31]である。サトウは後日、『会話篇』においてミットフォードの語学力を称賛している[32]。1871年にミットフォードが英訳刊行した"Tales of Old Japan"は赤穂四十七士の話、白井権八・小紫の話・舌切雀や花咲爺等のお伽話等、日本の評判の実話や古い話を多く集めており、それとともに『鳩翁道話』から壱の上、壱の下、弐の上の3篇の説教を掲載している。"Tales of Old Japan"は大好評で、英米で版を重ねた。日本でも復刻版が刊行されて[33]、海外では教科書のほかに日本文学や日本文化を紹介する書として流布した。筆者は、後述のジョン・オニール(1874)"A First Japanese Book for English Students"の弐の上の翻訳がミットフォード訳の影響を受けているか否か調べてみた。その結果、オニールはミットフォード訳を参照したかもしれないが、訳は全然違うものであることがわかった。オニール訳には逐語訳も付されており、日本語の一語一語を学習者に習得させることに努めている。これらのことから、当時『鳩翁道話』は外国人学習者に学習用教材として継承されていただけでなく、日本文化の

【注】
[31] サトウ著、坂田訳（1960）上　249頁
[32] 同上、下　84頁
[33] 再版はロンドンで1883年、ロンドンとニューヨークで1893年、1903年、東京では1966年に復刻版がチャールズ・イー・タトル出版社から刊行、その後も1989年、1996年、2000年、2003年、2007年、2010年と版を重ねた。

書としても人気を博していたことがわかる。

4.3 ▶オニールによる著作 "A First Japanese Book for English Students"

　上掲のアストンの序文で言及されているジョン・オニールは1897年、『神々の夜』("The Night of the Gods")という神話の研究書を著した研究者である。

　大林（1978）によると、オニールはイギリス法制局の役人であったが、1878年に陸軍省を退官後、キプロスの会計検査院長の職についていた。オニールは語学の才能にめぐまれ、ヨーロッパ古典諸語ばかりでなく、中国語と日本語も習得した[34]とある。サマーズ（Prof. Summers）に日本語を学び、同氏からアストンを紹介され、知己となった。アストン序文に記されているジョン・オニールの著作というのは、1874年ロンドンのPall Mall 59番地、Harrison & Sonsで刊行された"A First Japanese Book for English Students"と呼ばれる日本語学習書で、『鳩翁道話』弐の上を取り上げて解説を施したものである。筆者の手許にあるのはカリフォルニア大学所蔵原典がアメリカで印刷され、Biblio Bazaar社を通じて入手可能になった復刻版（2011）である[35]。『鳩翁道話』弐の上の本文が左の頁に原典の草書体（cursive）のまま掲載され、右の頁にはローマ字で本文、その下に英語で単語の逐語訳、その下に英語での行ごとの翻訳文が付されている。さらに詳しい脚注も付されている。巻頭には7頁に亘る序論とひらがな、かたかなの一覧表がローマ字とともに載せられている。序論には、本書は学習者によって学習者のために書かれたとあり、アストンの好意に依り、アストン（1872）『日本文語文典』（ロンドン）から引用したひらがなとかたかなの一覧表を掲載することが可能になったとある。前述のミットフォードの"Tales of Old Japan"にも言及し同書を引用しつつ、説教の説明をしている。さらに学習者が着実な進歩を望むなら、本書とともにアストンの文法書とヘボンの辞書が必要であると述べている。次に『鳩翁道話』弐の上に出てくる語彙帳が掲載されている。

　弐の上は、孟子の「今無名ノ指アリ。」から始まり、人間は身体の療養に

【注】
[34] 大林（1978）277頁
[35] 原典の1874年版もデジタル化され、Googleによりオープンアクセスが可能になっている。

は神経質になるが、心の養生は心掛けないということから「見かけ倒し」を説き、具体的な例として「おさんどんと長吉」の逸話から心の歪みの顕れ方を説く。最後の話では裕福な町人衆が秋の夜長、泊まりがけの遊山にて鹿の音を聞きに山寺に出かけるが、浮世の愁嘆話に現を抜かしているあいだに鹿がやってきて黙然として立っている。町人衆が「これはどうじゃ、そこにいるなら、なぜさっきにから鳴かぬぞ」といえば、鹿がぬからぬ顔で「イエイエわしはをまへ方のなくのを聞にきたのでござるといふた」という落ちが付されている。「富貴貧賤夷狄患難、君子入として自得せずといふ事なし[36]」を教えるのにユーモアに富んだおかしみもあり、情緒にも富んだ逸話を紹介している。

　オニールが何故、弐の上の説教だけを採用して"A First Japanese Book for Japanese Students"としたのか等の、同書についての詳細な考察は今後の課題としたい。楠家（2005）によると、サトウがアストンに出した書簡に「（イギリスでの）オニールは『鳩翁道話』のほかに何か勉強する本が欲しいといっています。」と記されている[37]という。サトウ書簡におけるこの記述によって、オニールの日本語学習が『鳩翁道話』を中心に展開されたこと、1870年代のイギリスにおいては『鳩翁道話』終了後の日本語学習書として適切な教材が見出されていなかったこと、さらに稿者は、仮名の練習からいきなり『鳩翁道話』に入るのは無理があり、入門書としては『鳩翁道話』は難易度が高すぎると考えるが、オニールの学習書自体の書名からもわかるように、ほかに適切な入門書がなかったのであろうこともわかる。

5.『鳩翁道話』における日本語学習書としての特質

　江戸期から明治期においては、文語文体は漢文体、漢文訓読体、候文体、和文の擬古文体等と何種類もあり、外国人学習者には極めて難解であった。外国人学習者が先ず入り口とする口語文体で書かれた学習書とするに適切な文献は、アストンも述べているように非常に少なかった。ブラウンやサトウ、

【注】
[36]『鳩翁道話』弐之上　19頁
[37] 前掲楠家著、172頁

アストンの来日前に刊行されていた口語文の作品について『浮世風呂』(1809-1813) を例にとり考えると、『浮世風呂』では本文のほとんどが老若男女によって発声された、短い生の会話で成立している。それゆえ、口語文体の構造を理解するための教材として使うには適切ではないといえる。一方、『鳩翁道話』における丁寧語や美化語、悪態語や侮蔑語等の卑語が混在する語彙表現や省略のないさまざまな文体等は外国人学習者にとって、語彙や表現を豊かにする格好の教科書となったであろう。アストンの「事実これ以上に面白い説教はどこにも見つけられない」という評価のとおり、上品、下品を問わぬ語彙出現の面白さと文体が生む語りの絶妙な迫力やリズムが独特の効果を引き出している。アストンは謹厳なクリスチャンであり、ブラウンはアメリカの宣教師である。通俗的ではあるが道徳性を説く文芸であることも歓迎された一つの要因でもあろう。筆録された語りの技術の絶妙さが知的・言語的興味を当時の日本語研究者・学習者に持続させることが可能であった。その結果、卓越した口語文体の教材になり、学習書になったのであると評価できる。

『鳩翁道話』には豊かな語彙、多くの口語文体のかたちとバリエーションが繰り返し出現し、外国人学習者にも適切な教材となったと考える。

6. おわりに

ブラウン、サトウ、アストン、ミットフォード、ジョン・オニールら日本語研究者として明治期に業績を残した人びとにとって、『鳩翁道話』が口語の日本語能力の基礎を培うのにどのように効果があったか、『鳩翁道話』が学習者の間にどのように継承されていったかを考えた。道徳的境地を平易に説く説教や説話、品格を問わぬ豊富な語彙の面白さ、省略のない口語文の文法表現の繰り返し、丁寧体と普通体の混在等が醸し出す語りの絶妙な迫力と緊張感、リズム感、説得力が、言語的興味を当時の外国人日本語研究者にもたらしたことと考えられる。それらの特質によって、『鳩翁道話』は卓越した口語文体の教材として当時の宣教師や外交関係者の間で学習・研究された。さらに本国のイギリスにおいてミットフォード、ジョン・オニールが『鳩翁道話』の一部翻訳や『鳩翁道話』の一部を採用した日本語学習書を刊行する

ことにより、新たな『鳩翁道話』での日本語学習者を生み、あるいは英文での講読が継承されていった。『鳩翁道話』は上方語の明確な特徴を示しているが、江戸語に中心が移っていくのに伴って、サトウ、アストンらも自らの文献に江戸語の採録を行い、教科書としての役割の重要度は薄れていった。しかし、日本文化の伝播という役割においてはその後も長く役割を果たしていくのである。

〉〉〉参考文献

大林太良（1978）「ジョン・オニールの日本神話研究」『井上光貞博士還暦記念会編・古代史論叢 上巻』 吉川弘文館 275-294頁

金沢朱美（2011）「陸奥廣吉『日本語会話コース』の考察―馬場辰猪『日本文典初歩』との比較を中心に―」『日本語教育史論考第二輯』 冬至書房 100-111頁

楠家重敏（2005）『東西交流叢書11　W.G.アストン－日本と朝鮮を結ぶ学者外交官－』 雄松堂出版

サトウ，メーソン・アーネスト著、坂田精一訳（1960）『一外交官の見た明治維新』上　岩波文庫

高梨信博（2000）「心学道話の漢字―『鳩翁道話』を中心に―」『国文学研究』131　早稲田大学国文学会編　70-81頁

松村明（1957）「ませんでした考」『江戸語東京語の研究』東京堂　272-295頁　初出は（1956）『国文』6　お茶の水女子大学国語国文学会

宮田菱道（1939）「鳩翁道話とその教化」『古典研究』　雄山閣　42-50頁

森岡健二（1965）「汎共通語」『近代語研究』1集　近代語学会編　373-391頁

山口豊（1965）「近世後期上方語資料としての『鳩翁道話』について」『近代語研究』1集　近代語学会編　241-254頁

Aston, W. G.（1869）"A Short Grammar of the Japanese Spoken Language" 初版、F. Walsh, Nagasaki

Aston, W. G.（1871）"A Short Grammar of the Japanese Spoken Language" 第二版、F. D. Finlay & Son, Steam-Power Printers, Victoria Astreet, Belfast

Aston, W. G.（1873）"A Short Grammar of the Japanese Spoken Language" 第三版、Trübner & Co Ltd. London

Aston, W. G.（1888）"A Grammar of the Japanese Spoken Language" Fourth Edition, Lane, Crawford Co., Kelly Walsh, Yokohama

Aston, W. G.（1899）"A History of Japanese Literature" William Heinemann, London,

Mitford, Algernon Burtrum Freeman（1871）"Tales of Old Japan" Macmillan & Co., London, Macmillan Co., New York 323-371頁

O'Neill, John（1874）"A First Japanese Book for English Students" Harrison & Sons, London

Satow, Arnest Mason（1873）"Kuwaiwa Hen" Lane, Crawford & Co. Yokohama

明治後期中国人学習者に対する「問答」を使った口語指導

―松本亀次郎編『日本語教科書』の分析を中心に―

松永典子

1. はじめに

　本稿は、明治後期の代表的日本語教育機関であった宏文学院[1]の教科書に「問答」が使われていることを手掛かりに、留学生教育草創期の口語指導法を解明することを目的とするものである。ここでの「問答」とは、教室活動上の教師と学習者とのやり取りにおいて、問いと答えからなるものをさす。この点から見て、「問答」は今日の日本語指導においても教室活動上のやりとりや練習を支える基本的機能を担っているものであり、「問答」が口語指導にどのような役割を果たしてきたかを検証することは、留学生教育草創期の日本語指導法の一端を解明する作業にもつながるものと考える。

1.1 ▶明治後期における口語指導

　日本への一大留学ブームが清国で起こった明治後期、数多くの日本語教科書や学習参考書が刊行される中、口語学習のニーズが増えるに伴い、口語辞典や会話教科書の編纂も相次いで行われている。もちろん、それ以前から外交・通商・布教といった様々な目的のもとに口語の学習はなされてきている。
　しかし、実際にどのような口語指導がなされたのかという点に関しては、

【注】

[1] 柔道家で当時高等師範学校校長であった嘉納治五郎（1860-1938）が清国からの留学生教育のため、亦楽書院を1899年に開いたのが始まりで、弘文学院、宏文学院と名称を変えながら1909年まで清国からの留学生教育にあたった。

教師用指導書や教案をはじめ日本語指導に関する資料が乏しいということもあり、いまだ解明の途上にある。教師用指導書の作成は、国内というよりも、むしろ国外（日本の植民地、占領地とされた地域）において、統治政策の一環として組織的に日本語教育を展開していくため非日本語母語話者教師を教育の現場に組み込んでいく必要性からなされたものと考えられる。

この点において、台湾総督府学務部編纂『日本語教授書[2]』（1895）は、JFL環境での日本語指導の最初期に教授内容や指導方針を示したものとして注目され、研究が積み重ねられてきている。特に、指導法に着目した研究では、口語の指導法として「問答」が重視されていること[3]、言語体系の違い、発音、段階的学習への配慮がなされていること[4]が明らかになっている。この「問答」は当時、学校教育において会話能力を養成する最良の方法として位置付けられていたとされ[5]、話し言葉、会話教育に重点を置いていた伊澤修二[6]により台湾の草創期の日本語指導にも導入されたと見られている[7]。この系統に属する教科書に、伊澤の執筆による泰東同文局『東語初階』（1902）がある。また、当時、諸教科における「問答」の方法を述べた翻訳本や教授書も数多く刊行されている。

その一方で、明治期の日本語会話教科書に関しては、日本語母語話者より非母語話者作成のもののほうが先行しており、中でも口語文典も存在しない時期の日本語指導にはチェンバレンの口語教科書がその作成の参考にされた

【注】

[2] 吉岡監修（2012）所収。同書は『新日本語言集甲號』（後述）を教えるための指導書で、伊澤修二（後述）が主編纂者と考えられている（同解説：vi）。

[3] 中原（2005：58）。

[4] 泉（2009：14）。

[5] 「問答」は欧米の開発教授法（ペスタロッチの理論に基づき、子供の生来の能力を開発するために、具体的事物による直接経験、創意・自発性を尊重する教授法）を基に発展していったもので、諸葛信澄『小学教師必携』に「問答ハ、万物ニ留意シテ、其考究ヲ定メ、智力ヲ培養スルノ基ニシテ、会話ヲ教フル、最良ノ方法ナル」とある（仲ほか、1982：20）。「問答」の元々の理念はペスタロッチ主義に基づく実物教授であったが、諸葛により新しい教育法として紹介される過程で、理念と実際の授業展開の方法との間にはずれが生じていることが指摘されている（豊田 1988：59）。

[6] 1851-1917。明治・大正期の教育家。教育学理論の紹介や教科書編纂などに従事し、師範教育制度や音楽教育の普及など、多分野で活躍している。

[7] 中原（2005：63）。

例がある[8]。ほかに唐寶鍔・戢翼翬著『東語正規』(1900) など、清国留学生自らが編纂した会話教科書も発行されており、口語が体系化される以前より、学習者側には口語学習へのニーズがあったことがうかがえる。

さらに、戦前・戦中の日本語教育における「問答」に関しては、教授観・形式の観点からその変遷の特徴を考察したものに蒲池 (2004) がある。しかし、蒲池は伊澤修二、山口喜一郎[9]など主に日本国外の日本語教育を考察の範囲としており、国内の国語教育及び留学生教育における「問答」との異同及び関連性に関しては本稿で改めて考察を行うこととする。

1.2 ▶清国留学生教育における口語指導

日本国内の清国留学生教育における口語指導に関しては、まず、東亜同文書院で日本語指導にあたった金井保三[10]の『日語指南一』(1904)、『日語指南二』(1905) が刊行されており、チェンバレン本の影響があったことが指摘されている[11]。また、金井自身も会話教科書に先だって『俗語文典』(1901) を編纂している。ほかにも松下大三郎[12]が「日本最初の体系的口語文典[13]」と称される『日本俗語文典』(1901) をはじめとして3冊の「口語文典」を著している。松下は宏文学院で松本亀次郎[14]主編纂の『日本語教科書[15]』(1906) 編纂にも参加している。

【注】
[8] 東亜同文書院で言語学者・新村出は、チェンバレンの A Handbook of Colloquial Japanese（初版は1888）を参考に教えた（新村1943：10-11）。
[9] 1872-1952。国内の国語教育の後、台湾、朝鮮、旧満州における日本語教育に従事している。グアン法という直接法的教授法を台湾に導入し、その教授理論を確立した。
[10] 1871-1917。早稲田大学清国留学生部教授。『日語指南』等作成。
[11] 北村 (2009：148)。『日語指南』は『東語初階』の系列の『東語真伝』『東語完璧』に次いで優れていると評されている（福井 1953：352）。
[12] 1878-1935。明治-昭和時代前期の国語学者。1913年（大正2年）日華学院を創設して中国人留学生の教育につくす。
[13] 塩澤 (1992：43)。
[14] 1866-1945。静岡の高等小学校の訓導・校長、三重県や佐賀県の師範学校国語教諭を経て、1903年より宏文学院日本語教授。京師法政学堂の日本教習として清国政府に招聘された後、東亜高等予備学校（東亜学校）などで40年近く日本語教育に従事した。
[15] 吉岡 (2005) では語法型教科書に分類されているが、本稿では口語指導に主眼がある教科書として捉える。

日本国内では確固たる口語文法体系自体が未完成であり、口語の指導に関しても何ら指導法が確立していないこの時期、以上のような清国留学生用に作成された教科書を基に行われた口語指導には様々な影響・要因があったと考えられる。時系列に見れば、1）欧米からの外国語教授法→2）学校教育の諸教科用教授書→3）非母語話者編纂の日本語会話教科書→4）台湾、朝鮮、中国における日本語会話教科書・指導書→5）国語学者編纂の口語文典という流れがある。

　ただし、東亜同文書院ではチェンバレン本の影響があったという1点から見ても、単純に時系列での影響関係があったとも言えない。特に、東亜同文書院と同時期の代表的留学生教育機関、宏文学院での口語指導に関しては具体的な解明が進んでいない。宏文学院での口語指導はいかになされたのであろうか。本稿では、宏文学院の名だたる日本語教師のうち、松本亀次郎が主編纂した『日本語教科書』について分析することにより、宏文学院における日本語指導の一端を解明することが可能になると考える。

　日本語指導への影響関係という点に関しては、松本の『言文對照漢譯日本文典』では、「中国人学習者のニーズや文化背景を汲み取りつつ、西洋言語学の枠組みを用いた理論的・体系的文法解説がなされている[16]」。この点から考えれば、『日本語教科書』もまた外国語教授法理論を参考にしている可能性がある。また、松本は児童への文法教授と留学生への文法教授のあり方は異なるべきだという教授観を持っており[17]、この点を考慮すると、口語指導に関しても、国内外の学校教育（児童に対する国語教育・日本語教育）と留学生教育（成人に対する日本語教育）の指導法を区別していたと考えるべきである。すなわち、松本編纂の教科書には、朝鮮・台湾・日本国内の児童に対する国語教育・日本語教育からの影響は無いと考えられる。

　以下では、こうした観点を基に、両者の違いを考察していくこととする。

【注】
[16] 松永（2012a：6）松永（2012b：164）。
[17] 『漢譯日本文典』（1904）例言では、文法を教授することが日本語学習にとって肝要なことであるが、小学生に教授する小学読本とは異なる文法書が必要であると述べており、これをさらに『漢譯日本口語文法教科書』（1919）緒言では「15歳以上既に教育の素養有る者に対しては、男女学生に論無く、理論的語学教授法を採用するの、尤も宜しきを悟れり」と明言している。

2. 学校教育における「問答」と海外の日本語教育における「問答」

前述したように、学校教育の「問答」は会話能力を養成する最良の方法として位置付けられていたとされるが、この「会話能力」が何をさすのかという点に関しては蒲池（2004）などでも言及されていない。そこで、まず、ここでいう「会話能力」がいかなるものであったのかを探ってみることにする。

2.1 ▶学校教育の「問答」にみる「会話能力」

「問答」は1900年（明治33年）の「国語科」成立まで「単なる一教科にとどまらずに、授業での一般的な教授方法としても採用され、読本などを教える際にも用いられるようにな[18]」った指導法である。明治20年代まで、教師の教授法の規範となった『小学教師必携』（1875）には「問答」の例[19]が示されている。手順としては、あらかじめ単語図や教図に示されたひとつの命題、たとえば「柿トイフ物ハ、柿ノ木ニ熟スル実ナリ」を、問いの部分：「柿トイフ物ハ、如何ナル物ナリヤ」と、答えの部分：「柿ノ木ニ熟スル実ナリ」に分解し、問いごとに、ひとりの生徒が答えると、さらにまた、「各ノ生徒ヲシテ、一列同音ニ復サシ」める。そして、「生徒ノ答フル毎ニ、答詞ヲ、塗板ニ書シ置キテ、一列同音ニ、復読セシム」る[20]。以上のように、「問答」は教師の「高唱」（問い）と生徒の「準唱」（答え）が基本となり、それをつなぐ「格好の手だてとして採用された[21]」ものである。つまり、教師主導の暗記による知識の注入方法であることがわかる。この点から見ても、ここでいう「会話能力」とは、事物の性質名称について、教師の問いに対しあらかじめ定まった答えを機械的に答えることができるという程度のものであったことがうかがえる。

【注】

[18] 仲ほか（1983：653）。図や絵を用い、児童の直観を重んじるのが本来の直観教授論であるが、日本ではそれが形骸化して伝播していっていた。
[19] 仲ほか（1982：20）。
[20] 仲ほか（1982：20-21）。
[21] 豊田（1988：57）。

2．2 ▶海外の日本語教育の「問答」にみる「会話能力」

　では、海外の日本語教育の場合はどうだったのであろうか。台湾の草創期の日本語指導にも「問答」が導入されたことに関しては前述したとおりである。「問答」による指導法は渡台前に日本の学校教育の「問答科」の普及にも貢献し、渡台後は学務部長として日本語指導を主導した伊澤修二により導入・展開されていることが確認されている[22]。こうした「問答」による指導法の経緯から考えても、当然、台湾初期の日本語指導には学校教育の「問答」の方法・形式が色濃く反映されている。

　中原（2005）では、これを「1．読み書きを発展させるための問答」、「2．会話能力養成のための問答」、「3．導入と定着練習のための問答」の３つに分類している。これらの具体的例文を見ると、草創期には台湾語の翻訳が入っている点が異なるものの、教師の「高唱」と生徒の「準唱」が基本となる点は同じである。さらに細かく見ていくと、「1．読み書きを発展させるための問答」では、初めに生徒に作文させた文章を基に「問答」が展開されている。「2．会話能力養成のための問答」では、事物の性質名称のように定まった命題の答えを誘導するための問いではなく、生徒の名前や住所、年齢など、個人の情報に基づく発話を誘発する問い（たとえば、「アナタノナハナントモーシマスカ」）がなされている。さらに、「3．導入と定着練習のための問答」では、既知の文型「コレハナニデアリマスカ」を使い、未習の語彙を導入する、語彙を入れ替えて同じ文型を繰り返し練習させるといった方法が示されている。

　つまり、台湾初期の日本語指導は教師主導の暗記による知識の注入方法という枠組みそのものは日本における学校教育の「問答」を踏襲している。その一方で問われる内容・命題が学習者の内側にある情報を引き出すものも加わってきている点、「問答」のひとつの方法として、今日の言語教育でも一般的な代入練習が用いられている点が大きく異なる。ただし、たとえば台湾

【注】
[22] 中原（2005：58-64）。当初、台湾公学校では学習者の母語で問答し、後で日本語を与えるという対訳法が用いられていたが、学習者の漢字に対する知識不足、教師の台湾語能力の不足もあり、対訳法による指導は破綻していった（中原 2005：63）

総督府学務部『新日本語言集甲號[23]』(1886) では、指示・命令・詰問といった一方向的な表現も多く見受けられ、会話文自体、統治者・被統治者の構図が反映された内容となっていることもまた否定できない。

したがって、台湾初期の「問答」が双方向性のある会話の能力養成を前提としていたかどうかに関しては、教科書の分析をはじめ、さらに詳細な考察を必要とする。これに関しては別の機会に検討することにしたい。

次に、国内の留学生教育で使用された「問答」の方法・形式を分析するにあたり、直接法を前提とした山口喜一郎の「問答」の方法・形式について確認しておこう。蒲池 (2004) では以下の5つの分類がなされている。

①グアン[24]＋疑問詞を使った問答
②疑問詞を使った問答：「これは何ですか」
③肯定・否定の問答：「これは花ですか」「はい」「いいえ」で答える
④選択疑問の問答：「Aですか、Bですか」
⑤否定疑問の問答：「ペンではありませんか」

以上のように、本章まで、松本が国内外の学校教育における国語指導法と留学生教育における日本語指導法を区別していたと考える観点から学校教育、留学生教育双方について「問答」の考察を行ってきた。続いて、松本編纂による口語教科書を事例に、国内の留学生教育における「問答」の果たした役割を確認していくことにしたい。

3．松本亀次郎編『日本語教科書』にみる「問答」

『日本語教科書』は、「文型論的視点から体系的に分類された先駆的な教科書[25]」であり、「今日から見ても一定の水準を保つ優れた日本語教科書[26]」と

【注】
[23] 伊澤修二が主編纂者と考えられている（吉岡2012解説：vi）。
[24] ここでいうグアンとはまず、「台湾語による問答で生徒の脳裏にある観念を確認し、次に『実物実際ニツキテノ自他ノ動作、身振リ、場合等』によって動詞句を中心に教え、」最後に「未習の名詞を提示して既習の動詞句の置き換え練習をする」（王 2011：50）ものである。
[25] 関 (1997)。吉岡 (2005) では、旧日本語能力試験4級・3級の文法項目と87%の重なりが見られることが実証されている。
[26] 増田 (2011：30)。

評価されている。その編纂過程の分析からも学習者にとって効率の良い日本語学習を基本方針として据え、当時の自然な標準語を採取しようとする姿勢や「学習者の気づきを促す」学習者の目線からの教科書編纂がなされている[27]。松永（2012b）でも、漢字・文章に依拠して学習する中国人学習者の学習方法やニーズに応じた教科書編纂を1900年代から1940年代まで貫いている松本の教科書編纂の理念・姿勢[28]については指摘しており、「問答」の使用にも、松本のそうした理念が反映されていると見て良いだろう。

そこで、まず、「問答」という観点から、その形式・出現順・例文についてまとめたものが〈表1〉である。『日本語教科書』3巻のうち、「問答」を主体として構成されている巻1をここでは分析の対象とする。これを蒲池（2004）による山口の「問答」5分類と比較してみた場合、前述した①のグ

〈表1〉『日本語教科書』「問答」の形式・出現順

	問答の形式	具体例
1	疑問詞を使った問答	・「コレハ　何デスカ」「コレハ　鉛筆デス」 ・「アノ服ハ　何デス」「アノ服ハ　外套デス」
2	肯定・否定の問答	・「アスコガ　受付デスカ」「ハイ　サヨーデス」 ・「明朝は　天気に　成りませうか」「さよーです。多分好い天気に　成りませう」（はい・いいえの省略）
3	選択疑問の問答	・「歩イテ行キマセウカ。乗リマセウカ」「イヤ。神田マデ　歩イテ　須田町カラ　電車ニ　乗リマセウ。」
4	説明を求める問答	・「紅と　赤とは　区別が　有りますか。」「紅は　赤に較べれば　少し　黄色を　帯びて　居ます。」
5	依頼・応答の問答	・「奥サン。ドウゾ　御湯ヲ　スコシ　下サイ。」「畏リマシタ。唯今　上ゲマス」
6	許可を求める問答	・「私は　今日　用事が　ありますから　外出したいと思いますが　勝手に　出て　宜しう　ございますか。」 ・「イーエ。学生監の許可を　受けなければいけません。」

＊網掛け部分（□）は蒲池（2004）による山口の「問答」5分類に無いもの

【注】
[27] 久津間ほか（2007）。
[28] 松永（2012b：160）。

アン、⑤の否定疑問の問答は確認できないが、②疑問詞を使った問答、③肯定・否定の問答、④選択疑問の問答は共通している。一方、蒲池（2004）による5分類に無いものとして、「説明を求める問答」、「依頼・応答の問答」、「許可を求める問答」があることが指摘できる。

この3種の「問答」が『日本語教科書』に固有のものであるかどうかを確認するため、続いて『日本語教科書』に先行する『日語指南二』の問答の形式・出現順との比較を試みる。『日語指南一』の形式は『日語指南二』とほとんど重なるため、ここでは『日語指南二』のみを取り上げることにする。『日語指南二』の問答の形式・出現順についてまとめたものが〈表2〉である[29]。

〈表2〉『日語指南二』問答の形式・出現順

	問答の形式	具体例
1	疑問詞を使った問答	・「紙は、たいがい何枚ばかりあれば、まにあひます」「たいがい五六枚ばかりあれば、まにあひませう。」
②	命令・禁止（応答詞なし）	・「暗ければ、あかるい部屋へ、お移りなさい」・「あなたは、あんな危い処へ、いってはいけませぬ」
3	肯定・否定の問答	・「コレヨリモ、モットキレイナノガ、アリマスカ」「ソレヨリモ、モットキレイナノハ、沢山アリマス」（はい・いいえの省略）
④	否定疑問の問答	・「あの人が行く時に、何も、いひのこしたことは、ありませんでしたか」「はい、行く時に、何も、いひおきは、しませんでした」
5	意志・依頼	・「あなた、ちひさいぜにを持ち合せないなら、私が、たてかへておきませう」「あいにく、私はこまかいぜにを持合せませぬから、どうかたてかへておいて下さい」
⑥	比較（応答・独白の区別なし）	・「あの人は、せいがひくいです、とても、あんなたかいところには、とどきませぬ」「あなたは、しかし、あの人よりも、せいが高いですから、きっととどきます」

＊網掛け部分（□）は蒲池（2004）による山口の「問答」5分類に無いもの、②・④・⑥は松本編『日本語教科書』の「問答」形式6種に無いもの

【注】

[29] 両者は構成、本文の表記（ひらがな・カタカナ文で交互に表記されている）、図や絵が無い点は同じであるが、『日本語教科書』には対訳が無く、語法を体系的に網羅する点が異なる。

〈表 2〉からわかるように、両者が形式で重なるものは半分程度であり、『日語指南二』には命令・禁止のように応答詞の無いもの、比較のように応答なのか独白なのか区別のつかないものも出現している。ただし、こうした傾向は『日本語教科書』でも巻 2、3 とレベルが進むにつれ、顕著になってくる。さらに、3 者に共通している形式「疑問詞を使った問答」、「肯定・否定の問答」を比較すると、『日本語教科書』（松本）・『日語指南二』（金井）の場合、「アノ服ハ　何デス」のように、疑問の文末詞が無い例文も取り上げられている。また、応答詞「はい」「いいえ」の省略、応答詞にも「さよーです」「いや」といったバリエーションが見られ、これらの点は、より現実の談話に近い例文の採録が意識されたものと見なせる。

　つまり、こうした「問答」の形式からうかがえることは、松本・金井の場合、会話能力というものを、単に問いに対して答えるというのみならず、「説明を求める」「依頼・応答する」「許可を求める」「命令する」「禁止する」「比較する」といった広い範囲のコミュニケーション能力として捉えていた可能性を指摘できる。さらに、敬語の使用から待遇レベルが想定されているものを除き、発話者は特定されておらず、練習としては学習者による問いの発話練習、学習者間の発話練習も可能なものである。この点は学校教育における教師の「高唱」（問い）と生徒の「準唱」（答え）が基本となる「問答」の形式と大きく異なる点である。

4．宏文学院における口語指導

　宏文学院では速成教育への批判に抗し得ず、1906 年に速成科を廃止し、教育方針を速成・実用教育から普通・専門教育へと転換していく。ちょうど同年に刊行されたのが『日本語教科書』であり、松本が編纂した教科書の中では唯一漢訳が無い教科書である。はたして教育方針の転換は、教育内容・指導法の転換をも意味したと考えるべきであろうか。筆者は考察を進める中で教育方針に応じて指導法を転換したというより、むしろ眼前にいる学習者のレベル・特性・ニーズに応じた指導をするという教育理念の点では一貫していると考えるのが妥当ではないかと考えるに至った。なぜなら、まず、『日本語教科書』緒言にも、そのような大きな指導法の転換については触れてい

ないことが挙げられる。また、松本が宏文学院に初めて赴任した1903年当時から普通科では、「漢訳して教へなくても大体は日本語で同意語に言ひ換えて説明すれば分る程度に進んで居た[30]」という。この点から言えば、通訳・翻訳を必要とした速成科に対し、普通科ではある程度、通訳・翻訳を介さない指導法が通用していたということになる。

　何よりも松本は「留学生は専門学校卒業以上の者であるからどうしても組織的に規則を立てて一を以て十を推す方法でなければ承知せぬ」「同じ会話を教へるのでも日用（ママ）会話よりも語法応用の会話、読本よりも文法が歓迎される[31]」と、留学生への日本語指導が理論的・体系的でなければならないことを繰り返し述べている。特に、宏文学院の普通科は、卒業後、高等学校や専門学校で日本の学生と同様に講義を聴かなければならないため、高度な日本語習得が必要とされた。

　では、実際にはどのような口語指導が行われたのであろうか。「口語語法用例ノ部」と題された『日本語教科書』各課の構成とその特徴をもとに、想定される教室活動について、以下①から⑤のようにまとめてみた。

①第1巻86課中約4分の1にあたる22課分としてカタカナ、ひらがな、ミニマルペア等音声に関わる内容が配置されている。教室で実際に教師が「高唱」し、学習者が「準唱」する形での発音（模倣）練習が想定される。

②会話用例に入ってからは「ハ　何デスカ」といった「文型の提示」が先になされている。まず概念を先に示すことで学習者自身に考えさせ、学び取る姿勢を喚起するねらい[32]がうかがえる。創意・自発性を尊重する開発教授法理論[33]の適用であろう。

③次に「新出語彙」が提示されている。漢訳・読みがなが記されておらず、教室活動の中で語彙の読みと意味の確認を行うやり取りが想定される。示

【注】

[30] 松本（1939：53）。

[31] 松本（1939：52）。

[32] 久津間ほか（2007：26）でも、『日本語教科書』草案への意見書中の類似表現を分けて提出したほうが良いという他の教師からの意見に対して、松本は「学生ニ考ヘシメル方教授上却ッテ面白タラン」と書き込んでおり、こうした点から「学生が能動的に日本語にかかわり、自ら気づかせるような教え方をめざして」いたことが指摘されている。

[33] 開発教授法については本稿注5参照。

されている漢字により、その語彙の意味を考えさせ、理解することが促されるが、理解が難しい場合は、教師による説明がなされる。または、事前に辞書などで読みと意味を調べてくることが期待されているとも言える。

④「口語例文」の部分は「問答」による「記憶練習[34]」、すなわち、教師の「高唱」と学習者の「準唱」が基本となる模倣練習が想定されている。例文の内容によっては、学習者間での「問答」練習も可能である。

⑤そのあと語彙を入れ替えて文型を記憶・定着させるための代入練習をはかるといった教室活動が想定される。

総じてここから言えることは、「模倣」「記憶」「定着」のための「問答」の使用という点では国語教育の形式を踏襲しているということである。しかし、同時に「文型の提示」「新出語彙の確認」「基本例文の練習」「語彙を入れ替えた代入練習」という、今日の直接法による文法積み上げ式の指導法と同様の教室活動を想定できる形式・内容を備えた教科書だということも言える。つまり、『日本語教科書』では単なる定まった例文の「模倣」「記憶」のみならず、語彙や文法を実際に運用していくための練習方法としても「問答」が使用された可能性を指摘できる。この点は、あらかじめ定まったひとつの命題を「問い」と「答え」に分解して「模倣」「記憶」する国語教育の「問答」の形式とは大きく異なる点である。また、学習者の気づきを促す教授法を志向していた点からは外国語教授法理論の影響があったことがうかがわれる。

5．おわりに

以上、宏文学院の『日本語教科書』に「問答」が使われていることを手掛かりに、留学生教育草創期の口語指導法の解明を試みた。形式的には「記憶練習」の手段として「問答」は使用されたと見られるが、内容から見た場合、例文の「模倣」「記憶」のみならず、語彙や文法を実際に運用していくための代入練習として「問答」が使用できる体裁を『日本語教科書』は備えている。この点において、国語教育の教師主導の暗記による知識の注入方法とは

【注】
[34] 宏文学院『日本語教科書』例言（1906：2）。

異なり、『日本語教科書』はあくまで教室内での「問答」を使った「やり取り」を志向した教科書であると言える。なぜなら、松本が論理性を重視する成人の学習者を対象とする観点から、概念を先に示す、学習者に考えさせるという学習者中心の姿勢を保っていること、双方向性のある「やり取り」として会話を捉えていたことが指摘できるからである。この点で明治後期中国人学習者に対する「問答」を使った口語指導は、児童に対する国語教育、草創期の台湾の日本語教育とは異なる指導法であったことが確認できる。松本がこうした理論的根拠を基に体系性のある教科書を編纂し得たのは、松本独自の確固とした学習者観、教育理念が大きく作用していると言えるであろう。

ただし、本稿では、『日本語教科書』の「問答」の指導法を軸に考察したにすぎず、留学生教育草創期の口語の指導法解明という点ではまだ不十分な点が残る。今後、非母語話者編纂の日本語会話教科書、国語学者編纂の口語文典との関連に関しても検討するなど、さらなる解明が必要とされる。

≫≫ 参考文献

泉史生（2009）「『日本語教授書』―植民地台湾における最初の日本語教授用図書」『言語と交流』12号、言語と交流研究会：1-17

王秋陽（2011）「日本統治時代の台湾における日本語教育―グアン氏言語教授法に関連して」『東アジア研究』(9)、山口大学大学院東アジア研究科：41-54

金井保三（1904）『日語指南一』　早稲田大学出版部

金井保三（1905）『日語指南二』　早稲田大学出版部

蒲池なおみ（2004）「戦前・戦中の日本語教育における問答―その教授観と形式の観点から―」『愛知産業大学日本語教育研究所紀要』1、愛知産業大学日本語教育研究所：53-64

北村淳子（2009）「東京同文書院における初期日本語教育（明治32-34年）―チェンバレン本をめぐって」『インターカルチュラル』7、日本国際文化学会：147-155

久津間幸子・関正昭（2007）「松本亀次郎編纂代表『日本語教科書』編纂のプロセス」『東海大学紀要』第27号、東海大学留学生教育センター：21-29

宏文学院（1906）『日本語教科書』　金港堂書籍株式会社

塩澤重義（1992）『国語学史における松下大三郎　業績と人間像』　桜楓社

関正昭（1997）『日本語教育史研究序説』　スリーエーネットワーク

豊田久亀（1988）『明治期発問論の研究―授業成立の原点を探る―』　ミネルヴァ書房

仲新・稲垣忠彦・佐藤秀夫編（1982）『近代日本教科書教授法資料集成　第1巻教授書1』　東京書籍

中原なおみ（2005）「植民地期台湾における初期日本語教育―『日本語教授書』『国語教授参考書一』にみられる指導法を中心に」『愛知産業大学日本語教育研究所紀要』2、愛知産業大学日本語教

育研究所：57-67
新村出（1943）「日本語学回顧」『華北日本語』第2巻第1号、華北日本語教育研究所：10-11
福井久蔵（1953）『増訂日本文法史』　風間書房
増田光司（2011）「宏文学院編纂『日本語教科書』について」『東京医科歯科大学教養部研究紀要』第41号、東京医科歯科大学：11-32
松永典子（2012a）「松本亀次郎『言文対照漢訳日本文典』にみる近代日本の「知の加工」」『比較社会文化』18、九州大学大学院比較社会文化研究院：1-8
松永典子（2012b）「清末の日本語教科書にみる知の技法―教師・学習者・共作の教科書の比較を通して―」『日本言語文化研究』第二輯（下）、延辺大学出版社：158-166
松本亀次郎（1904）『言文對照漢譯日本文典』中外図書局
松本亀次郎（1919）『漢譯日本口語文法教科書』笹川書店
松本亀次郎（1939）「隣邦留学生教育の回顧と将来」『教育』7巻4号、岩波書店：51-62
吉岡英幸（2005）「松本亀次郎編纂の日本語教材―語法型教材を中心に―」『早稲田大学日本語教育研究』6、早稲田大学：15-27
吉岡英幸監修（2012）『台湾総督府日本語教材集』第1巻、冬至書房

戦前台湾の社会教育における日本語教育
―簡易国語講習施設で使われた教材の研究―

泉　史生

1. はじめに―比較検討の教材について―

　台湾における戦前の教育は皇民化教育と同化教育の強化としての側面が強調されている。しかし、実際現場はどうであったのか、当時の教育に関する文献などからは見えてこない。そこで本稿は、戦前台湾の社会教育で使用された教材の分析を通して、社会教育ではどのような日本語を身につけることを求めていたのか、そこからどのようなことが考えられるのかを研究の端緒としたい。

　戦前台湾の学校教育の「国語教育」では「読本」が教科書として使われていた。一方、一般社会人を対象とした社会教育の教科書は会話目的に作られたものと思われるものが多い。

　公学校に行かなかった未就学者や中途退学者を対象とした社会教育の日本語教育機関としては、昭和5年（1930）以前には国語講習会があった。しかし、昭和5、6年（1930、1931）からは国語講習所と名称が変わり、公学校に附設する形の夜学となった。昭和8年（1933）以降は、その国語講習所は学校教育と同じような教育体系を持つ通年200日以上と、3ヶ月以上の簡易国語講習所に分けられ、その他短期の公民簡易国語講習所が設置された。さらに、昭和12年以降になると、通年の国語講習所と簡易国語講習所は全て国語講習所として一本化され、国語講習所に行かない人に対しては簡易国語講習施設で日本語を教えることになった。国語講習所では国語の他に修身や算術、体操、唱歌などの教科も同時に勉強するようになっていた。一方、簡

易国語講習施設は国語のみを習得する機関であった。これらの施設は郡の管轄で行われ、教材も郡ごとに作成された。公学校の場合、総督府が規則、教材などを決め一本化されていたが、社会教育の規則は州ごとに決められ、運用や教材作成は郡に任されていたようである。

　本稿では、台北にある国立台湾図書館に所蔵されている大正9年（1920）以降に作られた教材を分析対象とした。国立台湾図書館には社会教育の国語講習所のものではなく簡易国語講習施設の教材と思われるものが、全部で20点ほど残されている〈表1〉（p. 206参照）。これらの教材は、日本語習得に重点を置いているのではないかと思われるものと、読本の内容を習得することに重点を置いているのではないかと思われるものがあった。国立台湾図書館に現存するものは20点ほどだが、当時は各郡[1]、および国語講習をする機関により、言語習得に重点をおいた教材、読本の内容を習得する教材などが作られていたと推測される。本稿では、この中から言語習得を意識したと思われるものを州の違うものと、同じ州内でも性格の違う教材に絞り、6点取り上げる。

　社会教育は一般的に社会人が対象のため、教材は大人向けに編纂されている。当時の日本語習得に重点を置く教材は現在の日本語教育教材の文型教育と変わらないようなスタイルが見られた。では、なぜそのようなものになったのか、背景とその理由を考察したい。

【注】

[1] 大正9年（1920）の地方制度改正によって州・廳、その下に郡を置き、さらに郡下に今でいう市町村にあたる市街庄を置いた。すなわち、5州（臺北・新竹・臺中・臺南・高雄）2廳（臺東・花蓮港）と3市（臺北・臺中・臺南）51郡277街庄である。大正15年（1926）に澎湖廳が高雄州から分離し5州3廳となり終戦まで続いた。

〈表1〉

1	臺北州	宜蘭郡『公民塾國語教本』（昭和14年7月21日）宜蘭郡
2	新竹州	竹南郡國語普及會編『簡易國語教本』（昭和14年11月30日）竹南郡教育會
3		大溪郡教化聯合會編『國語動員指導書』（昭和16年2月22日）
4	臺中州	秀水教化聯合會『簡易速成國語捷徑』（昭和13年10月25日）
5		鹽埔庄『全村學校教本』（昭和13年12月5日）鹽埔庄民風作興會
6		國姓庄教化聯合會『公民読本』（昭和14年9月30日）國姓庄教化聯合會
7	台南州	新化郡『國語普及教本』（昭和12年5月28日発行）新化郡共榮支會
8		新豊郡『壯丁國語讀本卷一』（昭和12年6月29日）新豊郡共榮支會
9		嘉義郡『簡易國語教本』（昭和12年10月15日）嘉義郡共榮支會
10		內寮公學校『昭和十三年版公民國語教本』（昭和13年6月10日）內寮公學校
11		官田庄國語普及研究會『國語教本卷一』（昭和13年7月2日）官田庄國語普及研究會
12		北港郡『公民塾國語教本』（昭和13年7月25日）
13		石榴班國語普及研究會『國語教本卷一』（昭和13年11月5日）石榴班國語普及研究部
14		馬公厝公學校『全保學校國語教本』（昭和14年2月20日）馬公厝公學校
15		虎尾郡『全保學校話方教授細目』（昭和14年10月30日）虎尾郡役所
16		虎尾郡役所『國語講習讀本卷一』（昭和15年2月3日）
17		東石公學校『國語教本』（昭和15年10月20日）
18	高雄州	楠梓庄仕隆教化區編纂『皇民読本』（昭和13年7月15日）
19		鳳山郡民風作興會『國語塾讀本卷一』（昭和13年9月20日）
20		鳳山郡民風作興會『國語塾讀本卷一』（昭和13年10月5日）

2.研究の現状

　戦前台湾における社会教育は、昭和5、6年（1930、1931）頃から社会教育に関する法令整備が始まり、「国語普及運動」として展開され、昭和7年（1932）に始まる国語普及10カ年計画によって整備されていく。
　しかし、戦前台湾の社会教育における「国語教育」について、昭和期に関する研究は非常に乏しい。それ以上に、明治大正時代に関する研究は見かけない。植民地教育研究や日本語教育史研究で取り上げられることにより学校教育関係の研究は増えているものの、社会人に関する教育の研究は、「国語講習所」に関しては最近になり発表と論文がいくつかあるのみである[2]。

3.調査分析した教本

　前章で述べた通り、研究が遅れている戦前台湾の社会教育における「国語教育」を明らかにするために、本稿では簡易国語講習施設がどのように日本語を教えようとしたのかということに焦点をあて、簡易国語講習施設の求める日本語がどのようなものであったのか、教本（教師用教授書）など6点を分析した。
　教える面から見ていくと、社会教育における日本語教育（「国語教育」）でも、公学校教育で使われる教授上の用語が基本として用いられている。国語講習所も簡易国語講習施設も、教授に関しては本校として位置づけられている公学校の教育に従っているからと思われる。国語講習所について、台中州の例を取り上げると[3]、公学校のある通学区域に最低一校、さらに通学区域内の各地区に一校ずつ設ける計画があった。実際、どの程度設置できたかはわからないが、台南州でも設置リスト[4]などから同様のことがうかがえる。また、昭和16年（1941）4月公学校は国民学校と名称が一斉に改められ、管理帳簿[5]もそのまま引き継いだが、国語講習所の管理も引き続き行ってい

【注】
[2] 藤森（1999）（2004）（2007）陳（2006）侯（2007）
[3] 臺中州内務部教育課『臺中州社會教育概況』（昭和10年4月5日）
[4] 臺南州『昭和十三年度臺南州社會教育要覽』（昭和13年11月20日）

たことがうかがえる。

3.1 ▶長期と簡易

　国語講習所は「長期講習所」と「簡易講習所」という名称が用いられていた。「長期」と「簡易」とは何をしめしていたのであろうか。台湾の社会教育刊行所『臺灣の社会教育』にその区別が書かれている。

> 　國語講習所は國語教育を中心とする簡易な國民教育施設で、従来の國語練習會とか國語夜學會とかいふ施設を地方廳が法規に依ってこれを統制し、従来のそれに比して教育的に稍進んだ組織としたものである。昭和四年臺中州下に於て各郡市に一、二箇所を設立せられたるを始めとし、漸次全島に亙り設立せられ、今では総督府の奨励の下に必ず一部落一箇所を標準として、農山漁村殆んどこの施政のない所はなき迄に至った。まことに盛なりと言ふべきである。
> 　講習所には、年齢凡そ十二歳以上二十五歳未満の青少年男女で、普通教育を受け得ざる境遇に在る者を収容し、一年百日以上（簡易は六十日以上）主に農繁期を避けて通年的に夜間教授をするのである。これに長期と簡易の二種あり實際のところ長期講習所に於ては凡そ二百日簡易講習所に於ては約三箇月位の夜間教育を行ってゐる様である。例外として、山間の交通不便で公學校に通學出来得ない小部落には學齢児童を収容する講習所を建て、晝間公學校教育に準じて教育してゐる所も極少数ある。[6]

　上記から、当時、国語講習所については「長期」と「簡易」に分けていたことがわかる。今でいう長期と短期に該当する。しかし、昭和12年（1937）に、公学校に準じて制度化されたものになったため、「国語講習所」[7]という

【注】

[5] 『昭和十八年國語講習所學級及生徒』（臺南州嘉義郡小梅庄文書）
[6] 台湾の社会教育刊行所『臺灣の社会教育』昭和11年10月10日発行　p. 68
[7] 国語講習所は1年か2年ないし3年、他に修身、算術、唱歌、体操の科目があるのに対し、1年の簡易国語講習施設の長期講習は日本語のみである。

名称で統一された。簡易国語講習施設は昭和12年（1937）以降、国語講習所に行かない人々を対象とした。年度毎に名称が変わり、また各州、州内でも各郡によっても名称が違い、全土で統一された呼び方はされていない。簡易国語講習を行う施設でも短期（60日を単位とする）と長期（一年を単位とする）が設置された。国語常用運動や、皇民化運動のために行われる組織による講習も簡易講習施設の教育に含まれていた。これは、各州によって計画が立てられ、年度毎に変わっている。

　台南州では、第一次計画から第四次計画からなる10カ年計画期間中に開設された簡易講習施設の名称が数回変わっている。その他、新竹州の新屋公学校の資料では就学率向上の数値目標[8]も示されていた。また郡ごとに何種かの簡易国語講習施設を開設しているため、この変遷に関しては別途、研究が必要である。

3.2 ▶「教材」と「形式」

　当時の「教材」[9]とは教授項目のことであり、指導項目の総体として、順序立てられた項目のことを指す。「形式」[10]とは、現在の日本語教育の文型に相当する。「形式」は用語として昭和10年頃から教授細目などに登場している。

　社会教育では、学習語彙を「形式」により覚え、それを問答法で行うことが決まっていたようで、「コレ　ハ　何デスカ」等の「形式」が出てくる。短期・長期に関係なく体の部位、日常用具、食べ物、動物に関する単語を導入し、練習しながら単語を覚えていく。次に「形式」を使って問答による会話を行う。短期では日常会話も「形式」に則って行われるようになっているが、長期では日常会話では内容中心になっていくため、「形式」に則るというよりは問答の質問に対しての答え方に比重が置かれている。

【注】

[8] 新屋國民小學所蔵『昭和五年教育研究綴』
[9] 泉（2008）
[10]『虎尾郡全保學校話方教授細目』p.8

3.3 ▶「談話」と「会話」

　「談話」と「会話」は、構成式教授法[11]を採るようになってから頻繁に出てくる用語である。「談話」は発話行為であるが、学習した内容を発表することである。会話は学習内容を相手とやり取りすることである。「談話」という用語については古くは明治の山口喜一郎の時代[12]にもあった。

　社会教育用教材では「会話」は「基礎会話」と「普通会話」の２種類[13]が確認できる。

　「基礎会話」は単語中心に「コレハ○○デス」「ソレハナニデスカ」「ココハナントイヒマスカ」「ココニナニガアリマスカ」などの形式に当てはめて問答法で単語を覚えていく課である。基礎会話の部分も教材を見ていくと、単語中心と、形式中心のものとに分かれていることが確認できる。その部分をここでは「形式会話」としたい。

　「形式会話」は形式の習得であるが、基礎会話の中での問答が中心になり、復習的な要素が多い。しかし、基礎会話と違うのは習得する形式が難しくなっていることである。

　「普通会話」は話題や題目について、形式に当てはめた文を問答しながら覚えるものである。普通会話では、単語ではなく、主に日時の言い方、助数詞の使い方、挨拶応答、「から」「まで」、病気になったときの言い方、貸し借りの言い方、親族のことなどの会話を「形式」で覚えるようになっている。この会話の内容は、短期、長期に関わらず設定されている。長期の場合は普通会話の部分の学習時間を長く取り練習するようになっている。その分、内容中心になっている。談話と会話の関係については、次のように『虎尾郡全保學校話方教授細目』編纂趣旨にも記されていることから、当時、会話と談話を明確に意識して教えるようになっていたことがうかがえる。

【注】
[11] 構成式話し方教授法については、近藤（1988）の研究がある。大正10年（1921）頃に、それまで、公学校での国語教授が「読本」「話し方」の２系統しかなかったが「話し方」を「談話」と「会話」に分けて教える方法にした教授法である。
[12] 『國民讀本参照　國語科話方教材巻一』（明治45年３月第８版）p.5　山口喜一郎が参考にしたといわれる橋本武抄訳の『ゴアン氏言語教授方案』（明治33年７月）の中で、「談話」という用語が、訳語として使われている。
[13] 潮州郡『話し方教本巻一』編纂の趣旨２

四　教材ノ配列
（1）言語習得ノ自然的順序ニ從フコトニシマシタ。
　即チ始メノ二箇月ハ基本的ナ單語教授ヲ中心トシテ日常生活ニ必要ナ發表形式ヲ教ヘ、三箇月目カラ簡單ナ談話、會話ヲ談話二、會話一ノ割合デ配列シ次第ニ會話ヲ多クシテ五箇月目頃ヨリ會話ノ指導ガ中心ニナルヨウニ配列シテアリマス。[14]

4．調査・分析の文献

　分析した文献のうち短期用は、泉（2011）の台南州北港郡発行の『公民塾國語教本』と昭和14年（1939）7月発行の宜蘭郡『公民塾國語教本』、昭和13年（1938）7月発行の楠梓庄発行と思われる『皇民読本』（東石郡発行本も内容は同一）の3点である。また、2点の長期用も含めて簡潔に模式化すると〈表2〉のようになる。

〈表2〉

〈表1〉の番号 / 参考教材名 / 構成	12 公民塾国語教本[15] （台南州北港郡）	1 公民塾國語教本 （臺北州宜蘭郡）	18・17 皇民読本 （楠梓庄） 國語教本 （東石公學校）	19 國語塾讀本 （鳳山郡）	11 皇民塾生國語教本巻一 （官田庄）
期間	短期	短期	短期	長期	長期
教授項目数	45	55	58	81	103
基礎会話（単語中心）	1〜23	1〜48		内容中心	1〜24
形式会話（形式中心）	24〜31		1〜34	内容中心	25〜59
普通会話（場面中心）	32〜45	49〜55	35〜56	内容中心	60〜102

　泉（2011）では『公民塾國語教本』（以下「教本」）の内容を次のようにまとめた。

【注】
[14] 『虎尾郡全保學校話方教授細目』（昭和14年10月30日）編纂趣旨
[15] 泉（2011）

『教本』の内容は、最初の5ページは標語、国歌、神棚、国旗、五十音からなり、その後ページがついて45ページまである。
　45ページまでの構成は最初に教室用語があり、その後、今でいう課として一から四十五まである。便宜上第一部とするが、一から二十三までは名詞を中心として、問答が繰り返される。便宜上第二部とするが、二十四から三十一までは主に会話練習のようになっている。便宜上第三部とするが、三十二から四十五までは場面を中心とした会話練習をするようになっている。
　（中略）第一部は名詞、第二部は会話、第三部は場面中心の構成である。教授法としては第一部は問答法、第二部は文法積み上げ、第三部は場面会話といえるだろう。

　宜蘭郡『公民塾國語教本』（昭和14年（1939）7月17日印刷7月21日発行）も「教本」となっていることから教師用のものと思われる。特徴的なのは上段に単語が五十音順に配置され、下段に「形式」が配置されていることである。課という表現はついていないが、現在の言い方では48（課）まで形式を学習した後、49（課）から55（課）まで拗音の練習と「普通会話」の練習ができるようになっていることである。
　この教本は「形式」を習得するようになっているが、問答を行う会話形式と発話する談話形式とが入り混ざっている。会話形式は上段が「サ」の場合、「サイフ　サジ　サタウ　サクラ」が配置され、下段で「コレ　ハ　サジデス」「ココ　ニ　何ガアリマスカ」「ココ　ニ　サジガアリマス」の形式と単語の習得がなされるようになっている。サジの部分が代入練習のスロットである。「シ」で「キマス」の練習をして、「ス」では上段「スキデン　スモモ　スギウ　スズメ」、下段は談話形式にして「形式」を複雑化しながら、問答ではなく発話を促すようになっている。「アソコ　ニ　スキデン　ガ　アリマス」「スン（ママ＝キの誤植）デン　ノ　中　ニ　スキギウ　ガ　キマス」「ソコ　ニ　スモモ　ノ　木ガアリマス」「木ノ上ニスズメガキマス」
　「セ」では「センス　センプウキ　セイト　セミ」に対し、下段では「ココ　ニ　センス　ガ　アリマス」「センプウキ　モ　アリマス」「アソコ　ニ　セミガキマス」（ママ）「セイト　モ　イマス」のように代入練習を行い、か

つ既習の単語を入れながら会話形式と談話形式も習得するようになっている。

　49（課）から55（課）では、各頁のレイアウトを上段と下段に分け、上段では拗音の練習をし、下段では当時、必要とされていたと思われる話題を中心に話す練習をするようになっている。話題としては皇民色の強い内容となっている。「ジャ　ジュ　ジョ」では「宜蘭神社」「シャ　シュ　ショ」では「教化機関」を話題にして「庄役場」「郡役場」などの「庄長サン」「郡守サン」などの長の呼び方を練習する。以下、拗音の練習をするための話題として「愛國貯金」「訪問」「謹行報國」「往診」「慰問」が取り上げられている。

　なお、当時の社会教育における青年団での教授案となる『虎尾郡全保學校話方教授細目』によると、一週あたりの授業日数は6日で設定されている。公学校も6日で設定されていることから、当時は一週6日として授業が設定されていたものと思われる。

　3ヶ月を約12週か13週とし、日数にして72日か78日として計算すると、祝祭日、その他の行事などを勘案しても、ほぼ、一日1ページか1面、1項目を教えるようにしていたと言えよう。

　楠梓庄『皇民讀本』と東石郡の『國語教本』は全く内容が同じで、3ヶ月で終了するよう指定されている。1から34までが基礎会話、35から最終の56までが普通会話になっている。また、内容は北港郡の『教本』とほとんど変わらない。

5．まとめ

　以上をまとめると次の通りである。

　教授については、「国語講習所」には1年ないし2・3年制の「長期」と、60日以上を単位とした「簡易」があった。「長期」では複数の教科を学習したが、「簡易」は60日前後の短期と1年を単位とする長期に学習期間がさらに分かれ、両者とも学習科目は「国語」のみであった。

　簡易国語講習の日本語教授内容は「会話」と「談話」に分かれていた。「会話」には「基礎会話」と「普通会話」とがあった。「基礎会話」の「基礎」の内容は「単語」と「形式」から成っており、問答法によって習得するよう

に考えられていた。また、「基礎会話」は単語を習得する「基礎会話」と、形式を習得する「形式会話」に分かれていた。

　次に、教材類の位置づけとしては、簡易講習用の教本は、国語講習所に入るための予備教育としての性格があったと思われる。簡易講習用教本は全体的に「形式」に基づいて練習していく、形式中心のものであり、問答を取り入れながら授業を進めていくようになっている。簡易講習用の短期の教本は生活言語の習得のため、皇民化思想を注入するものになっていない。ただし、用語については当時の世相を反映している。長期用教材も短期用教材も習得内容は大人を対象としている。長期用の教本は長期用の教本一冊で完結する目標を設定している。長期用は国語講習所と同じような性格を有しているため、皇民化思想を身につけさせる要素が濃い。短期用は応答に重点があるためか、多分に語学学習の要素が強い。短期用の「教本」は学生用ではなく、当時の状況から考えると教師用の可能性が高い。簡易講習用の教材は州や郡で独自に発行しているが、形式を習得する順序は、同じ手順を採っている。

　最後に、簡易国語講習施設に全般的に見られる特徴を挙げれば、次のようになる。

　第一に、簡易国語講習施設の受講者には基礎的な日本語で応答ができることを求めていると考えられる。

　第二に、簡易国語講習施設毎の教授に地域差はあまりないといえよう。これは、施設は郡が管轄し、教本も郡が中心となって編纂しているが、教授に関しては台湾教育会が公学校を通じて統制をはかっていたと思われる。そのため、教授法などに差がなくなっていたと考えられる。

　第三に、簡易国語講習施設の教える内容は限定的で、明らかに生活言語の範囲に限られていた。これは、国語講習所への入門講座的な性格から、内容重視は国語講習所に入ってから行うということを考えていたのではないだろうか。

　第四に、社会教育の教材を通して、日本語習得のレベルは生活言語に限定されていることから、公学校卒業程度は求めていないことが考えられる。対象は大人の内容である。そのことから、日本語を身につけるにあたっての階層が形成されてきているのではないかということが考えられることである。

　公学校を卒業した階層（児童からの教育）は日本人の学校に通える特権が

あり、台湾の指導層を形成していくものであった。未就学者で国語講習所を卒業する階層は社会人で地域の日本語話者としての核を形成していくものであった。簡易の長期課程を終了する階層は国語講習生予備軍であったと考えられる。簡易の短期課程を受講する階層は圧倒的多数であるため、皇民化運動でも末端を形成することから、国語常用をどこまで真剣に求めていたのかは疑問が生じるところであるが、国語常用の底辺を広げる役割を担っていたことがうかがえる。

　第五に、国語常用運動の推進に伴い、簡易国語講習施設も日本語だけで全てを行うようになってはいたようだが、簡易国語講習施設内では日本語だけで教えていたとは言えない形跡がある。それは今後の課題になるが、講師が台湾人であったということがあり、初学者の説明には台湾語の使用もあったものと思われる。授業は日本語、終われば台湾語の世界に戻るという、公学校にもあった問題がより顕著にあったのではないかと考えられる。

　簡易国語講習施設の教育は公学校とは完全に異なる。公学校が6年を標準とした長期にわたって7、8歳の児童からの教育を対象とし言語を通した人間形成も含めて行われるのに対し、簡易国語講習は3ヶ月か半年を基準として、内容重視ではなく、あくまでも日本語の普及が重視されていたと言えよう。そのため、公学校に比べると、短時間での言語習得の教授に重点を置かざるを得ないことから、言語教育の性格を持たざるを得なかったのではないかと考えられる。

　第六に、現在の初級と当時の簡易国語講習施設で用いた教材の内容が酷似している。皇民化政策でありとあらゆるところで人々が組織化されていく状況の中で、日本語教育はどのようになされていたのかということを考えていくと、皇民化教育であったかどうかを結論づけることよりも、なぜ同じ様なのかに疑問がわく。

6. 今後の課題

　戦前台湾の社会教育について、その実態などについて、ほとんどわかっていないのが現状である。しかも、どのような組織がどのような過程で、組織されたのかについても、フィールドワークを要するため、一部で取り上げら

れてはいても一地域の一部についてしか取り上げることができない[16]。

　公学校は比較的まとまっていて、単一組織のため研究しやすい。しかし、社会教育を担った社会組織は年度ごとに増え、組織替えもありその組織内でどのような出版物が、いつ出されたのかといった基礎的な事項がわかっていない。したがって、国語講習に関する出版物も、どの組織がどのようなものを出版したのか特定しにくい。そのため、州によって、郡によって、当時の市町村にあたる市街庄によってどのようなものなのかについても特定しにくい。

　公学校教育の当時の実態追跡はしやすいとは言うものの、教授細目の研究は公学校と社会教育を含めて未研究である。教授案の研究についても公学校と社会教育についても行われていないに等しい。社会教育組織毎による、日本語教材の研究も行われていない。社会教育組織と日本語教育の関係についても行われていない。戦前台湾において「国語教育」が教育の中心にあり、その中心に教員組織である「台湾教育会」について何一つ研究されてもいない。

　したがって、そのような実態究明もなく、戦前台湾の日本語教育について、国語教育であった、皇民化教育であった、同化教育であったと結論づけて判断することは極めて不十分なことと言わざるを得ない。今後の課題は以上の未研究の部分を考察していくことである。国語普及十カ年計画などについても今後の課題としたい。

〉〉〉参考文献 (50音順)

泉史生（2008）教育実習ノートに見る昭和9年の台南師範学校における日本語指導の教－台湾人教師顔明徳氏の教育実習ノートより－（2008年日本語教育世界大会・釜山大会発表）
　──（2011）「戦前台湾における簡易国語講習施設の「国語教育」－台南州北港郡の『公民塾國語教本』から」『2011年度日本語教育学会秋季大会予稿集』日本語教育学会 pp. 153-158
侯珮倫（2007）「日治時期大坑地區之簡易國語講習所實施狀況」
　http://blog.jges.tc.edu.tw/lifetype12/gallery/93/ 大坑地區之簡易國語講習所實施狀況.pdf（2011年2月18日）

【注】

[16] 宮崎（2008）・藤森（2004）

近藤純子（1988）「構成式話し方教授法について－台湾日本語教育史の一研究－」『教育研究紀要』No.14 近畿大学教育研究所 pp. 17-35
陳紅彡（2006）「日本統治下台湾における国語講習所用国語教科書の研究－台湾教育会の『新国語教本』に着目して－」
www.sed.tohoku.ac.jp/library/nenpo/contents/54-2/54-2-05.pdf（2011 年 10 月 3 日）
藤森智子（1999）「1930 年代初期臺灣「国語講習所」之設立及其宣傳」 臺湾教育史研究會通訊第三期 pp. 5-8
― （2004）「皇民化期（1937-1945）台湾民衆の国語常用運動－小琉球「国語講習所」および「全村学校」経験者の聞き取り調査を中心に」 日本台湾学報第 6 号 pp. 131-151
― （2007）「日本統治下台湾の社会教育用教本『新国語教本』（1933）の性格」 田園調布大学紀要 http://ci.nii.ac.jp/lognavi?name=nels&lang=jp&type=pdf&id=ART0008465311
（2011 年 10 月 3 日）
宮崎聖子（2008）『植民地期台湾における青年団と地域の変容』 お茶の水書房

⟩⟩⟩ 戦前の参考文献（年度順）

臺灣総督府民政部學務課（明治 33 年 7 月）『ゴアン氏言語教授方案』
臺灣總督府（明治 39 年）『國民讀本參照國語科話方教材　巻一』
新屋公学校『昭和 5 年教育研究綴』　現桃園縣新屋國民小學校史館所蔵
臺灣教育會『新国語教本　巻一』（昭和 8 年 12 月）國立中央圖書館台湾圖書館所蔵
顔明徳「教育実習ノート」（昭和 9 年）台湾台東縣三民國小所蔵
臺中州内務部教育課（昭和 10 年 4 月 5 日）『臺中州社會教育概況』
顔傳福「教授案綴」（昭和 11 年）台湾台東縣三民國小所蔵
台湾の社会教育刊行所（昭和 11 年 10 月 10 日）『臺灣の社会教育』
臺南州知事官房文書課（昭和 13 年 3 月）『臺南州第 18 統計書（昭和 12 年度）』
官田庄國語普及研究部（昭和 13 年 6 月）『皇民塾生　國語教本　巻一』
北港郡『公民塾国語教本』（昭和 13 年 7 月）國立中央圖書館台湾圖書館所蔵
岡山郡楠梓庄（昭和 13 年 7 月）『皇民読本』國立中央圖書館台湾圖書館所蔵
鳳山郡民風作興會編（昭和 13 年 9 月）『國語塾讀本』國立中央圖書館台湾圖書館所蔵
臺南州『昭和十三年度臺南州社會教育要覽』（昭和 13 年 11 月 20 日）

マスメディアを利用した日本語教育
～戦前・戦中のラジオ講座をめぐって～

上田崇仁

1. なぜマスメディアに注目するのか

　植民地朝鮮における「国語」としての日本語教育については、筆者はこれまで初等教育機関である普通学校の『国語読本』を中心に分析を進めてきた。そこでは、従来語られてきたようなイデオロギー的分析だけでなく、非母語として学ぶ子供たちを意識した語学教育的要素も色濃く反映されていることを、併合直前の「旧学部期[1]」から「朝鮮第五期」までの計6回編纂された教科書とその編纂の合間に行われた改訂作業を詳細に追うことで明らかにしてきた（上田2000a、2000b、2000c、2000d、2001）。古川（1996）は、普通学校の就学率について詳細に検討し、1943年段階で男子の就学状況は61.1％であったとしている。
　1927年に始まったラジオ放送ではどうだろうか。朝鮮放送協会では、1938年から「国語」講座の放送を開始しているが、当時のラジオの普及率は、1938年の『ラジオ年鑑』の記述によると、内地人家庭で45.9％、朝鮮人家庭で1.0％の聴取契約率であることが示されている。『ラジオ年鑑』で確認できる最後の聴取率報告では、1941年の段階で内地人家庭66.1％、朝鮮人家庭2.7％という聴取契約率が示されている。この朝鮮人家庭におけるラジオ

【注】

[1] 旧学部期（1905？～1911）、朝鮮第一期（1912～1922）、朝鮮第二期（1923～1929）、朝鮮第三期（1930～1938）、朝鮮第四期（1939～1941）、朝鮮第五期（1942～1945）。上田（2000b）に詳述。

の普及率の低さに対しては、これまでも学会発表等でラジオ講座の影響力や聴取者層に関する疑問が提示されてきており、まだ十分に検討しきれていない状況である。しかし、聴取者側の意識や影響と同様に、番組制作者側の意識も検討する必要性は十分にある。番組制作者側を「支配者側」として見るとき、ラジオ講座には、地域ごとの特性と支配者側の意図があり、それが反映した番組は当然地域ごとに異なっていることが想定される。マスメディアという当時最先端の技術を利用した教育は、学校教育という枠を超え、場合によっては国境という区域を超え、支配者側が示しえた一つの教育目的の典型を暗示しているのではないだろうか。

本稿ではそういった認識の下、朝鮮半島を含む5つの地域で使用されたラジオ講座のテキストを用い、番組制作者の意図を検討し地域ごとの特徴を明らかにしたい。

2. 資料

本稿で取り扱う資料は以下の5点である。
①は日本の植民地だった地域、②～⑤は占領地である。

① 『初等国語教本』（1943年）朝鮮放送協会
② 『放送用教材　日本語講座（第二輯)』（不詳[2]）昭南放送局
③ 『にっぽんご』（1944年）日本放送出版協会
④ 『初級日語廣播教授課本第二版[3]』（1937年）華北広播無線電台編
⑤ 『NICHI-DJO NIPPONGO RADJIO KOZA』（1943年）ジャワ軍政監部

① **『初等国語教本』（1943年）朝鮮放送協会**

駒ヶ根市立図書館内竹村文庫所蔵資料

③『にっぽんご』(1944年) 日本放送出版協会

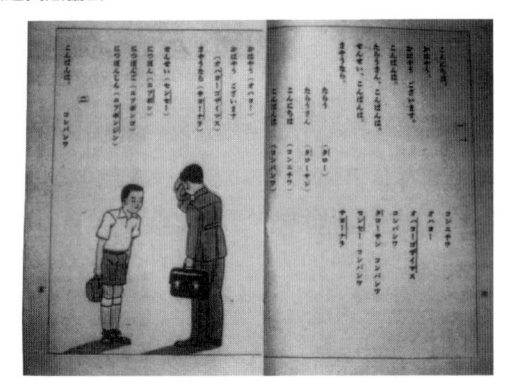

NHK放送博物館所蔵資料

　以下の本文中では、書名は略し丸付き数字のみでテキストを示すこととする。

　①のテキストは、朝鮮半島全域で放送されたと考えられる。ラジオプログラムにおける国語講座は1938年にスタートしており、「初等国語講座」、「中等国語講座」、「国語会話の時間」、「速成国語講座」の4番組がプログラム欄から確認できるが、ラジオテキストが確認できたのは①の一種類のみである。総課数は35課である。

　②は構成がきわめて特徴的で、文法的難易の配列にはなっていない。漢字仮名交じり文で書かれ漢字には振り仮名が付けられている。表紙には、昭南中央放送局と大きく書かれ、その下にやや小さくクアラルンプール放送局、ペナン放送局、タイピン放送局と書かれている。総課数は55課である。

　③のテキストは、NHK放送博物館に所蔵されている資料で、あとがきに「この教科書は南方各地の放送局で、現場放送によつて原住民に日本語を教へるために作つたものです」とあり、特定の放送局を意識して作ったものではないことがわかる。漢字は使用されておらず、ひらがなで本文が書かれ、その直後に「(　　)」で囲みカタカナによる発音表記がなされている。カタカナ

【注】
[2] 昭南放送局は1942年に開局されたのでそれ以降になる。この資料は関正昭先生より頂いた。
[3] 『初級日語廣播教授課本』、天理大学日本語教員養成課程研究室のものを借覧した。その際、同研究室主任・前田均准教授のご助力を賜った。

の発音表記[4]には傍線でアクセントが示してある。総課数は30課である。

④の本文は三段組構成で、上段に漢字仮名交じり文が書かれている。漢字には振り仮名が付けられている。中段に漢字の発音を利用した発音が示されている。下段には漢語で訳が付けられている。奥付にある編纂者や発行所の住所は「天津佛国租界」と書かれているが詳細は不明である。総課数は60課。

⑤のテキストは3列組の構成で、倉沢（1993）に掲載されているものを利用した。第1巻から第4巻までだが、第3巻はない。左列はローマ字表記で日本語が、中列はインドネシア語、右列はオランダ語の訳が付けられているのが特徴的である。ひらがな、カタカナ、漢字は一切掲載されていない。総課数は第1巻12課、第2巻9課、第4巻が14課である。

3．比較対照項目の設定と基準

先に述べた5種類のテキストを次の項目で比較対照したい。

まず、シラバスである。

ラジオ講座のテキストをシラバスという視点から検討した研究では、上田（2006a、2006b、2007a、2007b）が挙げられる。そこでは、大まかに①を「トピック」「構造」「場面」シラバスの混在したもの、②は「機能」シラバスが中心、③は「構造」シラバスが中心であると指摘した。本稿では、これに④と⑤のテキストを取り上げ、より詳細に検討したいと考えた。

シラバスについては、「構造」「トピック」「機能」「場面」の4つを立てる。

2012年8月に名古屋で開催された日本語教育国際研究大会での口頭発表ではどのシラバスが優先的に採用されているかを主観的に判断し、発音指導についても同列に並べてそれぞれのテキストの特徴を示した[5]。その結果得られたのが〈グラフ1〉である。南方とインドネシアの特徴は一致した。

しかしながら、国際研究大会の発表原稿提出後に再検討した結果、調査項目に「媒介語の使用」、「テキストに使用されている文字」の2項目を付け加えるのが妥当であろうと考えるに至った。また、「発音指導の意識」という

【注】

[4] 棒引きで長音が示してある。

[5] 最も優先されているものを5とし配慮されていないものを1として順序を付ける方法で評価した。

〈グラフ１〉優先順位から見たそれぞれのテキストの特徴

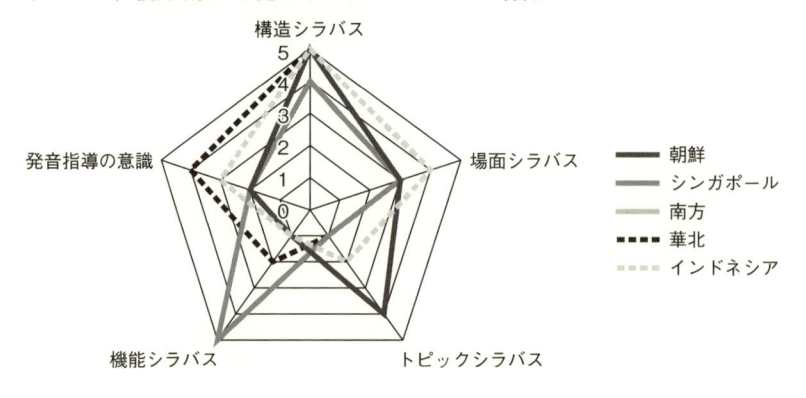

観点を「発音表記の有無」とし、テキストから直接的かつ明確にくみ取れるもののみを対象とすることとした。

　また、主観で判断することを避け、それぞれの課についてどういった構成になっているのかを具体的に検討し、数値として分析することとした。その結果、ある場面での一連の会話が描かれている際に、文法的に既習の項目が積み上げ式に易から難へと並んでいる場合、その課は「場面」シラバスと「構造」シラバスの併用であると判断し、１課でも２つのシラバスとしてカウントした。

　それぞれのシラバスは以下の判断基準によって特定した。「構造」シラバスとして判断するためには、既習の項目および文法的に難易度の低いものから高いものへという配列が採用されて本文が構成されていることを必要とした。次に「場面」シラバスについては、日常の一場面を問題解決に至るまでの長さで切り取っているかどうかを基準とした。買い物の場面の場合、「これを下さい」「〇〇円です」では不十分で、入店、品定め、購入の意思表示、退出までを基本的な一場面として判断した。「トピック」シラバスでは、季節、時局的な話題について説明的に扱っているかどうかを基準とした。その話題について話すための語彙や文型の提示が基本だが、その背景に必要とされる知識の獲得も視野に入れることとした。「機能」シラバスでは構造で整理されてはいても、提出されている学習項目が積み上げ式になっていない場合は「構造」シラバスとして考えず、「機能」シラバスとして数えた。一文型一機

能ではない[6]ので複数のものが入っている場合は数えないこととした。

　これらの基準にもとづいて①から⑤の全資料の全ての課を検討したが、一つの課を二つのシラバスとして数えたもの、基準を満たさず、どのシラバスにも数えていないものもある。

　次に「媒介語の使用」についてである。実際の放送がどのような言語でなされたのかは現在までのところ不明である。朝鮮で放送された講座については、2004年にソウルでラジオ講座放送時期に放送記者であった方に対するインタビュー調査を行ったが、明確には覚えていらっしゃらないということであった。そうしたことも含め、ここでの「媒介語の使用」はテキスト内の記述に限定する。

　「テキストに使用されている文字」については、漢字、ひらがな、カタカナ、ローマ字の使用状況について調査した。

　「発音表記の有無」は先述のとおりである。

4. 調査結果と分析（1）

　ここでは、「媒介語の使用」「テキストに使用されている文字」「発音表記の有無」について〈表1〉に結果を示す。

　本文に限って言えば、①はカタカナの歴史的仮名遣いである。振り仮名がある。②は歴史的仮名遣いで現地の人名や地名がカタカナで記されている。③は現代仮名遣いに近い表音的仮名遣いがひらがなで書いてあり、カタカナは発音記号として使用されている。④は現代仮名遣いに近い仮名遣いでカタカナ表記、⑤は全てローマ字である。媒介語が使用されているのは④と⑤で、非植民地で、一地域に限定され、学習者が媒介語の文字を知っていることが前提とできる地域だと考えられる。

　この結果から、次のようなことが言えるだろう。

　まず、特徴的なのは⑤だが、これは、当時のインドネシアがオランダの植

【注】

[6] 例えば、「～んですが」という文型には、「トイレに行きたいんですが」という許可を求めるという機能、「駅に行きたいんですが」という説明を求めるという機能、「打ち上げは○○という店へ行きたいんですが」という提案をするという機能がある。

〈表1〉テキストの調査結果（1）

	媒介語の使用	テキストに使用されている文字	発音表記の有無
①	×	漢字、ひらがな、カタカナ	×
②	×	漢字、ひらがな、カタカナ	×
③	×	漢字、ひらがな、カタカナ	カタカナによる
④	○ 漢語	漢字、カタカナ	漢字による
⑤	○ インドネシア語・オランダ語	ローマ字	ローマ字による

民地統治下にあり、ローマ字が広く普及していたことから、音声言語としての日本語を普及させることを優先し、漢字、ひらがな、カタカナの使用ではなく、ローマ字を使用したと考えられる。発音表記が採用されている南方、中国、インドネシアでは、ラジオがなくても学ぶことができるという配慮がなされていたことを示している。一方の朝鮮、シンガポールではラジオの普及率が低いとは言え、ある程度その効果を見込める状況で、音声が聞けることを前提としていたのではないだろうか。

5．調査結果と分析（2）

　ここでは、シラバスの種類について調査した結果を〈表2〉に示す。
　テキストを示す○囲みの数字の後の半角数字は総課数を示す。⑤の下の数字は、上から第1巻、第2巻、第4巻を示す。
　その他の数値は、該当する課の数であり、（　）内はそれぞれのテキスト内の割合をパーセントで示したものである。
　この表を〈グラフ2〉に示す。これは、テキストの特徴を見るために、それぞれのシラバスのバランスを示したものである。
　まず、テキストの特徴を見るために、それぞれのシラバスのバランスを見るグラフを挙げたい。
　〈グラフ2〉を見ると、②のテキスト以外は構造シラバスを尊重したテキストであることがうかがえる。トピックシラバスの採用割合が高いのは①で、これは上田（2006a、2006b、2007a）でも述べたように、実際に日本語でコミュ

〈表2〉テキストの調査結果（2）

		構造シラバス		トピックシラバス		機能シラバス		場面シラバス	
①	35	30	(86)	29	(83)	0	(0)	6	(17)
②	55	0	(0)	0	(0)	55	(100)	55	(100)
③	30	28	(93)	1	(3)	2	(7)	8	(27)
④	60	40	(67)	0	(0)	2	(3)	12	(20)
⑤	35	20	(57)	2	(6)	0	(0)	4	(11)
1	12	11	(92)	0	(0)	0	(0)	0	(0)
2	9	9	(100)	2	(22)	0	(0)	2	(22)
4	14	0	(0)	0	(0)	0	(0)	0	(0)

〈グラフ2〉テキストの構成（項目数の割合からシラバスを見る）

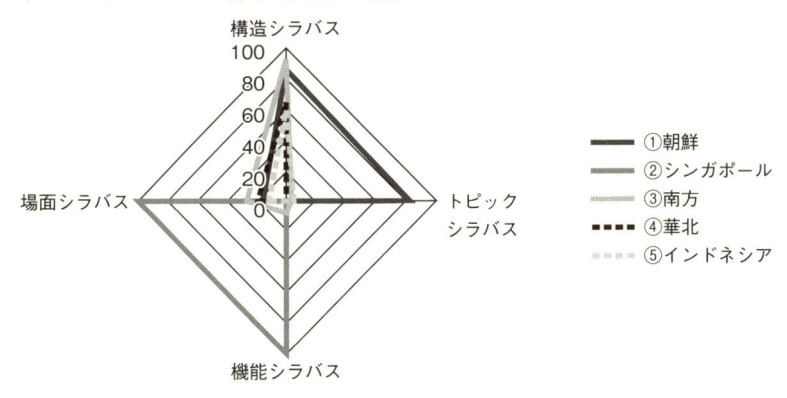

凡例：①朝鮮　②シンガポール　③南方　④華北　⑤インドネシア

ニケーションをとる際に、特定の話題について話すことが求められていたこと、また、本稿で基準などを示した際に記したように、話すトピックを支える背景知識の獲得なども求められていたためだと考えられる。②では機能シラバスが重要視されているが、それぞれの課で場面を設定して使い方を示しており、場面シラバスとしての観点も重視されている。③および④⑤では、場面シラバスの割合も高くなっている。日本人との接触が限られた場面にとどまっていると推測され、そこでの日本語による問題解決を優先したことがうかがえる。

　別の視点からも分析したい。
　〈グラフ3〉は、シラバスの採用割合をテキストごとに見たものである。

構造シラバスの採用が②以外では重視されていることがわかる。参考として②の55課分のタイトルを〈表3〉に挙げておく。

〈グラフ3〉シラバスの採用割合

凡例: 場面シラバス、機能シラバス、トピックシラバス、構造シラバス

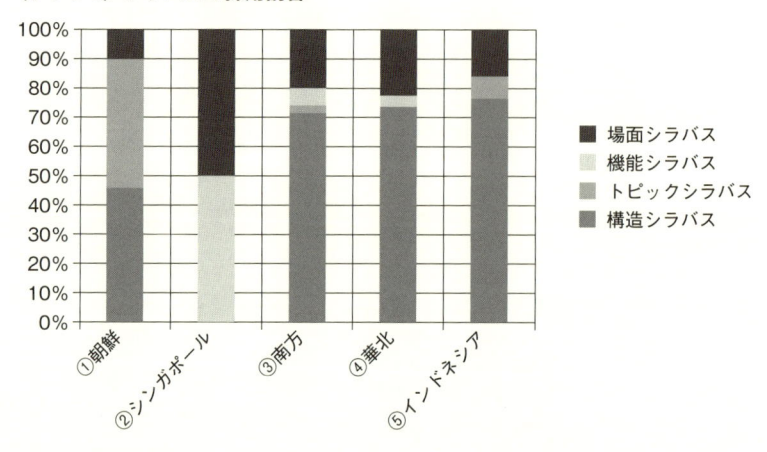

横軸: ①朝鮮、②シンガポール、③南方、④華北、⑤インドネシア

〈表3〉②の課のタイトル

1	てはいけません	2	ないでください	3	ないやうになさい
4	ないやうにしてください	5	なさらないでください	6	しないでください
7	ないやうにしてください	8	なければなりません	9	ですか
10	でせうか	11	です	12	のですか
13	があります	14	がゐます	15	でゐます
16	にちがひありません	17	かもしれません	18	ではありません
19	くありません	20	のではありません	21	てゐません
22	でした	23	かったです	24	たのです
25	てゐました	26	てしまひました	27	だらうと思ひます
28	になりませんか	29	ませう	30	つもりです
31	せてください	32	れました	33	もし
34	なら	35	行けば	36	できれば
37	よければ	38	ふくと	39	なると
40	大きいと	41	ときには	42	ときにも
43	よくて	44	はやくて	45	行きますから
46	暑いから	47	ですから	48	ですから
49	ので	50	からです	51	から
52	ことがありません	53	こともあります	54	のやうです
55	やうに				

このテキストは、左の表のような構成だが、文法的に易から難へとつみあげ方式にはなっておらず、第 1 課では「てはいけません」だけでなく、第 21 課または第 25 課で提出される「てゐます」も同時に使われている。いずれも、単純な例文提示ではなく、会話文を基調とした場面の切り取りがみられる。

6. おわりに

　本稿では、5 つの地域のラジオ講座のテキストを比較対照しながらその特徴を検討してきた。

　地域的特性については、確かにあると考えるのが妥当であろう。

　また、昨今の日本語教育が CEFR や日本語教育スタンダード等で言われているように、「日本語によって何ができるか」という視点も重視されている地域が確かにあると考えられる。

　〈グラフ 3〉からは、全てのテキストで「場面」を意識した内容が盛り込まれていることがわかる。場面教授法とまではいかなくとも、単に文法項目だけを教え、理解できればよいという判断ではなかったことがわかる。

　日本語教育が戦前戦中、ラジオというメディアを利用して進めていた教育は、日本語の運用能力の定着を基盤として、地域ごとのニーズを反映したものだということができるだろう。

　本稿の残した課題として、より多くの地域の資料を収集して特徴をより明確に示す必要性が挙げられる。しかし、満州の放送を扱うにはロシア語の文献資料の利用が必要であり、東南アジア地域でもそれぞれの言語の知識が必要となる。本稿ではインドネシア語とオランダ語の資料を扱ったが、簡易な分析にとどまった。日本語教育史の研究、特に本稿のような国境を超える研究の場合、必要とされる言語が多岐にわたり、より多くの方々の協力が必要であることは言うまでもない。

　そのようなネットワークの構築と資料収集を継続することで残された課題を解決していきたいと考えている。

>>> 参考文献

上田崇仁（2000a）「日語読本に関する一考察」『アジア社会文化研究』第1号　アジア社会文化研究会
　　　　　（2000b）『植民地朝鮮における言語政策と「国語」普及に関する研究』（博士論文）
　　　　　（2000c）「植民地朝鮮の『国語』教育に見られる連続性と非連続性」『日本語教育史論考―木村宗男先生米寿記念論集』　凡人社
　　　　　（2000d）「『国定読本』と『朝鮮読本』の共通性」『言語と植民地支配』植民地教育史年報03　皓星社
　　　　　（2001）「植民地朝鮮における『国語』読本の変遷」『広島女子大学国際文化学部紀要』第9号
　　　　　（2002）「ラジオを利用した「国語」教育に関する研究『広島女子大学国際文化学部紀要』第10号
　　　　　（2003）「植民地におけるラジオ「国語講座」―1945年までを通時的に」『文明化による植民地支配』植民地教育史年報05
　　　　　（2004）「ラジオ『国語講座』と『国語』教育」『アジア社会文化研究』第5号　アジア社会文化研究会
　　　　　（2006a）「第4章　朝鮮でラジオは何を教えたのか」『戦争・ラジオ・記憶』　勉誠出版
　　　　　（2006b）「放送教本『初等国語講座』について」『徳島大学留学生センター紀要』第1号
　　　　　（2007a）「『放送教本初等国語講座』に見る「国語」教育」『植民地の朝鮮と台湾』　第一書房
　　　　　（2007b）「ラジオ語学講座テキスト『初等国語教本』と国民学校教科書『ヨミカタ』の内容比較」『徳島大学留学生センター紀要』第2号
　　　　　（2008）「朝鮮総督府「国語読本」と国定「国語読本」を比較して見えるもの」『徳島大学留学生センター紀要』第3号
倉沢愛子（1993）『南方軍政関係資料⑨日本語教科書［ジャワ］』　龍渓書舎
古川宣子（1996）『日帝時代普通学校體制의形成』서울大学校大学院教育学博士学位論文
日本放送協会（1938）『ラジオ年鑑』日本放送出版協会
　　　　　　　（1941）『ラジオ年鑑』日本放送出版協会

ウィーン領事養成学校の日本語講師 Do Cyong-Ho（都宥浩）について
― フィンランドと日本の資料による新解釈 ―

小川誉子美
重盛千香子

1. はじめに：研究の背景

　戦前のヨーロッパ各地では、各時代や機関の要請に応じ日本語・日本学講座が開講されてきた。筆者はこれまで、ドイツやイタリア、および、近隣国の講座に対する日本側の支援の仕組みや目的について、ヨーロッパ側と日本側双方の推進の目的が当時の国際情勢といかに関わってきたか、当時の記録をもとに明らかにしてきた。また、現場については、現地の講師や日本人（日本語母語話者）講師、受講生の状況を解明する中で、ドイツ語が堪能な在欧「エリート」日本人留学生が教壇に立っていたこと、大戦下のドイツやその近隣諸国では、日系企業が引き上げる一方、日本語講座は増設され、帰国の機会を待つ留学生らがこれを担当し、彼らの教授活動に対し現地から一定の評価を受けていたことなどが明らかになった。一方、オーストリアに関して言えば、ブダペスト大学でモンゴル語や日本語を教えていた外山高一がウィーンに移り、1924 年ウィーン大学で日本語の教壇に立っていたこと、30 年代には、ウィーン領事養成学校でも日本語が教えられ朝鮮出身者も教壇に立っていたこと、当時ヨーロッパに設けられた三つの日本研究所の一つがウィーンに開設された背景等を明らかにした。
　さらに、ウィーンとの関連で、ヘルシンキ大学の日本語講座をめぐる史実に、あらたな解釈が可能となった。ヘルシンキ大学では、1930 年代に、比較言語学者であり、駐日代理公使をつとめたラムステッドが日本語講座を担

当していた。ラムステッドは当時必要としていた研究上のインフォーマントを彼の後任の日本語講師としてヘルシンキ大学へ招聘しようとしたが実現しなかった。その人物とは、ウィーン領事養成学校で日本語講師をつとめていた、ド・チョンホである。本稿は、領事養成学校で岡正雄らとともに日本語講師をつとめたド・チョンホがヘルシンキ大学から声をかけられながらも着任しなかった背景について、ウィーンとの交信を主としたヘルシンキ大学所蔵資料に加え、日本の外交資料を併せて検討することで得た従来とは異なる解釈を紹介するものである。

2. ドをめぐるフィンランド資料と本稿の目的

ド・チョンホ（Do Cyong-Ho）[1]の名前は、ヘルシンキ大学の員外教授ラムステッドのもとに書簡が残っていたことから、その存在を知ることになった（Halén 1998）。まず、フィンランドの資料から、ドとラムステッドの接点、その後の展開とその背景がどのように説明されているのかを紹介する。

はじめに、ドと書簡を交わしたラムステッドとはどのような人物であったのだろうか。彼は、フィンランドのアルタイ比較言語学者として知られた人物であるが、彼の研究者としてのキャリアは、帝政ロシア統治下、民族主義が勃興する中で、彼の師であるカストレンの問いである「フィンランド人はモンゴル人か」に答えるべくフィンランド人のルーツをもとめて中央アジアの言語調査にでかけたことにはじまった。フィールドワークを展開する中で、数々の成果を発表し、比較言語学の分野で業績を作りつつあった中、1919年、フィンランドがロシアから独立を果たした。新生フィンランドは、ロシアの極東情報を得るべく、駐日代理公使派遣を決定するが、この任務に抜擢されたのがラムステッドであった。10年に及ぶ滞日期間に、日本語を習得し、白鳥庫吉ら日本の比較言語学者や民俗学者と交流し、影響をあたえた。さら

【注】

[1] 1905年生。京城高等商業学校卒業。1929年北京の燕京大学文学院入学。1930年に渡欧。ウィーン大学で博士号取得。博士論文の題名は Probleme der koreanischen Geschichte in kultureller Zusammenhang（原語）「文化（史）的文脈における韓国史の問題点」。To Yu Ho（都宥浩）という名前も持つ。なお、フランクフルト入学時の写真付き学生証は稿末参照（画像1）。

に、当時日本の大学生であった朝鮮語話者リュウ・チンコル（Ryu Chin-Kel）から朝鮮語を学び、後に日本語と朝鮮語の親族関係に関する論文も出版している[2]。外交官時代も日本語や朝鮮語を研究し、あらたな成果を発表していたのである。

帰国後のラムステッドは、ヘルシンキ大学で員外教授として講義を持ち、成果を発表する傍ら、1937年には、日本語の講座を1学期開講した。当時、彼のアルタイ言語学研究は中央アジアの言語から朝鮮語へとすすみ、朝鮮語の特定の地域の方言話者を必要としていた。インフォーマントを探すために、当時アンカラにいたメンゲス[3]やブダペストのプレーレ[4]に適任者の紹介を依頼し、そこで、紹介されたのが、当時求職中のドであった。ドは当時、フランクフルト大学から（稿末の画像1参照）ウィーン大学へ移り、そこで学位を得、その後日本語教授経験を積んでいた。ヘルシンキ大学に残るドや領事養成学校からの書簡[5]から読み取れるのは、ラムステッドは、ドにフィンランドでの任務について打診し、ドが承諾、その際、日本語講師として報酬の可能性にラムステッドが言及していたということである。しかし、ドが給与等の雇用条件について何度か尋ねても、その後ラムステッドからの返信はとだえてしまったものと推測される。ラムステッドによるドの招聘が実現しなかったことに関し、Halén（1998）は、ラムステッドの返事が、当時の郵便事情によりドに届かず、この話は棚上げになったとする[6]。

このことから、ヘルシンキ大学での有給講師としての採用が見送られたであろうことは想像されるが、研究上必要なインフォーマントの獲得が研究上急務であったラムステッドは、ヘルシンキ大学に招聘する手立てを画策して

【注】

[2] このほか、「朝鮮語の沿革について」小林英夫訳や「朝鮮及び日本の二単語に就いて」金田一京助訳、Motoki Tokieda 'An observation on the origin of the Japanese people' The Herald of Asia Press の書評、日本語の系統研究の方法と可能性に関する論文 "A Comparison of the Altaic Languages with Japanese," (1924) Transactions of Asiatic Society of Japan, the 2nd series I, Asiatic Society of Japan などを発表した。

[3] Karl H.Menges. アルタイ言語学者。

[4] Pröhle Vilmos. パズマニ・ペーテル大学で1924年より日本語を教える。

[5] ラムステッドからドに宛てた書簡は残っていない。

[6] ハレーンは、個人談として、ラムステッドは、決して筆まめではなかった可能性についても指摘している。

いたはずである。この疑問解決の糸口として、日本の外交資料の中から、ヘルシンキとウィーンの在外公館から外務省に送られた電信記録に、興味深い記述が見つかった。本稿は、それを踏まえて、郵便物の単なる不達が原因ではない、別の解釈を紹介することを目的とする。同時に、ウィーンを本拠地とする人物の足跡が、フィンランドと日本という第三国の資料を辿ることで新事実が判明するという、歴史史料を多方面から辿る意義を実証することが、本稿のもう一つの目的である。

　本稿で扱う事例は、当時のヨーロッパで展開されていた日本語講座の支援の全体の範囲から見れば、開講が実現しなかった事例の再検証であり、講座開設の実態として記録を加えることはできないが、その実現しなかった背景を探ることは、講座支援の目的が再確認できるという点で、実現した背景を探るのと同様、意義のある作業だと考える。

3．日本の資料から

　日本語講座の講師手当に関し、当該機関が支給しない場合、日本の在外公館に相談が持ちこまれる例は多数ある。特に、ラムステッドの場合、駐日代理公使として10年の滞日経験を有する知日家であり、在フィンランド日本公使館は、日本の文化事業を展開する際、ラムステッドに意見を求めることがしばしばあった。日本公使館から、重要なパートナーとみなされていたラムステッドにとって、公使館は本件について気楽に相談できる相手であったと思われる。日本公使館の記録には、次のような記述がある。関連箇所を中心に抜粋する。

> 現在ウィーンにDo-Cyong-Hoなる若き朝鮮人学者居る所右は英独にて勉学したる後1935年ウィーンに於てKoppers教授指導の下に「ドクトル」の学位を得たるものにして最近まで同国にありたる領事養成学校に於て日本語教師を為し居りたるか独墺合併後右学校閉鎖せられ同人は其の地位を失ひたりとの事にて「ラ」教授の友人たる「ブタペスト」の一学者より同教授に対し右朝鮮人の為め「ヘルシンキ」大学に地位なかるへきや問い合わせあり依つて同教授は之をして当地大学において日本語

を教授せしむると共に「ラ」教授として比較発音学の為め朝鮮語発音研究の助手に之を使用し度き意向にて同教授より大学に諮りたる結果大学は右朝鮮人に教授の地位を与ふへきことに異議なきも（略）大学としては同人に俸給を与ふること不可能の実情なるに付日本側に於て右金額支給方法無かるへきやとの旨「ラ」教授より当館付陸軍武官に相談あり（略）

朝鮮語の研究が「アルタイ」系言語学上に重要性を有することを必要とするのみならす殊に当地大学に於ての右研究か東洋文化顕揚の為めに有益なる意義を有するものたらさる可からす（略）当地大学に対し我方か将来適当の関係を結ふ手掛ともなる得へきに付若し出来得れは右朝鮮人の人物、思想等然るへく御調査ノ上ご回報（略）

本邦文化に対し興味を有し居る者相当あるも右は比較的限られたる範囲の者たるのみならす其の興味も多くの場合単なる好奇心の程度を出てす又大学に於いても日本文化及至東洋文化の講座を有せさる実情なるを以て今後当地大学に於て日本語か教授せらることにならは我方として甚た好ましき所なるも唯右場合としても日本語を実用の為に学はんとする学生は当地の実際問題として恐らく稀なるへく該講座に集る学生あらは右は日本文化を興味の中心となし居るものと考えらるるを以て之か教師は生来の日本精神及文化の体得者たるを適当とすへし

在フィンランド杉下裕次郎公使より、ウィーンの山路章総領事宛文書（1938年10月10日付）「各国ニ於テ本邦人雇用関係雑件第2巻　K-4-1-0-1」（外務省外交史料館）

以上のヘルシンキ発駐墺日本公使館宛の電信記録から次のことがわかる。1938年3月のアンシュルス（Anschluß　ドイツによるオーストリア併合）により、それまで雇用されていたウィーン領事養成学校（オーストリア外務省所管）が閉鎖され、職を失ったドにとって、ラムステッドの申し出は好機を得たものであった。一方、ラムステッドにとって、ドの承諾と、大学に朝鮮語の音声学助手の地位を置くことが受諾されたことは幸運なことであったが、大学は給与を支給しないという条件であったため、日本公使館に打開策を求めたわけである。公使館はラムステッドの研究と朝鮮語研究の意義を理

解し、事実上、ラムステッドに対する研究費の支給を、東洋文化の顕揚として位置づけ、ドを雇用する方向で、他の日本人講師採用時と同様に人物調査を依頼したのである。

　さて、ここで当時の言語講座開設の意義について触れておく。日本が日本語講座や日本学講座の重要性を認識し始めたのは1930年代にはいってからであった[7]。第一次大戦後、国際世論の重要性を認識していた欧米列強諸国は、各地で盛んに広報文化活動を繰り広げていた。東洋語東洋文化研究に関して言えば、中国研究は研究者層の厚さ、講座数ともに日本語日本研究より格段に充実しており、当時の日中関係が中国側からの視点で語られている状況に、日本は、ようやく、焦りを感じ始めたのである。しかし、日本研究所の設置は、日本政府ではなく、民間の手で細々と進められたのである。ここで、中国研究の状況について日本側がどのように認識していたかを示す記録を紹介する。

　　支那側ノ施設ヲ見ルニ「ウィーン領事養成学校」並ビニ民族学博物館ニ於テ「プレーリング」ナル者ガ支那語ヲ教授シ居ル外当地大学ニ於「ロストホルン」教授（前駐支公使）担任ノ下ニ支那学ノ特別講座アリ日支紛争当時「ロ」ハ其ノ大学ニ於ケル並東亜芸術愛好会総裁タルノ地位ヲ利用シ執筆ニ講演ニ当国並中欧諸国ノ知識階級ヲ紳士的ニ誘導シタル様ノ次第ナレバ右支那側施設ニ対抗スル意味ニ於テモ此ノ際当地大学ニ日本講座ヲ開設スルコトハ時宜ニ適スト思考セラル

　　　　　　　「「ウィーン」大学日本研究関係一件」I. 1. 3. 0. 12. 外務省外交史料館
　　　　　　　　　　　　　　　　　　　　　　　　JACAR Ref.B04011413600

　一方、駐墺日本公使館のウィーン領事養成学校で日本語を教えるド・チョンホについては次のように報告されていた。

【注】
[7] 国際文化振興会（国際交流基金の前身）の設立は1934年であった。

講演・調査・日本語ノ教授ハ朝鮮人ガ当リ居ルハ其ノ日本ニ関スル紹介
振ニモ想致シ寒心ニ不堪

「「ウィーン」大学日本研究関係一件」I. 1. 3. 0. 12. 外務省外交史料館
JACAR Ref.B04011413600

　中国学が圧倒的に優勢な状況であるのに加え、オーストリアにおいて数少ない日本に関する紹介、発信が「寒心ニ不堪」ものであったという報告は、より堅固な文化事業基盤の確立の緊急性を知らしめたものと思われる。

　ウィーンに日本研究所が開設されたのは、出資者である三井高陽がウィーンをこよなく愛していたことに加え、これまで正規講座が存在しなかったこと、また、広報に関して前述のような状況が緊急性を帯びて認識されたことが動機となったと言えよう。国際世論の重要性に対する関係者の認識が高まっていた当時、国連を脱退し自国の意見を発信する足場を失い、日本のアジア政策に対して利害関係にある欧米から非難をあびていた日本に対し、中国による反日キャンペーンが繰り広げられている様子が、日本語講座担当者らからも報告されていた。日本語講座や日本研究所は、小規模ながらも、発信の場として位置づけられていたのである。

　さて、フィンランドについて言えば、広報活動が急務であった日本にとって、広報内容の質は重要であり、講座につく人物の評価は無視できないものであった。文化事業としての日本学日本語講座の担当を、「寒心ニ不堪」との業務評価を下された者に任せるということは、任務の緊急性如何に関わらず外交上ありえない。こうした理由で、公使館はラムステッドの研究助手といえども、給与支給依頼には応えられなかったものと推測される。この一件で、ラムステッドに日本語講座開設の意思があるのを確認した公使館は、3年後、日本政府の出資で日本文化講座を開設すべく、講師の候補となる人物をドイツの日本人留学生から抜擢しようと、以下の文書を発信したのである。

　　「本使着任後「ヘルシンキ」大学ニ日本語講座ヲ設クル件ニ付同大学教
　　授トシテ東洋語学研究ノ外特ニ日本語ノ課外教授ヲ為シ居ル「ラムス
　　テッド」博士（前駐日公使）ト懇談シタル処同博士モ至極賛成ニテ日本
　　側ヨリ適当ナル講師推薦アリ度旨希望シタルニ付本使今回伯林出張ノ際

物色シタル処在独大使館ニ於テ在独邦人中ニ適任者ノ心当リ有ル趣ナリシヲ以テ内交渉方依頼シ置キタリ」1941年1月7日

「学術関係雑件第三巻」3.10.3.60 外務省外交史料館 JACAR Ref. B04011400300

　以上の経緯は、単に、フィンランド側の事情再検証というだけでなく、当時の日本語日本研究講座支援の目的を知るうえでも重要な意味を持つと言えよう。なお、この経過は、当時の三井財閥の三井高陽男爵にも報告されている。

4．広報文化活動に対する同僚岡正雄の認識とその後のド

　日本の広報活動に対し厳しい意見を持っていた一人である岡正雄は、領事養成学校ではドの同僚であり、ウィーン日本研究所の所長、ブダペスト大学の客員教授、日本洪牙利友好協会の会長を務め、欧州各地でヨーロッパの広報活動を目の当たりにしてきた。日本政府の活動は、ヨーロッパ列強諸国の広報宣伝と比べると、きわめて貧弱であるというのが、岡正雄はじめ、村田豊文、野上素一、摩寿意善郎らヨーロッパ在住の日本人講師らの認識であった。彼らは、欧州各地では、アジア認識は、無知や偏見にあふれ、情報が偏向していること、西欧諸国はいかに自国に有利に国際世論を惹きつけるかといった広報宣伝にたけているかを報告している。日本語講座支援は、この広報宣伝の一部という位置づけであり、その「妥当な」人選の必要性については広く認識されていたのである。岡は日本洪牙利友好協会のスピーチで次のように述べる。

> その頃（ドイツから）世界的学者をブダペストに一週間ごとに砲弾のごとく送り込まれ（略）私はこの状況を見て、決して茶の湯の紹介なんといふものではない一つの文化工作の本質といふものを、如実に見せられたような感じを抱いたのである。

「本邦ニ於ケル協会及文化団体関係雑件第二巻」I.1.10.0.2 外務省外交史料館 JACAR.Ref.B04012377400

さらに、ドイツの文化事業は、一流の学者を使ってハンガリーのほか、ブルガリア、ギリシャ、トルコにおいても展開している巧みな文化工作の例として紹介している。例えば、相手国に文化研究所を設けて優秀な学者を所長に就任させ、大使館の文化担当に世界的に著名な教授をあてていること、ドイツ博物館を設置したり、こうした大使館がやらないところの文化活動を通じてドイツの政策に貢献していること、そして、各国の都市に若い優秀な出張員を派遣して土地の大学生と接触させ、ドイツへ勉強に行く便宜をはかっていることなどである。また、ドイツでイギリスやフランスの文化政策に関する書籍を出版していることについて、岡はさらに次のように述べる。

　　これは純粋にアカデミックなことをやつて居るのでなく、戦争になって愈々本性を現したとも言へようが、非常によい文献も出して居るのである。斯くの如くドイツの文化工作は、実に周到な用意と組織とを以て進められて居るのである。
　　「本邦ニ於ケル協会及文化団体関係雑件第二巻」I.1.10.0.2 外務省外交史料館
　　　　　　　　　　　　　　　　　JACAR.Ref.B04012377400

　岡正雄の一連の活動は重視されたものの、1939年、ドイツが大戦に突入すると在欧日本人学生に帰国命令が出、対欧文化事業は途絶えた。一時帰国のつもりで日本に戻った岡は、戦争勃発のため、ウィーンに日本研究所所長として戻ることはなかった。一方、ドは、領事養成学校の職を失い、フィンランド行も実現しなかったが、岡が所長をつとめるウィーン日本研究所に出入りしていた時期もあることから（稿末の画像2参照）、その後は、日本人留学生や日本の関係者との交流を持ちつつ、帰国の機会をうかがっていたものと思われる。オーストリアの生活に終止符を打ったドは、韓国へ戻り、東京、満州、韓国と行き来し、1946年以降は、平壌の博物館や金日成総合大学などで要職を歴任、その後、地方へ移ったという[8]。

【注】
[8] http://user.chollian.net/~imint/　韓国民族文化大百科事典。

5. おわりに

　当時、アジア研究と言えば、中国学が中心であった。たとえば、イタリアの東洋学の中心であったナポリ王立東洋学校は 1732 年に中国研究所として活動を開始した。一部の地域で日本学が中国学から独立しはじめたのは 20 世紀に入ってからである。日本側が研究基盤確立の重要性に気付いたのは、さらに遅い。1960 年代に入り、日本が西ドイツの GNP を抜いて、世界 2 位になると、各地に日本研究講座が開設されるようになった。さらに、21 世紀の今日、いくつかの機関では韓国学が独立をはじめている。本稿は、まさに、日本学の研究基盤のなかったオーストリアにおいて、日本研究が開始されたころの朝鮮半島出身者の関わりという一側面を扱ったが、そのウィーン大学で韓国学が誕生したばかりの現在、歴史の一つの節目に身をおく偶然を実感する次第である。

≫≫ 参考文献・資料

小川誉子美（2005）「対独文化事業としての日本語講座に関する記述―1930 年～ 1945 年にドイツで教えた日本人講師についての考察―」『日本語教育』No.127 日本語教育学会　pp.61-70

小川誉子美（2010）『欧州における戦前の日本語講座―実態と背景』　風間書房

Halén, Harry (1998) *Biliktu Bakshi・The Knowledgeable Teacher. G.J. Ramstedt's Career as a Scholar*, Memoires de la Société Finno-Ougrienne, 229 Suomalais-Ugrilainen Seura, Helsinki

Ogawa, Yoshimi (2003) "The Complete Picture of "Keynote of Japan's History" – Tsutomu Kuwaki's first academic lecture in Helsinki" *URALICA* No.13, The Uralic Society　pp.75-86

JACAR（アジア歴史資料センター）Ref. B04011400300　学術関係雑件第三巻 16.「ヘルシンキ」大学ニ日本語講座設置ニ関スル件、外務省外交史料館

JACAR（アジア歴史資料センター）Ref. B04011413600　「ウィーン」大学日本研究所関係一件分割 1. 外務省外交史料館

JACAR（アジア歴史資料センター）Ref. B04012377400　本邦ニ於ケル協会及文化団体関係雑件第二巻 1. K（29）関西日洪協会、外務省外交史料館

「各国ニ於テ本邦人雇用関係雑件第 2 巻 K-4-1-0-1」（外務省外交史料館）

>>> 稿末資料

〈画像1〉フランクフルト大学発行学生証
　　　　（フランクフルト大学古文書館所蔵：Dr. Andreas Schirmer より提供を受けた）

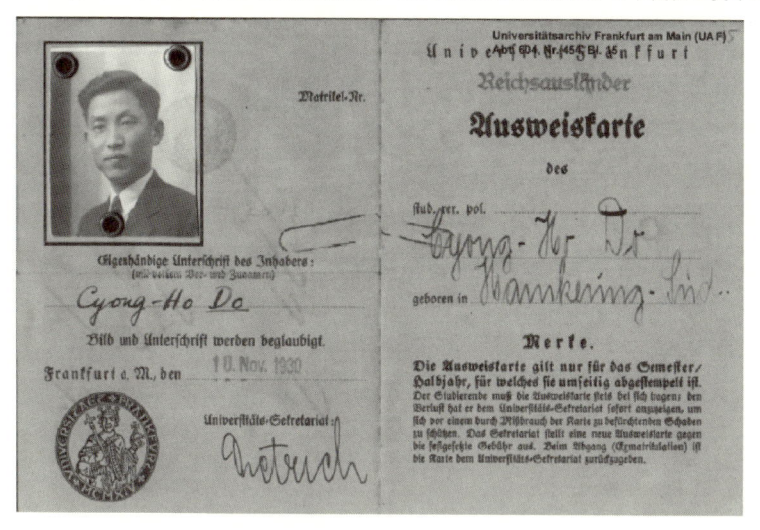

〈画像2〉ウィーン日本研究所芳名録
　　　　（ドのサイン：1938年9月26.27日、10月2日　Dr. Peter Pantzer 氏所有）

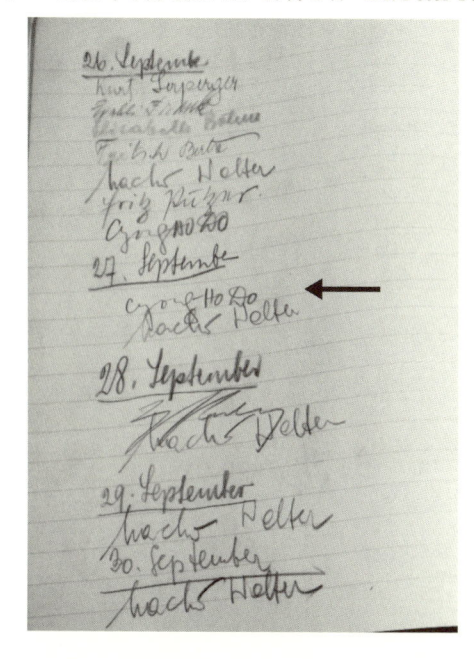

ウィーン領事養成学校の日本語講師 Do Cyong-Ho（都宥浩）について ｜ 225

本稿は、"Do Cyong-Ho as Lecturer for Japanese Language in Vienna: Materials from Finland and Japan" Yoshimi OGAWA, Chikako SHIGEMORI BUČAR *New findings on early informal exchange and personal relations between Koreans and citizens or either the Austrian-Hungarian monarchy or its successor-states*, (tentative, forthcoming),Praesens in Wien,2012 をもとに、本書の読者向けに随所に手直しを加えたものである。

謝辞：Dr. Peter Pantzer（元ボン大学）からは貴重な資料の提供を受けた。ここに感謝の意を表したい。

戦時期の日本語普及事業と松宮弥平・松宮一也
―日本語教師養成事業をめぐる官民論争に着目して―

河路由佳

1. はじめに

　日本が国を挙げて日本語普及事業に取り組んだ1940年代前半、日本語教育に関わる統括的な実務を担った組織として日本語教育振興会がある。
　「日本語教育振興会」という名前の組織は、まず1940年12月に民間機関である日語文化協会の中に置かれた。それは、同協会の主事松宮一也（1903-1972）とその父弥平（1871-1946）が1930年代後半より外務省や興亜院、文部省の日本語普及事業に協力してきた結果であった。が、1941年8月に日本語教育振興会は文部省内に移管され、改めて「設立」が宣言された。
　本稿では、国策としての日本語普及事業が始まるおよそ半世紀前から欧米人宣教師らへの日本語教授や教師養成事業に携わってきた松宮弥平が、その長男一也とともに日語文化協会の中心的役割を担い、如何に国策と関わっていったのかを諸資料より明らかにする。特に、1940年夏の松宮一也と文部省図書監修官の倉野憲司との日本語教師養成をめぐる官民論争に注目し、日本語教育振興会が「民」から「官」へ渡った背景について考察する。

2. 日語文化協会の沿革

　日語文化協会の前身は、1913年10月に東京市長阪谷芳郎によって設立された日語学校である。日本の国際化には日本語教育が必要だと考えた阪谷が、英米のミッション関係団体等の協力を得て設立したのだった。

この日語学校は、さらに遡ると、松田一橘(いさお)（1869-1908）の学校に行きつく。松田は1890年からアメリカ人宣教師の日本語の家庭教師をしていたが、1905年に本科2年、高等科1年以上からなる日本語学校を創った。生徒の大半は宣教師であった。1908年に松田が病死しチーフ助手だった阿部タカノが跡を継いだが、1913年10月に日語学校が創設されると、この学校の教師と生徒は日語学校に引き継がれたのだった（竹本英代 2002）。日語学校は私立の各種学校として認可され、当初東京外国語学校の教室で授業が行なわれた。その「設立要項」には、「本校ハ外国人ニ日本語ヲ教授シ外国人ノ為メニ歴史、文学、宗教、制度、風俗、其他日本ノ事物ニ関スル講筵ヲ開クヲ以テ目的トス」と書かれている（竹本英代 2007）。

　日語学校の初代校長はフランク・ミュラー（1864-1917）で、理事の3分の1は連合ミッション会議から選出された英米人であった。連合ミッション会議では日本語教育課程の基準を定めていた。創立と同時に松宮弥平を任用し、松宮主導で授業が運営されるようになるが、1921年、松宮弥平が松宮日本語学校を設立して日語学校を辞めると、日語学校は宣教師団の日本語教育課程を採用、宣教師団主導の英語による解説を用いた日本語教育に転じた。

　1923年、関東大震災で阪谷らの日語学校は焼失し、一時神戸に移ったのち東京都内を転々とした（竹本英代 2008）。1930年9月、日語学校は文化理解の重要性への注目の高まりを反映し、文化教育をも重んじるという意味を込めて日語文化学校と改称した。

　1932年には松宮日本語学校は日語文化学校との合併に合意した。日語文化学校は「国語課程」と「宗教課程」それぞれ3年制で、『日本語会話入門』『日本語会話（1年生用～3年生用）』『日本昔噺会話』などに加えて、「宗教課程」の『基督伝』『基督喩話』『教会用語』『祈祷用語』『聖書（口語訳）』等、教材のほとんどは松宮弥平が執筆作成した。

　1939年には財団法人日語文化協会（理事長：阪谷芳郎、主事：松宮一也）が設立認可を受け、日語文化学校（校長：ダーリー・ダウンズ）はその中の一事業となった。日語文化協会では、ほかに日本語教授研究所（所長：松宮弥平）、出版事業部（部長：ジョージ・ホールデン）、日本語海外普及事業部（部長：松宮一也）をたて、それぞれの事業を推進することとなった。[1]

3. 松宮弥平と松宮一也の「日語文化協会」までの歩み

　1933年に、松宮弥平の長男、一也は日語文化学校に就職し、父と共に戦時期の日語文化協会を担うことになるが、そこへ至る経緯を整理しておく。

　松宮弥平の日本語教育のきっかけはキリスト教の伝道にあった。愛媛県に生まれ、青年時代にキリスト教に入信。群馬県前橋に移り、1893年に宣教師への日本語教育を開始した。1897年、旅館「鍋屋」の娘、松宮しんの婿養子となり旅館を経営する傍ら、宣教師らへの日本語教授に取り組んだ。しんも生徒の世話をよくしたという。一也は彼らの長男として1903年に生まれた。後に一也は、「鍋屋」での幼少期の経験とその頃の父の日本語塾の様子を綴っている。幼い一也は「鍋屋」に住み込んで学ぶ宣教師らに可愛がられた。弥平は授業料を定めず「伝道の精神」で教えていた。「鍋屋」での日本語教授には「家庭的な温さ」があり、「たゞ職業的に日本語を教へると言ふのとは大分趣が異つてゐた」と一也は回想している（松宮一也 1942：298-303）。

　1912年の秋、宣教師たちの要望を受けて松宮弥平一家は上京し、手伝いの教師を雇って麹町の自宅で日本語塾を開いた。遠方の学習者には通信教授を行なった。そこで松宮弥平は阪谷芳郎と出会い、1913年に日語学校が設立されるとその日本語教師となり、1918年には教務主任となった。かねて教師養成の必要を痛感していた松宮弥平の主導で、日語学校では1914年1月に第1回日本語教授法講習会を実施した。受講者は女学校の教師など女性が多かった。以後、毎年、福岡・軽井沢などでも講習会を開催し、1940年頃までに1000名を超える修了生を出したという（松宮一也 1942：308－309）。1921年、弥平は独立して松宮日本語学校を神田三崎会館内に設立した。

　一方、息子の一也は1924年に東京外国語学校西語科を卒業後、基督教青年会の少年指導事業に携わった。1926年に渡米して心理学を学び、帰国後、明治学院高等部の講師をしつつ1931年に太平洋問題調査会調査員となった。

【注】

[1] 日語文化学校の1940年当時の教師は15名、生徒は欧米他13カ国から約80名、小クラス組織の直接法で教えられていた。横浜と京城に分校を有し、他の地方在住の外国人には通信教育を行っていた【松宮一也 1942：193】。

1933年日語文化学校より合併の誘いを受け、弥平は日語文化学校に国語部長として帰任するが、同時に息子の一也が幹事に就任した。これは太平洋問題調査会で一也を知った姉崎正治が、弥平との関係を知らずに推薦したという（松宮一也 1942：317）。ここから松宮父子の二人三脚が始まった[2]。

4. 松宮弥平・一也の国策としての日本語普及事業への関与

　国策としての日本語普及事業は、「満洲事変」を巡る日本の国際連盟脱退後の1934年に国際文化振興会が欧米独立国向けの事業に乗り出した[3]のが最初である。1935年の『財団法人国際文化振興会設立経過及昭和九年度事業報告書』によると、初年度の同会事業として「私立日語文化学校の英文日本語文典及び日本語会話教本出版の補助」とあり、「日本文化研究のために来朝する外国人の実際指導に役立たしめる正確な日本語の教材として出版するもので、執筆は日語文化学校国語部長松宮弥平氏が之に当つてゐる。(p. 49)」と説明されている。

　松宮弥平は既に多くの教材を謄写版で作成していたが、これは新たな書き下ろしである。当時の国際文化振興会は、海外からの問い合わせにローズイネスの著作など英語による日本語学習書を紹介したり寄贈したりしている[4]。学習書として英語による解説のあるものが適当だと考えたのである。国際文化振興会より助成を受けた弥平の著作のうち『日本語会話文典』(1935) は

【注】

[2] 松宮弥平及び一也の経歴については、文献資料に加えて一也の娘、吉田百合子氏への聞き取り調査に基づく年譜を参考にした。調査は（財）言語文化研究所（現・長沼スクール）の長沼守人と長沼美奈子によって行われ、年譜は山下秀雄によって作成された。

[3] 外務省文化事業部に国際文化事業を担当する課が設置されるのは翌1935年で、一足先に設立された国際文化振興会はこの課の管轄となった。

[4] 国際文化振興会（1935）によると、1934年11月、インド政府から英文による日本語文法書、学習書の要望が伝えられたのに対して、次の4種を選んで送った。
　　Conversational Japanese for Beginners, by Rose-Innes.
　　Japanese Reading for Beginners, by Rose-Innes.
　　National Language Readers of Japan, by K,Ojima.
　　English-Japanese Conversation Dictionary, by Rose-Innes.

英文の文法書で、松宮弥平が日本語で書いたものを息子の一也とその妻、薫子が英語に翻訳した。『日本語教授法』(1936) は日本語による著作、『日本語会話巻一』(1937)、『日本語会話巻二』(1936)、『日本語会話巻三』(1938) は英語で解説された日本語の入門書である。松宮一也 (1942) によると、外務省文化事業部の支援を受けて刊行した教材の中には上記のほか「初歩日本語学習用蓄音器レコード5枚1組」もあった。これら一式は、外務省文化事業部の助成事業の一環として世界各地の日本大使館や公使館、領事館のほか著名な大学、図書館に寄贈し、各地で採用されたという（松宮一也 1942：339）。

1935年に国際学友会が設立されるまで、非漢字文化圏出身の学習者に対する日本語教育機関として日本の外務省が認識していたのは日語文化学校であった[5]。

この時期の外務省文化事業部は日語文化協会による講演会や日本語教師養成講座にも援助を行った。松宮一也 (1942) は1930年代半ばを振り返り、日本語普及が重要な国策として「著しく社会の関心を集めるに至」る「数年前」に、外務省が松宮らの日語文化学校の活動を支援したことに謝意を表している（松宮一也 1942：340）。父の弥平は『日本語教授法』の「緒言」に「近時国勢の進展に伴ひ、日本語の拡進著しきは誠に慶ぶべき所であると同時に（中略）私も亦国家の進運に一指を添へることが出来たことを感謝する次第である。」と記した。地道に重ねてきた教授経験が国家的規模で必要とされることが、彼らにとって望外の喜びであったことは想像に難くない。

1936年、カリフォルニア州立大学から日語文化学校に日本語教師の派遣要請があり、一也が外務省文化事業部の国際文化事業担当課長柳澤健に相談したところ、日系人排斥の機運の高まるアメリカからの申し出は貴重だからぜひ応じるように言われたので、急遽、自ら応じることにした（松宮一也

【注】

[5] 外務省は、1934年3月13日付でシャム国（後のタイ）文部省より日本での日本語教育機関についての問い合わせがあった際にも5月3日付で「個人教授を受くるか又は日語文化学校に通学すること可然」と答えている（外務省外交史料館文書「在本邦各国留学生関係雑件　タイ国の部」より）。

[6] 昭和11 (1936) 年度外務省文化事業部第三課（国際文化事業）の執務報告より。

1942：331)。外務省文化事業部はこの時の一也の手当にも助成を行った[6]。

　一也はこうして1936年夏、米国カリフォルニア州立大学バークレー校に客員講師として赴任、日系二世の学生を対象に日本語と日本家族制度講座を担当し、翌年帰国した。このアメリカ滞在で一也はアメリカ人の人種差別に基づく日本や日本人、日本語への屈辱を味わい、日本及び日本語の地位向上への野心を持った（松宮一也　1942：334-336)。これが、この後一也が国策としての日本語普及事業に情熱をかける原動力となったものと思われる。

　帰国後、一也は外務省文化事業部の対タイ文化事業に大きな役割を果たした。これは外務省が積極的に行った日本語普及事業として数少ないものだが、一也は命を受けてバンコク日本語学校の設立ほかタイにおける日本語普及事業計画を提出し、全面的に採用された。外務省文化事業部はその具体的な準備のため1938年度に一也を外務省嘱託としてタイに派遣した[7]。表紙に「昭和十三年十一月一日日暹文化事業実施並調査報告書　準備員　松宮一也」と書かれた詳細な報告書が残されている。1938年12月20日にバンコク日本語学校が開校、教師として日語文化学校から星田晋五と高宮太郎の2名が派遣された。一也はこの後も、外務省文化事業部の日本語普及事業としての基本語彙調査の委員等に名を連ねている。

　一方、1937年に日中戦争が全面化すると1938年12月には「対支中央機関」として興亜院が設置され、それまでにない大規模な中国大陸向けの日本語普及事業が始まった。興亜院は日語文化学校に「対支日本語普及に関する研究事業」として「支那人に対する日本語教授法要綱の作成」と「日本語教師養成に関する研究」を委嘱した。興亜院の希望で日語文化学校の数名に文部省から各務虎雄、倉野憲司、井之口有一の3名を迎え、興亜院から大志萬準治、それに中国語の専門家として魚返善雄を加えた研究委員会を組織し、1939年1月から週に1、2回、毎回4、5時間の討論を行った。議論は難航したが8月には取り纏めを終えた（松宮一也　1942：342-343）。

　「昭和十四年六月」と書かれた興亜院文化部第三課による「日本語普及方策要領（草案）」には、中国向けの日本語普及に関する壮大な構想が具体的

【注】

[7] 昭和13（1938）年度外務省文化事業部執務報告より。

に書かれている（河路 2011：140-148）。今日に至るまで特定地域の日本語普及についてこれほど綿密な計画をたてた例は他にない。松宮らが8月に纏めたという成果とこの「日本語普及方策要領」の関係は明確ではないが、関連深いことは確かである。日本語のみならず文化宣伝に力を入れ社会全体に影響を及ぼそうとする構想は松宮一也が先に提出した「日暹文化事業実施並調査報告書」にも通うもので、松宮一也が雑誌『コトバ』や『日本語』で述べている対支日本語普及構想と一致している。1939年、松宮一也は日語文化協会に日本語海外普及事業部を設置し自らその部長となった。

同じく1939年6月、文部省主催による初めての「国語対策協議会」が内外の日本語教育関係者を集めて開催され、松宮一也も傍聴者として参加した。この協議会で得られた合意事項の「国語の諸問題について調査統一する機関を設置すること」に基づいて1940年11月28日、文部省に国語課が設置され、「日本語教育に関する連絡機関を設置すること」に基づいて同年12月23日、日本語教育振興会が日語文化協会の中に置かれたことになる。日語文化協会は、1940年3月から興亜院からの助成を受けて「対支日本語普及事業」としての日本教授法と日本語教師養成の調査研究に取り組んでいた[8]。これが発展的に日語文化協会内の日本語教育振興会となったと言える。

この時期、松宮らがこうした国策に力を入れてゆくのには、日語文化協会側の事情もあった。ヨーロッパで第二次世界大戦が始まり1940年に入ると宣教師団体は宣教師に日本から撤退するよう働きかけたのである。生徒が減少しただけでなく、1941年にはボールズ校長はじめ主要な外国人理事も去り、後を任された松宮らは、新たな活路を見出さなければならなかった。

5. 新旧「日本語教育振興会」の設置
　　——日語文化協会から文部省へ——

1940年12月に日語文化協会内に設置された日本語教育振興会の事業内容

【注】
[8] 1940年5月号『コトバ』の「彙報」（p. 88）による。興亜院から小関昭夫、大志萬準治、文部省から各務虎雄、倉野憲司、長沼直兄、井之口有一、日語文化協会から松宮弥平、松宮一也、魚返善雄、山本彰が協議を行った。

は「日本語普及に関する調査研究」「日本語教授法の研究」「日本語教育資料の作成頒布」「日本語教育に関する講習会、講演会等の開催」「日本語教育振興に関する機関誌の発行」の5つとされた[9]。5つ目の実現として月刊誌『日本語』の発行があるが、その創刊号（1941年4月1日発行）に2月末日現在の事業報告がある。それによると、日語文化協会理事長の阪谷芳郎の任命で委員長には文部省図書局長の松尾長造が就任、委員長からの委嘱で常任委員には文部省から大岡保三、釘本久春、長沼直兄、興亜院から關野房夫、大志萬準治、そして日語文化協会主事の松宮一也の6人が就任、常任委員会を9回開催し、事業の企画立案、決定事項の実施を進めた。日本語教育講習会は2月15日から22日まで名古屋で実施、講師7名、講習生75名であった。

松宮一也（1942）によると、この日本語教育振興会（以下、便宜上「旧・日本語教育振興会」と呼ぶ）を発展させるために会の名前をそのまま文部省に移したいという話があったのは1941年8月であった（松宮一也 1942：346）。

『財団法人日本語教育振興会沿革及事業概要』（1944年10月）では、1941年8月25日を日本語教育振興会の設立日としている。同文書はその設立について、「大東亜圏に日本語を普及し、日本語教育の振興を図るための諸事業の一元的組織的発展を期する目的の下に」創設されたと説明し、「同年10月6日財団法人日語文化協会より9月20日現在を以て同会に於ける支那人に対する日本語の普及並に日本語教育振興に関する事業並に右事業の財産及権利の一切を継承せり。」と書かれている。1941年10月20日に開かれた第2回常任理事会の議事録によると、文部省に於いて興亜院関係者立ちあいのもと、松宮一也が事業や権利の移譲について押印して手続きを終えた。新しい日本語教育振興会は、旧・日本語教育振興会の事業を引き継ぎ、事業項目に「日本語普及・教育振興関連の内外諸団体との連絡、諸事業の調整」を加え、国内外の日本語教育関連事業を統括的に推進することとなった。

この経緯について松宮一也は「ともかく円満に移譲してこれと協力することになつた。この間の事情については、未だ詳しく述べる時ではないと思ふ」

【注】

[9]「日本語教育振興会規則」第2条による（日本語教育振興会『日本語』創刊号，1941年4月, pp. 30-31）。

と記すが、この「1年8箇月」の間に日語文化協会が対支日本語普及の「国策の第一歩を踏み出した」ことを名誉とし、日本語教育振興会の「生みの親」として「発展を祈る」と述べている（松宮一也 1942：347）。

　新しい日本語教育振興会では常任理事に大岡、釘本、関野が留任、長沼、大志萬、松宮一也は理事となった。このあと毎週のように開催される「常任理事会」に長沼は毎回出席するが、松宮一也は移譲手続きの日を最後に出席していない。1943年6月11日の第46回常任理事会で役職の見直しが行われた際、「前理事にして評議員とするもの」という中に松宮一也の名があり、1944年5月12日の第8回理事会での関係者名簿からはその名が消えた[10]。

6．1940年日本語教師養成に関する官民論争
　　―松宮一也と倉野憲司―

　松宮一也のそれまでの貢献からするとこの動きは不自然で、文部省が松宮らを故意に遠ざけたものと見ないわけにはいかない。1940年7月の『コトバ』誌上で松宮一也と倉野憲司の間に展開された日本語教師養成をめぐる官民論争は、こうした動きに影響した可能性のあるものとして注目される。

　この号には特集「シンポジウム　日本語の対支進出と教授者養成問題」が組まれた。最初に松宮一也による16ページに及ぶ提言[11]があり、それに対する意見が魚返善雄、黒野政市、そして倉野憲司から寄せられている。一也は「日本語教師養成所」の設置を提案し、最初は「文部省その他の関係各省及び民間団体の協力の下」に興亜院が経営するのが適切だが、「次第に民間にその事業を移譲するのが最も実際的（p. 70）」だと述べた。これに対し文部省図書監修官の倉野憲司は「日本語普及という国家的大事業が民間団体を主体として遂行されるものとは、到底考えられない（p. 90）」と強く反論し

【注】

[10] 一方、「教科用図書調査会委員」という肩書で評議員に名を連ねていた父の松宮弥平は、新たな名簿にもそのまま残っている。新たな「日本語教育振興会」で中心的役割を果たす実践家は長沼直兄であった。長沼直兄はやがて総主事となり、戦後は理事長となって組織の解散を決定することになる。

[11] 松宮一也 1940「日本語の対支進出と教授者養成問題」『コトバ』第2巻第7号，pp. 64-79

[12] 倉野憲司 1940「松宮氏の提言に対して」『コトバ』第2巻第7号，pp. 89-91

た[12]。これを受けて翌8月号に松宮一也は「官か私か──再び対支日本語教授者養成問題について」と題して[13]、倉野より出された「なぜ民間を主体にと主張するのか」との質問に、「対外文化事業」が直接「政治的意図」と結び付いては「釈然たる人間関係が生じ難い」ので、民間機関による「政治的利害得失を超越した献身的な努力」が必要であると説明し、政府は民間団体を助成して事業を託すのが適当だと思う（pp. 62-62）と述べた。

　松宮一也は1930年代の外務省のように、興亜院や文部省にも民間団体に助成を行うことを希望し、それを最善だと考えたようである。このあとに日語文化協会内に日本語教育振興会が置かれるのだが、松宮一也は将来的にこの事業は日語文化協会に移譲されるのが望ましいと考えていたことになる。しかし、この考えは倉野憲司ら文部官僚には到底容認できなかった。日本語教育振興会が間もなく文部省内に移管され、松宮一也が遠ざけられた背景には、この議論で顕在化した考え方の違いがあったのではないだろうか。

　松宮一也の立場に立てば、民間機関としての実績に基づいて国策に協力してきたわけで、特に日本語教師養成事業は松宮弥平が早くから手掛けてきたことだった。事実、日本語教育振興会による日本語教師養成講座は、それまでの日語文化学校によるそれと方法、内容ともに類似している。1940年12月の日本語教育振興会設置後も、日語文化学校ではそれとは別に講習会を開いたり、日本放送協会より北米・カナダ西部向けに英語で日本語講座海外放送を行ったりしていて[14]、国策としての日本語普及事業に協力しつつも、それ一辺倒になることなく、従来の事業をも続けていたのである。

　松宮一也の考えたのは、国策のための日本語教師養成機関を創設するのではなく、既存の日本語教師養成機関が国策に協力するという構図である。前者は国策が潰えると無意味になるが、後者はその場合も新たな文脈で別の学習者に向けて力を活用できると考えられ、本質的な違いがある。松宮一也は、1942年秋に刊行した著書において再び「日本語普及が国家的事業であることは、政府の独占事業であるの謂ではない。（中略）如何にして民間の自発的活動を助長するかに懸つてゐる（松宮一也 1942：356）」と持論を繰り返

【注】
[13] 『コトバ』第2巻第8号, pp. 60-64
[14] 『コトバ』1940年11月号「外地版」(p. 59)。

している。

7. 文部省内日本語教育振興会と日語文化協会

　日本語教育振興会の文部省への移譲手続きを終えた後、松宮一也は「協会本然の姿に立ち還り」「日本語教授の仕事に専心することになった（松宮一也 1942：347）」と述べ、国策とは一線を画することを選んだかに見えた。

　ところが、日本語教育振興会の理事会議事録を見ていくと、父の松宮弥平が熱心に足を運んで助成を乞う姿が繰り返し現れるのである。

　移管して間もない第3回（1941年10月22日）の議事録では松宮弥平が松尾理事長を訪ねて「研究調査その他事業」の委嘱を受けたいと希望してきたと報告があり、第5回（11月7日）において松宮弥平を「昭和16年度日本語教育振興会講習会事務嘱託」とすることを決定、第6回（12月23日）では「入門期及び初学年の指導法」ほか教授資料作成を松宮弥平に委嘱、2000円を計上した。第15回（1942年8月21日）でも松宮弥平からの同様の希望が報告され、第16回（9月18日）において「中級の日本語指導法」ほかの資料作成が委嘱され、さらに2000円が計上された。第72回（1944年1月14日）で松宮弥平が本年度も補助研究委嘱を受けたいと希望してきたが、今回は長沼直兄総主事が「積極的に本会事業に協力するならば常任理事会に諮る」と条件を付け、第75回（同年2月4日）では「19年度以降は本会（日本語教育振興会）が協会（日語文化協会）事業計画に参画する」という「官」の介入を松宮側が認める譲歩を行ったことが報告されている。結果、日語文化学校が日本語教育振興会の「企画指導の下に実験学級を編成し実験教授を施行」することとなり、「教師の俸給等（年額約二千円）を本会より支出すること」と決まった（1944年5月26日第10回理事会の議事録）。かくして松宮らは、最も大切に守ってきたはずの学校を「実験学級」として日本語教育振興会に差し出してしまった。松宮一也の述べた「生みの親」たる民間団体としての矜持を失ったかに見える。古稀を超えた父、松宮弥平[15]

【注】

[15] 『コトバ』1941年5月号及び10月号の「彙報」によると、松宮弥平の古稀の祝賀会が1941年10月10日午後5時から東京芝公園三緑亭で阪谷芳郎他170余名の発起で計画されている。

がこのようなふるまいを重ねたのは、なぜだったのだろう。こうしてまで助成を受けずには日語文化協会の存続が不可能になっていたのであろうか[16]。

真相は杳として知れないが、戦況は悪化の一途を辿り、1945年3月の東京大空襲で松宮らの牙城であった芝公園の日語文化協会は全焼した。

8. 戦後の「日本語教育振興会」と松宮一也

日本語教育振興会は敗戦で「大東亜圏への日本語普及」という設立の目的を失ったにもかかわらず、戦後日本にやってきた連合国軍将やその関係者からの要請を受け、終戦直後も活動を継続した。日本語教育振興会の呼びかけで10月23日に日本語教授者懇談会が開催され、そこで日本語教授者懇話会の設立が決まった。松宮一也は他の13名の日本語教育関係者と共に設立委員となっている[17]。また、1945年10月25日から11月24日にかけて実施された「第1回日本語教授者養成講習会」では松宮一也は「日米の作法」を担当している[18]。しかし、その後の活動には松宮一也は加わっていない。

松宮弥平は1946年7月4日、75歳で半世紀余りを日本語教育に尽くした生涯を終えた[19]。一也は1948年に『日本基督教社会文化史』(新紀元社)を刊行した。日語文化協会に関わる前の1932年、太平洋問題調査会の委員だったときの調査に基づく本で、「はしがき」には、「日本は今、深い深い反省期にあります。この時に当つて、日本に於ける基督教の足跡を尋ねることは甚だ意義があると思ひます (pp. 2-3)」と書いている。亡くなった父、弥平の名は、聖書の日本語訳に関わった一人として挙げられている。

【注】

[16] 『コトバ』1944年4月号の「消息」によると、松宮一也は1944年3月に大東亜省の委嘱で日本語学校の経営のために上海に赴いている (p. 48)。

[17] 他の13名は、有賀憲三、岩淵悦太郎、木村新、小林智賀平、篠原利逸、上甲幹一、高橋一夫、中島唯一、長沼直兄、西尾実、林和比古、松村明、守随憲治であった (河路2011:290)。

[18] この時の他の科目と講師は次のとおりであった。日本語教授法 (長沼直兄)、日本語要説 (中島唯一)、英会話 (長沼アントネット)、朗読演習 (北條 靜)、特別講義 (西尾實)、特別講義 (釘本久春)。

[19] 松宮一也はその後、リーダーズダイジェスト日本支社企画・調査・総務各局長・電通開発局編集主幹等を歴任し1972年9月17日69歳で亡くなった。

9. おわりに

　資料を辿ってみると、キリスト教の布教のために日本語教授を始めた松宮弥平が、国策に関わりそこに呑みこまれてゆく過程が改めて炙りだされた。宣教師への日本語教育が継続不能となったとき、彼らは新たな国家的ニーズに応えることに民間機関としての存続を賭けた。弥平にとって国策に関わることは大きな喜びでもあった。松宮一也は米国で自覚した「愛国心」ゆえの義憤から積極的に国策への協力に踏み込んでいった。それでも、一也が官民論争で民間機関の主体性を主張したのは、長く見て来た父の仕事への敬意からくる「民」の矜持ではなかっただろうか。

　しかし、父弥平は頭を下げてまでその牙城たる学校を「官」に差し出した。その挙句、空襲で彼らの学校はその歴史も夢も諸共焼け落ちてしまった。

　日本語教育が国家的課題とされる今日、官と民の協力が話題になることが多い。松宮一也の挑んだ官民論争は、今日の状況にも無関係ではないだろう。

>>> 文献リスト

外務省 1995『外務省執務報告　文化事業部（昭和10年‐14年）』（クレス出版）

河路由佳編 2010「日本語教育振興会会議録（1941年8月25日―1945年12月27日）」平成18〜20年度科学研究費補助金基盤研究（B）『第二次大戦期日本語教育振興会の活動に関する再評価についての基礎的研究（研究代表者　長谷川恒雄）報告2』

河路由佳 2011『日本語教育と戦争――「国際文化事業」の理想と変容――』　新曜社

国際文化振興会 1935『財団法人国際文化振興会設立経過及昭和九年度事業報告書』

竹本英代 2002「松田一橘の言語教育」『英学史研究　第35号』pp. 49-64

竹本英代 2007「初代校長フランク・ミュラーと日語学校の教育」『福岡教育大学紀要』第56号　pp. 25-37

竹本英代 2008「関東大震災後の日語学校の再建―大正期における宣教師に対する日本語教育をめぐって」『キリスト教社会問題研究』56　pp. 243-265

松宮一也 1942『日本語の世界的進出』　婦女界社

山口喜一郎「対話に於ける言語活動の特徴」を再読する
－直接法理論の完成から話しことば教育・研究へ－

平高史也

1. はじめに

　山口喜一郎はいわゆる外地における日本語教育の実践を通して、直接法の理論を打ち立てたことで知られる。その集大成ともいえる論文が二つある。一つは昭和19年4月30日に発行された文部省教学局編纂『日本諸学研究報告』第20篇（国語国文学）に収録されている「対話に於ける言語活動の特徴」（以下「対話論文」と略記）である。同報告の凡例にもあるように、この論文は昭和18年5月4・5・6日の3日間文部省で開催された日本諸学振興委員会国語国文学会での研究発表がもとになっている。もう一つは輿水實が代表を務めていた国語文化学会が刊行した『外地・大陸・南方日本語教授実践』に収められた「日本語の直接法教習について」（以下「直接法教習論文」と略記）である。奥付には昭和18年9月1日発行となっているが、論文の末尾に「昭和18年6月23日北京にて」と記されている。したがって、両者の成立時期にはほとんど1カ月半ほどの差しかないことになる。

　このように、二つの論文はほぼ同じ時期に書かれており、直接法の理論について述べた部分など内容にも似たところが多いが、他方、異なる論点も少なくない。「直接法教習論文」がほとんど直接法の理論と実践に関する論に終始しているのに対して、「対話論文」には直接法だけではなく、より広い視点から言語政策や言語活動をとらえようとする姿勢が見られ、長さも倍以上になっている。もっとも大きな違いは、論文のタイトルからも見てとれるように、後者は全体のほぼ半分にあたる後半部分が対話や言語活動に関する

論に費やされていることである。そのほかにも記号・語義・語意の関係、理解と発表の弧が形成する社会性、教習という概念についてなど、いくつか前者にはない論点が盛り込まれている。

本稿ではこの二つの論文を、特に「対話論文」に重点を置いて再読し、山口喜一郎の戦前戦後の理論的展開におけるこれらの論文の位置づけを論じる。それによって、日本語教育から国語教育へと活躍の場を変えていかざるをえなかった山口の立ち位置を浮き彫りにしようと思う。

2. お墨付きを得た直接法：山口喜一郎の勝利

「対話論文」を収めた『日本諸学研究報告』とは、1936年に発足した文部省思想局所轄の委員会が発行していた報告書である。この委員会の事業の焦点は人文科学にあり、国体や日本精神の本義に基づいて学問を刷新し、それを通じて教育の刷新を目指していたという。1937年以降、文部省教学局の管轄となり、教育学会、哲学会、国語国文学会、歴史学会…という順序で学会を開催した。学会ごとに「大東亜の文化建設と国語学及び国文学」などのような共有すべき研究発表主題が設定された[1]。国語国文学会は5回開催され（当初6回の予定であったが、第5回は中止）、日本語教育の分野で選ばれた報告者は、昭和16年6月に行われた第2回学会研究発表の長沼直兄（文部省嘱託）、昭和18年5月に開催された第4回学会研究発表の山口喜一郎と釘本久春（文部省図書監修官）の3名のみであった。文部省外からは山口一人ということになる。この人選には、日本諸学振興委員会で昭和16年から国語国文学部臨時委員を務めていた西尾實の力が働いたのであろう[2]。

さて、「対話論文」の冒頭に近い部分で、山口喜一郎は「放送と新聞とで知った」[3]こととして、昭和18年3月1日に当時の橋田邦彦文部大臣が帝国議会で大東亜共栄圏における日本語教育の重要性を説き、それに続いて松尾長造図書局長がその教習は直接法によることとして、教科書数十万冊を頒布する

【注】

[1] 駒込ほか編（2011）参照。
[2] このあたりの人選については駒込ほか編（2011）参照。
[3] 山口（1944：291）

用意があると述べたことに言及している。帝国議会会議録によれば、昭和18年3月1日に行われた衆議院の決算委員会で南方における日本語教育が取り上げられている。竹内俊吉委員が質問に立ち、最近南方から帰って来た人からの伝聞として

> 現在教授ノ仕方ガ非常ニ区々デアル、サウシテ正シキ日本語ガ伝ヘラレナイデ、正シカラザル日本語ト云フモノガ、正シイ日本語ヨリモ寧ロ伝播力ガ大キイト云フコトヲ、非常ニ心配シテ居タ[4]

と述べている。これに対して答弁に立った橋田文部大臣は

> 日本語ヲ普及シマス場合ニ、先ヅ差当リ正シキ日本語ヲ普及スベキデアルト云フ事柄ハ御話ノ通リデゴザイマス[5]

と賛意を表明している。つづいて、松尾図書局長が日本語教科書の編集や南方派遣教員養成などの文部省の日本語教育政策について説明している。そのなかで教授法について触れ、

> 飽クマデ直接法ニ依リマシテ、言換ヘレバ英語、オランダ語等ノ媒介ニ依ラズシテ、飽クマデ日本語ヲ日本語トシテ教ヘテ行クト云フ仕組ヲ致シテ居リマス[6]

と述べている。議会で言語教育の教授法が話題にのぼること自体がきわめて珍しいことであろうが、これによって、直接法はいわば文部省のお墨付きを得たわけで、少なくとも言語政策の面では山口喜一郎は公の後ろ盾を得て年来の主張が認められ、教授法論争[7]に勝利を収めたことになるといえよう。

【注】
[4] 帝国議会会議録衆議院決算委員会 13号（回）昭和18年3月1日 p. 252
[5] 帝国議会会議録衆議院決算委員会 13号（回）昭和18年3月1日 p. 253
[6] 帝国議会会議録衆議院決算委員会 13号（回）昭和18年3月1日 p. 253
[7] 速成法を唱える大出正篤らとの間に雑誌『日本語』で繰り広げられた論争。

3. 山口喜一郎の直接法理論

　では、政策ではなく、山口自身の実践と探究から編み出された直接法理論とはどのようなものなのであろうか。

　山口はソシュール言語学を吸収し、日本語教育の実践を通して直接法を理論化していったといわれる。水洞（1986）は「小林英夫等を通して摂取した主にソシュールの言語理論が外地における豊富な実践経験と結びつき、その理論の根底を支えている。」[8]とし、渡辺（2010）は「山口喜一郎は、1930年代前半にソシュール言語学を小林英夫を介して『直接法』理論に導入して、『言語活動』と『生活』の関係を独自に解釈した。」[9]と述べている。渡辺（2010）は、小林英夫訳によるシャルル・バイイの『生活表現の言語学』などの著作が山口喜一郎に与えた影響を克明に跡づけているが、本稿で扱っている「直接法」理論が最も明確に現れている二つの論文には言及していないので、これらの論文でソシュール言語学と山口の関係を見てみよう。

　山口の直接法理論を端的に表しているのが、「日本語の直接法教習は、その言語を言とする言語活動を営むことを本領とする。」[10]という文である。この文は「対話論文」にも、「直接法教習論文」にも一字一句違わずに記されている。「対話論文」で山口は、「言語」とは「社会に於ける各個人の心裏に、種々の統合と連合を保って体系をなしながら、記憶されてゐる」[11]ものであり、「言」とは「種々の心理活動を営み、影の薄い言語を結び合はせ組み合はせて、具体的な談話文章として外発する」[12]ものとする。また、「直接法教習論文」では「言語」と「言」が次のようにまとめられている。

　　言語はそれ故に陰在的で、抽象的で、孤立的で、個人的であり、言はそれに反して、顕現的で、具体的で、全文的で、社会的である。言語の意義

【注】

[8] 水洞（1986：45）
[9] 渡辺（2010：124-125）
[10] 山口（1943：244）、山口（1944：294）
[11] 山口（1944：295）
[12] 山口（1944：295）

も言語の語法も言語の音韻もすべて抽象的な表象であるが、言の意義語法音韻はすべて具体的で、現実的で生理的物理的であり、感覚的知覚的ですらある。

　我々が知的学的の対象として言葉に向ふ時には、言語としてその姿をあらはす。語法音韻語義文体修辞などがそれである。そして我々が実際的行動の対象として言葉を実践する時には、言が即ちその姿である。必ず具体如実な形象としてその本体を顕現するのであって、独話対話討論講釈諸種の文章がそれである。　　　　　　　　　　　　（山口　1943：245）

　渡辺（2010）が指摘するように、山口に強い影響を与えた小林英夫[13]はソシュールの『一般言語学講義』でもバイイの『生活表現の言語学』でも、「ラング」を「言語」、「パロール」を「言」、「ランガージュ」を「言語活動」としている。したがって、山口自身は述べていないが、直接法について論じる山口も小林を通してバイイやソシュールの影響を受けており、「言語」、「言」、「言語活動」をソシュールやバイイのような意味合いで使っていたものと思われる。

　ただし、これには留保が必要である。管見の限り、山口の著作には「言語」、「言」、「言語活動」を各々「ラング」、「パロール」、「ランガージュ」の訳語として使うという断わり書きが見当たらないのである。山口がソシュールに言及している箇所は、たとえば次のようである。

　私は常識が言葉も言語も一しょくたにしているのを、言語に即して、その個人的で社会的であることを明らかにしたのだ。また言葉の機構と機能とを分析して遂に言語と言語活動と言の三概念を抽出した。これは言葉の研究上極めて大切なことである。これの提唱はソッシュールで、その紹介と祖述とは小林英夫博士の多年努めて倦まないところである。

（山口　1951：80-81）

【注】
[13] たとえば、山口（1941b）は「序」に同書の内容はすべてこれまで実行してきたことであって、「中に幾分か学理にかなふところがあればそれは京城帝国大学の小林英夫先生の著書、就中『バイイの言語活動と生活』『文法の原理』『言語学通論』によったものです。」と記している。

山口は「言語」を「ラング」、「言」を「パロール」とするのを避けていた節がある。山口がソシュールを直接受容したのではなく[14]、小林英夫を通してバイイに感化されていたこと、その小林も後年ソシュールとはやや異なる立場を示すようになったことなどが影響しているのかもしれない[15]。そしてなにより、上の引用にあるように、山口自身が自分の理論を打ち立てようとしていたためであり、打ち立てたという自負があったからではなかろうか。
　このように、言語政策の面で直接法がお墨付きを得たこと、いわば日本語教育界の代表として文部省主催の研究発表に出席したことなどもあり、このときの山口は日本語教師としてのキャリアの絶頂にいたと考えてよかろう。しかし、そのわずか1年半後に、外国語としての日本語教育そのものが敗戦によって一旦休止に追い込まれてしまう。そうなると、直接法と対訳法の論争どころか、直接法や対訳法自体も存在の意味がなくなってしまう。
　直接法は一度死んだ。だが、言語教育は生き続ける。次章では、二つの論文の中で戦後にも生き続けた論点について考えていく。

4. 音声重視の言語観と言語活動論

　「対話論文」は戦前の山口喜一郎の研究の頂点をなすものと考えることができる。村井（1984）は次のように述べている。

> 研究発表「対話に於ける言語活動の特徴」は、山口喜一郎氏の戦前の言語教授論の到達点を示し、母国語学習者に対する国語教育論にとっても、その基礎に培う重い意義を内包しているといえよう。　　（村井 1984：67）

　「戦前の言語教授論の到達点」とは具体的には直接法理論の完成であり、「母

【注】

[14] もちろん、山口はソシュールを読んでいる。『国語運動』は1941年2月号で「われら何を読むべきか　われら何をなすべきか（はがき回答）」という特集を組み、前年に読んだ本のうち、国語問題に関係のあるもので広く一読を勧める本を45名の識者に問うている。山口はそれに対して、佐久間鼎『現代日本語法の研究』、山本忠雄『文体論』と並んで、小林英夫訳のソシュールの原典を挙げている。山口（1941a）参照。

[15] 詳しくは渡辺（2010）参照。

国語学習者に対する国語教育論」とは戦後山口が取り組んだ話しことば教育の実践と理論化であった。

　既述のように、直接法に関する議論は外国語としての日本語教育が一旦終息したので、一時途絶えたと言わざるをえない。直接法は外国語教育の文脈でこそ語られるべきものだから、山口の直接法理論も戦後の日本語母語話者に対する国語教育では意味を失ったかのようにみえる。しかし、山口のこれまでの探究が無意味になったということではない。敗戦が間近に迫った時期に書かれた直接法に関する論文は戦後色褪せてしまったのではなく、山口の所論には日本語教育だけではなく、国語教育でも求められる[16]部分があった。戦後も生き続けた山口の「話しことば教育」論の根幹をなしたのは、音声重視の言語観であり、対話を中心とする言語活動であり、その社会性についての主張である[17]。それらが一つになって流れ注ぐ先が、山口が戦後心血を注いだ話しことばの教育と研究である。以下では、主著『外国語としての我が国語教授法』（1933年）や「対話論文」、「直接法教習論文」をはじめとするいくつかの論文を通じて、山口の音声重視の言語観と言語活動に関する所論を見ていく。

　音声重視の言語観を最も明確に論じたのは、1940年に発表された「新制国民学校に於ける音声言語の教育に就いて」であろう。この論文はあまり知られていないが、音声言語が久しく軽視され、その教育も看過されてきたことを批判し、音声言語こそ言語活動の「最も本質的な活動」[18]であり、「学校に於ける生活と教科の教習が円滑に行はれるのは一に話言葉の力である」[19]とする。ただし、話し方を国語の分科として独立させるのではなく、「音声言語の教練習成は全教科の教習と学校の全生活に於いて行ふことを本体とする」[20]と主張している。また、それより前に刊行された『外国語としての我が国語教授法』には次のように記されている。

【注】
[16] 6.で述べるように、山口が病没したため未完の遺作となった『話すことの教育』は、西尾實から執筆を求められたものであった。
[17] 戦前戦後を通じて山口の重要な主張となった、もう一つの概念に「心内語」があるが、本稿では触れない。
[18] 山口（1940：15）
[19] 山口（1940：15）

聴方が、斯くの如く、言語活動の中心であるばかりでなく、実際の言語生活に於いては、聴方話方が読方綴方よりは遥に機会が多いのであるから、聴方の力の十分不十分は生活の上に影響することが少くない。
(山口 1933：320)

さらに、音声重視の言語観は「直接法教習論文」にも見られる。

我々が音声言語を日本語教習の基礎となし、その合理的な教習を重視し、それをば日本語の言語活動の練成の根幹となすのは、言語活動の本質に鑑み、教習効果の増進を確保し、文化的教育の本旨を達し、中国に於ける日本語教育の健全な発達を希ふからのことである。 (山口 1943：241)

5. 山口の言語活動論

しかし、さらに重要なのは言語活動に関する理論の探究である。だからこそ「対話論文」のタイトルは「対話に於ける言語活動の特徴」なのである。山口喜一郎の研究では「言語活動」という概念は重要な位置を占めている。たとえば、直接法を対訳法と対比しつつ論じた山口（1942c）は8項目の「直接法教習の大綱」[21]で締めくくられているが、そのうち「言語活動」が2項目で言及されている。このことを見ても、山口がいかに「言語活動」に関心を持っていたかがわかる。しかし、山口はこの論文の執筆時よりも少なくとも10年ほど前から「言語活動」という概念には多大な関心を持っていた。1933年に刊行された『外国語としての我が国語教授法』では一章を割いて「言語活動」について論じている。そこで山口は「言語活動」を言語（記号）、心理、社会の3つの側面から規定している。まず、言語については「言葉の記号関係中の二大節目である言葉の意味と事物の意味とを結び付けるのが言語活動である」[22]という。つづいて、心理的側面について言語活動は、

【注】
[20] 山口（1940：17）
[21] 山口（1942c：25）

一面意識の深部にて経験する或は体験する、価値意識なり事物の存在的意味なりの如き心理作用を要すると共に、音声なり文字なりを知覚し識別する生理的感覚的な作用と、発音し記写する生理的な物理的な運動を要する
(山口 1933：54)

とする。さらに、社会的な側面については次のように記している。

　言語活動は、活動者自身だけで完了するものでなくて、必ず其の影響が他に及び、他をしてそれに應ずる反應をさせなくては済まないもので、此の点よりすれば社会的である。そればかりでなく、言葉なり思想なりは、其の性質上、他人に理解されることによつて、その言葉と思想に対する自分の理解が深まり、言葉の働きが増進するのである。　(山口 1933：55)

そして、これら3つの側面を束ねて言語活動を次のようにまとめている。

　言語活動を其の活動の方向からすれば、言葉の外部的な記号によつて事物の意味に到達するものと、事物の意味からして言葉の外部的な記号に達するものとがあり、前者は外より内に、後者は内より外に進むものと見られる。これが即ち、言葉による思想感情の理会と、思想感情の言葉による発表である。理会と発表とは言語活動の大切な諸相といはねばならない。
(山口 1933：56)

　言語、心理、社会の3つの側面から言語活動をとらえるという見方は、10年後に発表された「対話論文」でも変わっていない。まず、言語の側面から、山口は言語活動の機構を記号と語義と語意とを頂点とした三角形の図で説明し、その3つを言（コト）、事、心に相当すると述べている[23]。
　次に心理作用に関しては、美しい桜を見た感動を表そうとすると、「種々の心理活動を営み、影の薄い言語を結び合はせ組み合はせて、具体的な談話

【注】
[22] 山口（1933：54）
[23] 山口（1944：296）参照。

文章として外発する」[24] という言い方で表現している。
　さらに、言語活動の社会性については「ただ一個の主体で出来る活動ではなくて、必ず甲乙二個の主体の相対活動によらねばならない」[25] という。

> 甲乙二個の活動主体が具体的な言語的な立場に相対して立つて、共通な事物事象にいつて、各理解と表現の弧の一半を分担してその形成を遂げるといふのが、言語活動のそもそもの根源的な単位であつて、そのやうな弧の幾個かの形成が連続して進行するのが、本当の言語活動の相貌であり、言語活動の本質的な形式であります。それによつて言語が言となつて顕現して、陰在が顕在となり、抽象的が具体的となり、主観的が客観的となり、個人的なものが社会的なものとなるのであります。これを言語活動の社会的な対話性格といふべきもので、それ故に言が本当に言葉の本質といふべき社会性を具有するのであります。　　　　　　　（山口　1944：298）

　以上のように、言語活動についての見解は、表現は異なるが、『外国語としての我が国語教授法』でも「対話論文」でも同じと見てよいだろう。
　言語教育に即して述べれば、山口は『外国語としての我が国語教授法』で、「言語教授は、究極するところ、学習者に言語活動をさせることであり、言語学習は学習者自身で言語活動をすることである」[26] と記している。そして、「対話論文」では「言語活動の社会的な対話性格と言の社会性といふことが、直接法の教習方法の最も重要な根拠」[27] だと述べている。つまり、学習者が対話という社会的な行為を行うことが言語学習なのである。だからこそ、「対話論文」の後半は対話に関する考察に費やされているのである。その「対話」を「問答」「会話」「討論」の三つに分ける見解は『外国語としての我が国語教授法』にも『日本語教授概説』（1941 年）にも「対話論文」にも見られる。
　このように、山口の直接法理論では「言語活動」が大きな位置を占めてい

【注】
[24] 山口（1944：295）
[25] 山口（1944：298）
[26] 山口（1933：55）
[27] 山口（1944：299）

る。また、小林英夫と同じく、山口の関心も「言語」や「言」ではなく、「言語活動」にあった。そして、この「言語活動」こそ、戦後の山口の中でも生き続ける概念の一つなのである。

6. 戦後の山口喜一郎

　山口の戦後の仕事は『話言葉とその教育』(1951年[28]、刀江書院)と『話すことの教育』(1952年、習文社)の二作に集約される。前者は山口が全編を執筆しているが、後者は成立の事情がやや複雑である。西尾實の「はじめに」によれば、

> 「これからの国語教育のために」全六巻の編集に当り、「話すことの教育」は翁（＝山口喜一郎、平高補注）の執筆を得たいと考え、その旨を申し上げたところ、非常に、それを喜ばれ、機会あるごとに、その構想を語られ、すでに計画をも書き記しておられた。　　　　　　（山口 1952：3)

という。しかし、全編を上梓する前に山口が没したために、山口自身の手になるのは一部で、残りは遺稿などをもとに大石初太郎と上甲幹一が原稿を執筆している[29]。解題によれば、全10章のうち、5章が未発表原稿、5章が『話言葉とその教育』『信濃教育』『国語教育の進路』『国語教育講座』に発表された原稿だという[30]。この二つの著作に見られるのは、戦前、とりわけ『外国語としての我が国語教授法』発行の頃から山口の著作にしばしば見られる音声重視の言語観や、言語活動・心内語等の概念を核とする対話を中心にした話しことばとその教育についての所論である。
　まず、言語については言語、言、言語活動の概念を用いて、次のように述べている。

【注】

[28] 筆者が閲覧した茨城大学図書館所蔵の同書には奥付がないようなので、「序」の末尾にある「昭和26年5月10日」から出版年を1951年とした。
[29] 山口（1952：3）参照。
[30] 山口（1952：249-250）参照。

このように、潜在的言語は言語活動によって談話となり文章となるのだ。外顕されて可感的な存在となるともいえる。また客観的になるともいえる。そうしたものを学的には特に言と名づける。

　　言語は潜在で記憶的で一般的で可能態である。言は現在で感性的で特殊的で現実態である。言語はあらわれて言となる。言は還元されて言語となる。言の記憶と言語のそれとが集積して言語像が形成される。そして我々の社会生活にはただ言語活動があるばかり、それゆえ言葉の経験には言あるのみだ。　　　　　　　　　　　　　　　（山口 1951：78-79）

戦前の著作での「陰在」「顕在」という語が各々「潜在」「現在」に変わっているなど、多少の表現の違いはあるものの、趣旨は変わっていない。
　次に、心理作用については、「表現と理解の活動において、思惟・記憶・想像のはたらく際には、かならず言葉の記号的なはたらきがはたらいて、流動不安定な意識内容を固定して思想と形象が構成される」[31]という。
　そして、理解と表現の弧、言語活動の社会性については『話すことの教育』に次のような一節がある。

　　…これをすなわち表現と理解の弧というのである。しかもこの弧は表現主体と理解主体の弧の合致して円を形成することを目的とするがゆえに、社会的活動というべきもので、表現と理解の弧は言語活動の社会性を図示するものとするのである。　　　　　　　　（山口 1952：15）

ここで「図示」されているのは、話し手と聞き手の間の表現と理解の循環を示す楕円形の図である。「対話論文」にも掲げられている類似の図より、『話すことの教育』における図のほうが、図中の指示が細かくなっている。しかし、「表現と理解の弧」、「言語活動の社会性」など、基本的には同じ主張を描いていると考えてよいだろう。
　このように、戦後になっても山口喜一郎の主張はほとんど戦前と変わって

【注】
[31] 山口（1952：18）

いないが、「言語活動」の概念はさらなる展開を遂げている。それは、『話すことの教育』の「3 言語活動の体制」に導入された「言語活動の体制」という新たな概念に示されている。山口は「主体・言語・話題・環境」とその連関を「言語活動の体制」と呼ぶ[32]。そして、ある役人Ａの一日の生活を具体的な例として、それを〈表１〉にまとめている。

言語活動の体制は「言語がそこに生まれ、そこではたらき、そこで伸びる空間とも考えられ」、「心的、物的であり、空間的であり、社会的である。そしてこれらは静止固定したものではなく、時々刻々にその内容を変化し、活動に応じるものである」[34]という。つまり、ある家族が食卓を囲んで話をし

〈表１〉山口喜一郎の「言語活動の体制」[33]

主体	環境	主題	言語	言語様相
夫妻	食卓・玄関	ナットウ・天気・その日の用事	男・女	親愛相
親子	〃・居間	あいさつ	おとな・子供	慈愛相
友人	駅・車中	久しぶりの出会・友人の病気・友人の消息・世間話	男・男	友愛平等
同僚	役所	朝夕のあいさつ・事務談話	〃〃	平等相
下僚Ａ	〃	休暇帰省	〃〃	事務的卑下相
下僚Ｂ	〃	公務出張報告	〃〃	〃
僚友	路上	世間雑談	〃〃	平等相
商客	商店	つくだ煮売買	〃〃	普通丁ねい
夫妻	食卓	来客みやげ物つくだ煮の話	男・女	親愛相
親子	部屋	受持先生転任・学芸会・復習・質問	おとな・子供	慈愛相
夫妻	〃	雑談・家計談話	男・女	親愛相

【注】

[32] 山口（1952：23）参照。
[33] 山口（1952：27）
[34] 山口（1952：31）

ているとき、話題が同じでも、夫が妻に語る場合と、父として子に語る場合では言葉遣いも異なる。そういった言語活動をさらに抽象化してまとめたのが、〈表2〉の「言語活動体制一覧表」である。表の中の一つ一つの項目に触れることはできないので、まとめとして『話すことの教育』の一節を掲げる。

> 言語活動の体制の各条項の性質とその連関の状況が表現を左右するのであり、体制自体が文体・措辞・文体の社会的、歴史的基盤といわねばならない。　　　　　　　　　　　　　　　　　　　　　　　（山口 1952：42）

ここで二つの表を引用した「3　言語活動の体制」は昭和24年1月22日に執筆され、未発表になっていたものである。上で述べたように、『話すことの教育』は山口自身が執筆したのは一部であるから、あるいは大石や上甲の手が入っているかもしれない。しかし、その1年前に刊行された『話言葉

〈表2〉山口喜一郎の「言語活動体制一覧表」[35]

主体		対立様相			話題		環境		言語	
種	別	様	相							
家庭	親子、夫婦	性別	男女	勢態	水平	性格	実践的	性質	自然的	態度	尊卑態
近隣	隣人、友人	年齢	長幼		傾斜		論理的		社会的		平等態
職業	同職、異職	性格	異同	意識	無	形式	時間的	話題関係	直接的	様相	知的
教育	同等、異等	経験	有無		有		空間的		間接的		情意的
知識	同科、異科	学識	多少	情態意度	協和	性質	直観的	主体関係	適合的	形式	省略式
趣味	同種、異種				反対		観念的		不合適的		詳密式
政治	同主義、異主義			数量	一対一	内容	自然			心理	冷淡相
宗教	同派、異派				一対多		社会				親近相
団体	同団、異団				多対多	様相	存在的			場所	現場
							相仮的（ママ）				非現場

【注】
[35] 山口（1952：43）

とその教育』にはすでに「言語活動の体制」の「計画」と見てもよいような箇所が見られる。「言語活動の体制」という章こそないが、その概念はすでに現れている。たとえば、次のような文である。

　言語活動の条件連関を体制というならば、主体・主題・自体・環境などの活動体制が具体的特殊で現実である。　　　　　　（山口 1952：90）

このように、戦後の著作において、山口の話しことば教育・研究は言語活動という概念の展開を受けて、さらに深みを増したものと考えられる。

7．おわりに

　本稿は山口喜一郎の直接法理論から出発し、敗戦の直前に書かれた二つの論文を軸に、戦後の山口の話しことば教育・研究にどのようにつながっていくかを跡づけた。
　しかし、考えてみると、山口の直接法の定義「日本語の直接法教習は、その言語を言とする言語活動を営むことを本領とする。」は、外国語教育だけに妥当するわけではなく、国語教育にも妥当性があることがわかる。日本語の直接法教習は「陰在的で、抽象的で、孤立的で、個人的」で「抽象的な表象」である言語を、「顕現的で、具体的で、全文的で、社会的」な、「生理的物理的であり、感覚的知覚的ですらある」言にする言語活動を営むこと、そしてその言語活動、すなわち、記号と意味と事物の意味を生理的心理的に結び、自他を結んでその間の伝達を可能にさせる社会的な活動を営むこと、それこそが直接法の特徴だという。ここには、一つの言語から他の言語へ移すという問題意識はない。言語も言も言語活動も同じ一つの言語の中で語ることができる。当然のことながら、直接法での教育では学習言語と媒介言語が同じだから一つの言語しか関与しない。この点も国語教育と同じである。直接法というと、すぐに外国語教授法の一つであると思い、当然外国語教育について論じられているものと思い込んでしまうが、山口の定義を見ると、必ずしもそうではなく、母語（国語）教育のように、一つの言語の教育にも妥当性があることがわかる。山口は別のところで次のようにも述べている。

私は本誌四月号[36]に「外国語教習の可能である根拠」といふ試論をかかげ、それにはまづ言葉の機構とその機能を明かにし、人間が言葉をもち、言葉によつて或は思想を表現し或は思想を理解し得るのは、つまり人間の精神活動の法則性によるのであつて、それを価値とその実現の上に於ける統一にあると見て、言葉の根元をそこにおき、苟も言葉であり、言葉の活動である以上は、それが自国語であらうが、又外国語であらうが異る筈はないといふのであつた。　　　　　　　　　　　　　　　（山口 1942b：18）

　こうした言語観があったからこそ、山口は戦後の国語教育でも求められ、仕事ができたのではないだろうか。
　戦後の山口の仕事については国語教育の分野では研究がある[37]が、日本語教育の分野ではあまり見られない。上に述べたような事情から戦後の山口は国語教育に携わっていたのだから、当然といえば当然かもしれない。しかし、西尾實が初めて山口を知ったときに受けた衝撃の大きさは、とりもなおさず日本語教育が国語教育に与えた衝撃であったと言ってよかろう[38]。いや、そればかりではなく、6．で論じた戦後の山口喜一郎の言語活動や話しことばに関する研究は、西尾らを介して言語生活研究、ひいては今日的な意味での言語行動研究や談話研究への道も切り開いたものと言えないだろうか。これについては稿を改めたい。

>>> 参考文献・ウェブサイト

駒込武・川村肇・奈須恵子編（2011）『戦時下学問の統制と動員－日本諸学振興委員会の研究』東京大学出版会
水洞幸夫（1986）「『外国語としての我が国語教授法』（解説）」解釈学会編『解釈』2月号第32巻2号 pp. 44-47
帝国議会会議録衆議院決算委員会 13号（回）昭和18年03月01日
　　http://teikokugikai-i.ndl.go.jp/cgi-bin/TEIKOKU/swt_download.cgi?SESSION=17603&MODE=7&SRV_ID=5&DOC_ID=2269&DTOTAL=2&DPOS=2&DMY=17616&PAG_ID=146609（2012年8月

【注】
[36] 雑誌『日本語』の1942年4月号。
[37] 前掲の村井（2006）のほかに前田（2000）など。
[38] 西尾（1940）参照。

28 日閲覧）

西尾實（1940）「大陸に於ける日本語の教室」『文学』第 8 巻第 4 号　pp. 120-127　岩波書店

前田健太郎（2000）「国語教育史における山口喜一郎『話しことば教育』」『全国大学国語教育学会発表要旨集』99，pp. 84-87
　　http://cinii.ac.jp/naid/110006369349（2012 年 10 月 14 日閲覧）

村井万里子（1984）「山口喜一郎氏の言語活動論」『国語科教育』31，pp. 61-67, 全国大学国語教育学会
　　http://ci.nii.ac.jp/els/110006666968.pdf?id=ART0008692549&type=pdf&lang=jp&host=cinii&order_no=&ppv_type=0&lang_sw=&no=1346251190&cp=（2012 年 8 月 28 日閲覧）

村井万里子（2006）『国語・日本語教育基礎論研究』　溪水社

文部省教学局編纂（1944）『日本諸学研究報告』第 20 篇（国語国文学）文部省教学局

山口喜一郎（1933）『外国語としての我が国語教授法』　新高堂書店・大阪屋号書店（1986 年、冬至書房復刻版）

山口喜一郎（1940）「新制国民学校に於ける音声言語の教育に就いて」『コトバ』第 2 巻第 10 号　pp. 4-18　国語文化学会

山口喜一郎（1941a）「われら何を読むべきか　われら何をなすべきか（はがき回答）」『国語運動』第 5 巻第 2 号 52　国語協会

山口喜一郎（1941b）『日本語教授法概説』　新民印書館（1996 年、冬至書房復刻版）

山口喜一郎（1942a）「日本語教授法序説」『日本語』第 2 巻第 1 号　pp. 21-26（1988 年、冬至書房復刻版）

山口喜一郎（1942b）「直接法と対訳法（1）」『日本語』第 2 巻第 8 号　pp. 18-24（1988 年、冬至書房復刻版）

山口喜一郎（1942c）「直接法と対訳法（2）」『日本語』第 2 巻第 9 号　pp. 14-25（1988 年、冬至書房復刻版）

山口喜一郎（1943）「日本語の直接法教習について」国語文化学会『外地・大陸・南方日本語教授実践』国語文化研究所　pp. 240-249（1986 年、冬至書房復刻版）

山口喜一郎（1944）「対話に於ける言語活動の特徴」文部省教学局編纂『日本諸学研究報告』第 20 篇（国語国文学）文部省教学局　pp. 290-310

山口喜一郎（1951）『話言葉とその教育』　刀江書院

山口喜一郎（1952）『話すことの教育』　習文社

渡辺哲男（2010）『「国語」教育の思想―声と文字の諸相』　勁草書房

横浜中華学校における
日本語教育史の一断面
―志村和久編著『日語』の教科書分析から―

島﨑恵理子

1. はじめに

　横浜中華学校（固有名詞や資料にある中国語の繁体字および簡体字は日本語の漢字に統一して、以下表記する）は横浜市中区山下町142番地、中華街の中心にある現在の横浜中華学院の前身校である。その歴史は古く1897年日本を訪れていた孫文（1866-1925）によって提唱された中国人子弟のための教育機関、「中西学校」がはじまりである。その後、関東大震災や政治的事情により、近くの中華学校との統廃合や分裂を経て、横浜大同学校、横浜中華公立学校、横浜中華小学校、横浜中華学校、横浜中華中学、横浜中華学院と名を変え、現在に到っている[1]。現在の横浜中華学院は保育園から幼稚園、小学部、中学部、高校部までを擁する学校法人の一貫教育校である（2012年度の生徒数は幼稚部69名、小学部246名、中学部53名、高校部40名。小学部1年生と2年生のみ2クラス、その他は各学年1クラス）。2012年11月には開校115周年を迎えた。

　横浜中華学院やその前身校と華僑の歴史、そこに通う多様な生徒のアイデンティティと彼らに対する言語教育等に関する研究は既に多く存在する。しかし、その中で「日語」と中国語で呼ばれる日本語の教育が、どのように行われていたのかについての詳細な研究はほとんどなされていない。その理由

【注】
[1] 横浜中華学院Webサイト「学院歴史」(http://www.yocs.jp/YOCS/about.10.php) および横浜中華学院（2000：4）より

としては、次の二点が挙げられる。
① 中華学校であるため、通う児童・生徒や中国語の教育に対する問題意識は強くても、日本語の教育に関しては顧みられることが少なかった。
② 関東大震災や太平洋戦争での戦火、学校の分裂などにより資料が散逸もしくは焼失してしまい、また当時の状況を記憶している人物も少なくなり、各科目の教育課程に関する記録や使用された教材を探し出すことが年々困難になっている。

今回、横浜中華学校時代に作られた3種類（2冊あるものも含め計4冊）の日本語教科書が、横浜開港資料館に寄贈されていたことがわかった。横浜中華学校では当時、学校の教員によっていくつかの教科書が作られていたが、日本語の教科書も独自に編纂されていた。日本語の教科書で、現存が確認できているのはこの寄贈された三種類だけである（ただし、中国語による教科書は各科で現存する）。この教科書は、後に中国文字学、中国文学、漢文教育などの研究者となる志村和久によって編集されたものである。

現在、横浜中華学院では日本の学校と同じ文部科学省検定済の国語教科書を使用しており、日本語の教育課程もそれに沿って組まれている。小学部から高校部まで日本人教員が国語の教科書を使い授業を行っている。しかし、日本の検定済教科書が使用される以前はどのような形で日本語が教えられていたのだろうか。

国際化の影響を受ける中で変容していく中華学校での日本語教育が今後どのようにあるべきかを考える上で、過去の教育課程や教材を研究する必要があると考える。そこで、志村和久によって著された教科書の分析を行い、横浜中華学校における過去の日本語教育の一端を明らかにするのが本稿の目的である。この教科書の内容分析を中心に、1950年前後の横浜中華学校の歴史や、職員の在籍記録などから見えてきた時代背景を通して、当時の日本語教育の一部を明らかにしたい。

2. 1950年代の横浜中華学校

現在は横浜中華学院と呼ばれるこの学校は日中の歴史や、横浜で暮らす華僑・華人の歴史と密接に関わっている。そして関東大震災や太平洋戦争で壊

滅的な被害を受けながらも姿を消すことなく現在まで存続してきた。志村が教科書を編集した1950年頃の横浜中華学校は、1949年の中華人民共和国成立の影響を受け、混乱期にあった。杜（1989）に下記のような記述がある。

> 1949年3月以降、横浜中華学校は本国の政治の波をもろに受けて激動する。……その後校長不在の状態を招き、公務は混乱に落ちる。中華民国支持、中華人民共和国支持にわかれて、4458人の横浜華僑を巻き込み激しく抗争した。……ここに至って横浜中華学校は完全に分裂する[2]。

このように、中華民国と中華人民共和国の対立により、1952年に学校もまた二つに分裂した。これが今の横浜中華学院と、横浜山手中華学校[3]である。震災や戦火により散逸した戦前の資料や記録に加え、1950年前後の詳細を調査することが、現在困難な状況にあるのにはこのような時代背景がある。1950年前後は多くの教員や生徒が横浜中華学校を離れ、資料や記録の保管や管理もままならないような混乱期だったのである[4]。現在では当時の記憶を保持する人物も少なくなり、資料も散逸してしまっているのが現状である。

横浜山手中華学校百年校志編集委員会編（2005）の職員名簿によれば、志村の赴任期間は1950年から1954年の四年間である[5]が、横浜中華学院（2000）の職員名簿には名前がなく、沈（2000）による記述のうち、1950年に在籍した職員一覧にかろうじて志村の名前が見られるだけである[6]。横浜中華学院の職員名簿に名前がなく、横浜山手中華学校の職員名簿に名前があることから、学校の分裂時に志村もまた横浜中華学校を離れたと推察できる。つまり、横浜開港資料館に寄贈されたこの4冊の教科書は志村が横浜中華学校に勤務していた短い間、しかも1950年から1952年という学校の混乱期に編ま

【注】

[2] 杜（1989：106-107）
[3] 正式名称は「学校法人横浜山手中華学園横浜山手中華学校」であるが、本稿では通称の「横浜山手中華学校」を使用する。
[4] 杜（1989：107）によれば、850名中約770名の生徒が横浜中華学校を離れている。
[5] 横浜山手中華学校百年校志編集委員会編（2005：266）
[6] 沈（2000：90）

れたものであるということである。

3. 志村和久編著『日語』の教科書分析

志村和久は1925年に生まれ、東京教育大学、千葉大学、文教大学で教鞭を取った中国文字学、中国文学、漢文教育などの研究者である。多数の漢字辞典の編集に関わり、漢字や日本語についての著書も多い（代表的な書籍としては講談社発行の『学習新漢字辞典』がある）。志村が横浜中華学校に勤務していたことを示す資料は少ないが、かつて横浜中華学校の教育に携わった事実については、志村自身が文教大学の紀要に寄せた文章に記述がある。

> まず、昭和二十年、二十歳。それが大学に入った年であり、戦争が終わって、自由な本格的な学問の道へ踏み出した年であった。早くから中国文字学、つまり漢字の研究を志したが、縁あって中華学校の日本語教師となり、日常中国語を聞き話す身となった[7]。

横浜山手中華学校百年校志編集委員会編（2005）の記述と上記の志村（1997）の記述とを合わせてわかるのは、彼が横浜中華学校に赴任したのは25歳頃であったということである。

志村の教科書『日語』は3種類とも、印刷した紙を二つ折りにし、ステープラで留めただけの40ページほどからなる小冊子である。この教科書には出版年も、使用学年も書かれておらず、正確に使用された年代や学年を割り出すことは困難である。唯一、全4冊のうち一冊にだけ寄贈者の名前と学年が入っているため、その1冊が小学5年生で使われたものであることだけはわかっているが、1年単位で使用されたものなのか、1年の中で続けて使用されたものなのかどうかもわからない。しかし、難易度に大きな違いは見られないため、この三種類の教科書はおそらく小学校高学年から中学生の間で使用されたものだと推察できる。詳細は不明だが、所有者（使用者）による

【注】
[7] 志村和久（1997：221）「大学での五十年と留字という言葉」『文教大学紀要』第11-2号

詳細な書き込み（教員の指示の元に書かれたと思われる記号など）がされており、実際に授業で使用されていたことは確かである。

3.1 ▶各教科書の特色

　下掲の写真が、現存する3種類の教科書それぞれの表紙写真である。便宜上、所有者の学年の記入がある教科書を①とし、その後は難易度が低いと思われる順に、教科書②、教科書③とした。

　当時の教育課程によれば、日本語の授業は小学校5年生から行われている。だから、この教科書①が生徒にとっての初めての日本語教科書であっただろう。小学5年生から日本語の指導が始まるとはいえ、この教科書を使って当時日本語を学んだ多くの生徒たちは、日本で生まれ育ち、すでに日本語を生活言語として使用していた子どもたちである。来日時期によって日本語の能力は様々で、日本語が全くできない生徒もいたと考えられるが、全体の内容から見て、この学校での日本語教育の対象はすでにある程度日本語を聞いたり話したりできるレベルの生徒であったと考えられる。

教科書①　　　　　**教科書②**　　　　　**教科書③**

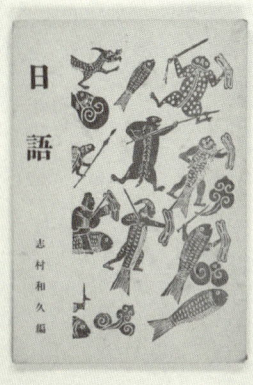

● 3.1.1　教科書①の内容

　教科書①は、唯一所有者の学年と名前が記入されているものである。40ページ10課構成の教科書である。次に挙げるのは目次とその内容である。

1. こだま　　　　　　　　（現代詩）
2. ポチ　　　　　　　　　（物語）
3. せみの聲　　　　　　　（俳句）
4. サーカス　　　　　　　（物語）
5. 柿山伏　　　　　　　　（狂言）
6. 妹　　　　　　　　　　（短歌）
7. あこがれのトロイへ　　（伝記）
8. たき火　　　　　　　　（短歌）
9. 雪の朝　　　　　　　　（物語）
10. 梅一りん　　　　　　　（俳句）

特徴としては、俳句や短歌を扱った課があり狂言も取り入れられていることから、どちらかと言えば日本の文化を取り入れた教科書であると言えよう。また、物語文は文学作品ではなく、生徒が体験した日常生活上の出来事を日記や作文に記すような形で書かれている。初めて日本語の授業を受ける生徒にとって親しみやすくするためであろう。来日日数の少ない生徒も、家庭内や学校での会話は中国語であるが、日本に住んでいるため、生活していくなかで友人や社会を通して日本語に触れる機会は多い。文法や単語を機械的に覚えていくよりも、日常的に見聞きする言語で学習できれば、習得は早いであろう。また、この教科書で唯一採用されている伝記である7の「あこがれのトロイへ」はトロイの発掘に成功したシュリーマンの話である。シュリーマンは遺跡の発掘のために十数ヶ国語を独学で習得した人物である。これにより中国語、日本語、英語と多言語を学ばなければならない生徒への動機付けを図ったのではないかと考えられる。

● 3.1.2　教科書②の内容

教科書②は40ページ9課構成の教科書である。

1. 窓をあけよう　　　　　（現代詩）
2. 手紙　　　　　　　　　（手紙文）
3. 言葉と文字　　　　　　（説明文）
4. 正太と蜂　　　　　　　（物語）
5. ニュートン　　　　　　（伝記）
6. マリー・キュリー　　　（伝記）

    7．福澤諭吉　　　　　　（伝記）
    8．魔法の家をゆらす役　（物語）
    9．劇のできるまで　　　（物語）

　この教科書では、教科書①では一つだけだった伝記が三つに増える。そして物語文は生徒の日記や内省的な文章が少なくなり、会話を中心に構成されたものが増える。さらに教科書の後半では会話が発展し、劇に関する物語に割かれたページが多くなる（8課と9課）。日本語の会話練習を想定したためだろうか。教科書①では相手や第三者を想定した文章は少ないが、教科書②では会話の文章が増え、ロールプレイをしながら学習できるように構成されている。口語的な文体が多く、学校生活の中で起きる様々な出来事を生徒たちの話し言葉で取り扱ったものが多い。また、教科書①にあるような短歌や俳句を扱った課は見られない。

● 3．1．3　教科書③の内容

　教科書③は40ページ7課構成の教科書である。

    1．一心　　　　　　　（現代詩）
    2．少年筆耕　　　　　（物語）
    3．杜子春　　　　　　（小説）
    4．地図を作る人々　　（説明文）
    5．アルキメデス　　　（伝記）
    6．雪山童子　　　　　（物語）
    7．孔子のことば　　　（古典・道徳）

　特徴は教科書①・②に比べ、長文の文章が増えている。内容は道徳的な文章が増え、伝記の内容にもそうした色合いが強い。さらには文学的な文章（芥川龍之介による『杜子春』など）が取り入れられるのもこの教科書からである。教科書①、教科書②が「話す」に重点を置いているのに対して、教科書③は「読む」に重きが置かれている。特に他の二つの教科書に比べて明らかに異なるのは、各課の冒頭に学習目標が書かれている点である。生徒達が学習を進める上で、自ら考え、意見を持ちながら文章を読むことが求められている。

3.2 ▶各教科書の共通点及び相違点

以下各教科書の共通点及び相違点を分析する。

●3.2.1　共通点

　第一の共通点は全ての教科書が現代詩で始まっている点である。これは第1課が挨拶や文字、文法・文型の説明から始める方式を採らず、現今の日本の国語教科書のように1ページ目を詩で始めていることから考えても、外国人に対する日本語教育というよりも、日本語を母語とする生徒を対象とした国語教育的教材を軸に編集したものであるということができる。横浜中華学院で長年教員をした経験のある沈容氏のインタビューによれば実際には様々な日本語レベルの生徒が同じクラスで当時学習していたが、ほとんどの生徒は日本の生活が長く、日本語が堪能な生徒が多かったということである。

　第二にそれぞれの教科書の各課で、役割分担や読み方の指導がされていることから口頭練習が重視されていたと考えられる。3種類の教科書に共通して、物語文の課では会話によって話が進行しており、劇の脚本のような構成の課が多いことからも、「話す」ことを前提にした教材構成だと言える。こうした工夫により、来日日数が少ない生徒にとっても取り組みやすい内容になっている。

　第三に課の内容が日本の話題、中国の話題のどちらにも著しく偏らないこと、さらに政治思想的な要素が全く見られないことが挙げられる。伝記や物語に採用されているのは主に西洋の人物（シュリーマン、ニュートン、マリー・キュリー、アルキメデス）であり、東洋の人物は福澤諭吉、雪山童子（釈迦）、孔子の3人だけである。登場人物の名前は日本名ではあるが、その他は生徒の家族や友達との日常的な会話に内容が限られており、文化的背景を感じさせる内容は一切ない。短歌や俳句に関してもその作者に関する記述はなく、採用されている歌を見ても、はじめの一首を除き、生徒の日常を歌ったものが多い。ちなみにその他の文章に関しても作者の記述は一切ない。

　これら3種の教科書において特に興味深いのは、所有者による書き込みと、詩の読み方の指導に関する記述である。志村は、役割分担をして、実際に声に出して読む学習を想定して教科書を作ったようである。教科書①ではその記述は見られないが、教科書②では所有者の書き込み（詩の行の文頭に小さくA、Bと記入されている）によって教師から読み方の指示があった[8]と推

察され、教科書③では読む役割がすでに教科書に書かれている（文頭に「女一人」、「男全体」など）。このような書き込みや指示、脚本のような課が共通して見られることから、志村がこの教科書を通して演劇的な指導を試みており、それを通して日常会話に近い会話練習をさせようとしたのではないかと推察される。

● 3.2.2　相違点

　これらの教科書の相違点を見ることで、志村がそれぞれの教科書で何を教授しようとしていたのかが見えてくる。

　教科書①には俳句や短歌を扱った課があるが、それ以降には見られない。採用されている中で有名な作品は松尾芭蕉、服部嵐雪の俳句が一句ずつ見られるだけである。しかし、5課に狂言の題材が入っている点から見ても、この教科書が3種類の中で最も多く日本文化を取り入れたものだと言えるだろう。

　教科書②で日本の文化を扱ったものは7課の福澤諭吉に関する文章だけである。一方で西洋の偉人に関する伝記が多く採用されている。しかし、それらの人物のいわゆる成功物語ではなく、それぞれの人物が子どもの頃にどのように勉学や物事に対して取り組んでいたかという内容である。学習する生徒の年齢に近い幼少期の偉人のエピソードを盛り込むことで、この教科書では、生徒達の学びの姿勢、課題に取り組む姿勢の指導を目標にしたと考えられる。

　教科書③では、意識的に中国の文化が取り入れられている。3課の「杜子春」は芥川龍之介による小説であるが、中国古典を題材としたものであり、7課の「孔子のことば」も中国の教えである。また、6課の「雪山童子」は仏教の題材である。教科書①、②と比べて異なるのは、このように日本文化にも取り入れられている中国の古典的な題材や説話を採用している点である。教科書①で短歌や俳句、狂言などの伝統的な日本語の様式に親しみながら学び、教科書②では勉学や生活態度についての指針を示す一方、教科書③では日本と中国両方の文化に関わりの深い説話や物語を採用することで、生

【注】

[8] 教科書内には多数の書き込みがされている。日本語を母語としない学習者特有の間違いがある振り仮名の書き込み等から、この書き込みは所有生徒の手で書かれたことがわかる。

徒がこれからどのように生きていくべきかを示すための教材を意図的に入れたのではないかと推察できる。

3.3 ▶教科書の分析結果からの結論

　教科書の分析を通してわかったことをまとめると次のようになる。①志村は一貫して口頭練習や身近な題材を元に教科書を作成した。②日中の歴史や政治的な内容を含む教材を一切載せなかった。③内容が日本、中国のどちらか一方に極端に偏ることを避けた。④口頭練習を口語的な会話文や簡単な詩の中で取り入れることで、日本語能力のまだ低い生徒にとっては高度な教材であってもできるだけ取り組みやすくするための工夫を施した。

　当時、中国本国ではまさに政変が起ころうとしているときであり、不安定な時期であった。そんな中で志村は不自然なほどに歴史、文化、思想、政治的な要素を排除し、作者名すらほとんど載せない教科書を作った。偉人伝や道徳的題材を取り入れる際も、単なる文化的な読み物として終わらせず、生徒ひとりひとりが自分の身に置き換えて読み取ることができるような内容にした。すなわち志村は、横浜中華学校の生徒たちには特定の文化に偏らずに日本の社会で生き抜いていくために必要な語学力と知恵を身につけてほしいという願いを込めて教科書を編纂したことがわかる。

　日本で暮らす中華系の子どもたちが、日本社会で生きていくための知識や能力を身に付けるために、教員が日本語の授業や教材を通してできることは何だろうか。中華学校における日本語教育では常にこの課題を追究していかなければならないことは過去も現在も変わらない。本稿の教科書分析結果から、志村は、コミュケーションのツールとしての日本語力よりも、まず、日本で生きていくための個人の力を涵養することが第一義的であると考えていたと結論付けてよいだろう。

4.おわりに

　中華学校に通う子どもたちは、華僑、華人、中国人、台湾人、日本人など様々な背景を持っている。そして彼らに対する日本語の授業において今も昔も問題となるのが、文化的背景の多様性とクラス内でのレベル差である。中

国大陸や台湾その他の地域から、様々な日本語レベルの生徒が不定期に入学してくる。日本で生まれ、不自由なく日本語が理解・運用できる生徒と、中国大陸や台湾から来日したばかりで「あいうえお」もわからない生徒が同じ教室で、同じ教材を使い学ばなくてはならないのである。それは志村が日本語を教授していた時代も、現在も同じく存在する問題である。また、現在横浜中華学院においては文部科学省検定済の国語教科書を使って日本語の授業を行っているが、日本の文化や習慣を体験していなければ教材の内容を正確に理解できない課も少なくない。また、国語教科書は日本人の家庭、日本の文化に生きる子どもを大前提として編集されているため、子どもたちにはその前提の文化や歴史から説き起こしていかなければならないときもある。さらに、日本の古典や平和教育を中心とした教材は今日でも扱いにくく教師を悩ませる。

　こうした状況の中で、出身や日本語レベルも多様な背景を持つ子どもに対する日本語教育に必要なのは、ひとりひとりの子どもの個性や能力に合わせて「日本の社会で生きていく力」を身に付けさせることである。大学への進路指導を担当している筆者としては特にこの問題の難しさを日々実感しており、伝統ある横浜中華学院における「日本語教育のあり方」を過去の歴史に学びながら今後も模索していきたいと思っている。今後は、それを「日本社会」のみならず、「国際社会」で生きていく力につなげていかなければならない。生徒達が自身や他者の多様なアイデンティティを理解しながら、ひとりの人間としてどのように生きていくかを教えていくことが必要である。現在よりも複雑な国際情勢の中、中華学校で教科書を編みつつ日本語を教えた志村は、おそらくこのことを実感していたのではないだろうか。

　今回、本稿を書くにあたって、横浜中華学校、横浜中華学院、横浜山手中華学校の卒業生や教員、中華街や中華学校の歴史を知る方々にご協力いただいた。この場を借りて厚く御礼を申し上げたい。聞き取り調査をさせていただく中で、多くの人々が信念と希望を持ってこの学校を守り存続させてきたということをあらためて認識させられるとともに、激動の時代をくぐり抜けてきたこの学校の未来に向けて、先人達の思いを汲み、真にあるべき教育を追究していかなければならないと決意を新たにした。

>>> 参考文献：

日本語資料

志村和久（1997）「大学での五十年と留字という言葉」『文教大学紀要』第 11-2 号
志村和久（出版年、出版社不明）『日語』三種類（計四冊） 横浜開港資料館所蔵
杜國輝（1989）「近代日本華僑・華人研究『日本華僑学校の沿革と現況―横浜中華街を中心として―』」『第一回 国際・近代日本華僑学術研究会論文集』 近代日本華僑学術研究会編
横浜中華学院ホームページ「学院歴史」（http://www.yocs.jp/YOCS/about.10.php）

中国語資料

沈容（2000）「横浜中華学院中期校志瑣砕談」『横浜中華学院百周年院慶紀念特刊』 横浜中華学院
横浜中華学院発行（2000）『横浜中華学院百周年院慶紀念特刊』 横浜中華学院
横浜山手中華学校百年校志編集委員会編（2005）『横浜山手中華学校百年校志』 横浜山手中華学園発行

日本語教育用文法用語の出自系統別分類試論
―動詞活用形名'て形類'と'ます形類'に関して―

新内康子

1. はじめに

　日本語教育用文法用語（以下、JSLGT〈JSL Grammar Terminology〉と略す）とは、「て形」「辞書形」といった活用形名など専ら日本語教育の現場だけで使われている、あるいは使われてきた文法用語を指す。新内・関（2012）は、主に海外の日本語教師のJSLGT使用傾向を、日本語教科書における使用傾向と比較しながら明らかにした。現場教師の多様なJSLGTの使用には、学習者にとって理解しやすい用語の選択、日本語の用語が示す概念と学習者の母語が示す概念との違いやずれを相殺するためといった工夫も見られるが、日本語教科書で使用されている用語がそのまま使われる比率は高い。そもそも教科書の用語は編著者の教育実践・研究成果に基づいて考案されたものもあるが、従前の教科書の用語を踏襲していることが多い。
　そこで、本稿は、JSLGTの動詞活用形名のうち、て形類、ます形類を取り上げ、17世紀の日本語学習書から今日の日本語教科書等までに見られるJSLGTを俯瞰し、その出自系統別分類を行うことを目的とする。この2つのJSLGTを本稿で考察する理由は、て形類については、山下（1995）の「『テ形』という用語自体は戦前の長沼直兄の『te-form』が最初と思われるが、(中略) 少なくとも17世紀のロドリゲスまでさかのぼるもののようである」という説を検証し、その間に出現した用語の実態像も明らかにするためである。ます形類については、新内・関（2012）において動詞活用形名で最も日本語教師の使用率が高く[1]、て形類と同じく代表的なJSLGTと見なされるからで

ある。

2. 先行研究

JSLGT に関する先行研究には、その出自に関するものとして、関（2012）と新内（2011）が挙げられる。関（2012）は、JSLGT の出自に言及した先

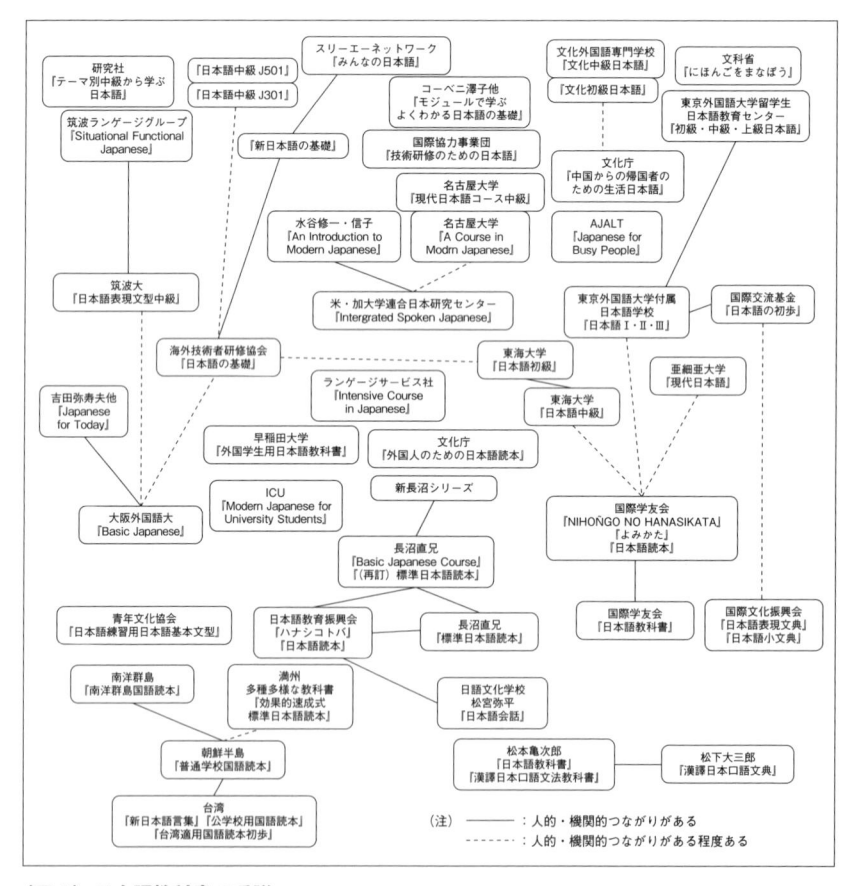

〈図1〉日本語教科書の系譜

【注】
[1] 193名による回答のうち動詞活用形名の指導時の使用率は、ます形類（99.2％）、辞書形類（99.1％）、て形類（98.6％）、た形類（98.4％）、意向形類（94.3％）の順に高かった。

行研究を取り上げて解説している。新内（2011）は、「い形容詞」「な形容詞」の出自は三尾砂（1942）『話言葉の文法（言葉遣篇）』であるという説について、1942年以前から17世紀まで遡り日本語教科書（学習書）を用いて再検証した。

　また、JSLGTに直接影響を与える日本語教育文法の変遷に言及したものに、関（1997）がある。今日の日本語教育文法につながる日本語文法研究（戦前〜戦後初期）の大きな流れとして、ロドリゲス・ブラウン・アストン・チェンバレンら外国人日本語研究家の文法、松下大三郎・松本亀次郎らが中国人留学生のために考案した文法、旧植民地・占領地に対する日本語普及用教材開発の一環として考案された文法、長沼直兄の文法、鈴木忍の文法、の5つを指摘している。

　さらに、JSLGT研究と関連する日本語教科書の変遷研究には、関・新内の共同研究による「日本語教科書の系譜」シリーズ（1993-1995：『鹿児島女子大学研究紀要』）がある。新内（1995）に基づきその変遷を大掴みに図示すると、〈図1〉のようになる。

3．て形類・ます形類の系統的分類

　て形類・ます形類の系統的分類をするための調査は、〈図1〉の系譜を成す教科書に加え、1895年以前のもので入手できた文献を中心に行った。て形類・ます形類のどちらか一方にでもJSLGTが現れた教科書を示したのが〈表1〉である。

　現れた用語を俯瞰すると、意味・機能系（主に意味・機能に注目して使用している用語）、形態系（主に形態に注目して使用している用語）、数字系（数字を使用している用語）の3系統に大別できる。

3.1 ▶て形類

　て形類を示すJSLGTを分類した結果を示したものが〈表2〉である。

　注目されるのは表中最も古いA1) B1) ① Rodriguez（1604-1608）で、て形類が使用されていることである。ロドリゲスは、て形類を、機能的にはparticipio（分詞）とし[2]、形態的にもTe/Deを明示して、participio Te（て

〈表1〉て形類、ます形類のどちらかに JSLGT が現れた教科書

① J. Rodriguez（1604-1608）*Arte da Lingoa de Iapam*（島正三編『ロドリゲス日本大文典』 文化書房博文社）
② R. Alcock（1861）*Elements of Japanese Grammar for the Use of Beginners*（*The Western Rediscovery of the Japanese Language* Vol.2, S. Kaiser edt. Curzon Press 所収、以下このシリーズを「Kaiser 編」と略す）
③ S. R. Brown（1863）*Colloquial Japanese, or Conversational Sentences and Dialogues in English and Japanese, together with an English-Japanese Index*（「Kaiser 編」Vol.2）
④ J. J. Hoffman（1868）*A Japanese Grammar*（*Translated from the Dutch*）（「Kaiser 編」Vol.4）
⑤ W. G. Aston（1872）*A Grammar of the Japanese Written Language*（「Kaiser 編」Vol.4）
⑥ W. G. Aston（1873）*A Short Grammar of the Japanese Spoken Language* 3版（「Kaiser 編」Vol.6）
⑦ E. Satow（1873）*Kuaiwa Hen, Twenty-Five Exercises in the Yedo Colloquial, for the Use of Students. With Notes.*（「Kaiser 編」Vol. 5）
⑧ ビー、エッチ、チャンブレン（1887）『日本小文典』 文部省編輯局
⑨ W. Imbrie（1889）*Handbook of English-Japanese Etymology* 2版（「Kaiser 編」Vol.6）
⑩ B. H. Chamberlain（1889）*A Handbook of Colloquial Japanese* 2版（「Kaiser 編」Vol.8）
⑪ 東亜高等予備学校（1928）『日本口語文法教本』 東亜高等予備学校
⑫ O. Vaccari ほか（1937）『日本語會話文典』 ヴァカリ語学研究所
⑬ 松宮弥平（1938）『日本語會話巻1』 日語文化学校
⑭ 青年文化協会（1942）『日本語練習用日本語基本文型』 国語文化研究所
⑮ 国際文化振興会（1943）*A Basic Japanese Grammar* 国際文化振興会
⑯ 国際文化振興会（1943）『日本語小文典』 文精社
⑰ N. Naganuma（1944）*First Lessons in Nippongo*（『(財) 言語文化研究所日本語教育資料叢書復刻シリーズ第1回』）言語文化研究所
⑱ 長沼直兄（1950）*Grammar and Glossary (Revised Edition) Naganuma's Basic Japanese Course* 長風社 1990
⑲ 国際学友会日本語学校（1954）*NIHOÑGO NO HANASIKATA (How to Speak Japanese)* 改訂版第七刷 1975 国際学友会
⑳ E. H. Jordan（1962）*Beginning Japanese Part 1・2* C. E. Tuttle 10版 1986
㉑ 国際基督教大学（1963）*Modern Japanese for University Students* 国際基督教大学
㉒ 海外技術者研修協会（1967）*Practical Japanese Conversation* 海外技術者研修調査会
㉓ 海外技術者研修協会（1972）『日本語の基礎ローマ字版』（1973）『日本語の基礎〈分冊英語版〉』（1974）『日本語の基礎Ⅰかんじかなまじり版』 海外技術者研修調査会
㉔ 寺村秀夫（1973）*An Introduction to the Structure of Japanese-Workbook-Book 2* 三友社
㉕ 吉田弥寿夫ほか（1973）*Japanese for Today* 学研
㉖ 国際学友会日本語学校（1978）『日本語Ⅰれんしゅうちょう（1）（2）』 国際学友会
㉗ AJALT（1984）*Japanese for Busy People* Kodansha International
㉘ 文化外国語専門学校編（1987）『文化初級日本語Ⅰ・Ⅱ』 凡人社
㉙ 東京外国語大学附属日本語学校（1990）『初級日本語』 三省堂
㉚ 筑波ランゲージグループ（1991-1992）*Situational Functional Japanese* Vol.1-3 凡人社
㉛ 坂野永理ほか（1999）『初級日本語げんきⅠ・Ⅱ』 Japan Times

【注】
[2] 土井他編訳（1980）は、participio と捉える見方は『天草版ラテン文典』(1594) の羅日葡対照活用表でも確認されるため、『ロドリゲス日本大文典』以前からの通説としている。

〈表2〉 て形類系統別分類

A. 意味・機能系	B. 形態系
A1) participle 類 ① participio Te, participio acabados em De：J. Rodriguez（1604-1608） ⑦ participle：E. Satow（1873） ⑨ participle：W. Imbrie（1889） ⑥ past participle：W. G. Aston（1873） ㉔ participial の perfect（past）：寺村秀夫（1973） A2) gerund 類 ② gerunds：R. Alcock（1861） ④ gerunds in the root-form：J. J. Hoffman（1868） ⑩ gerunds：B. H. Chamberlain（1889） ⑰ gerund：N. Naganuma（1944） ⑱ gerund：長沼直兄（1950） ⑳ gerund：E. H. Jordan（1962） ③ gerundive：S. R. Brown（1863） A3) 分詞 ⑧ 分詞：ビー、エッチ、チャンブレン（1887） A4) root 類 ④ gerunds in the root-form：J. J. Hoffman（1868） ⑤ root or adverb：W. G. Aston（1872） A5) adverb 類 ⑤ root or adverb：W. G. Aston（1872） ⑦ adverbial form：E. Satow（1873） A6) subordinate form ⑫ subordinate form: O. Vaccari ほか（1937）	B1) te/de 類 ① participio acabados em Te, I. De：J. Rodriguez（1604-1608） ⑳ -te or -de form: E. H. Jordan（1962） B2) 〜て ㉖〜て：国際学友会日本語学校（1978） B3) V-te ㉒ V-te：海外技術者研修協会（1967） ㉚ V-te：筑波ランゲージグループ（1991-1992） B4) te form ⑱ te form：長沼直兄（1950） ⑲ Base 8（te form）：国際学友会日本語学校（1954） ⑳ te form：E. H. Jordan（1962） ㉑ te form：国際基督教大学（1963） ㉒ te-form：海外技術者研修協会（1967） ㉕ te form：吉田弥寿夫ほか（1973） ㉗ te-form：AJALT（1984） ㉚ te-form：筑波ランゲージグループ（1991-1992） B5) て形 ㉓ te-kei、て形：海外技術者研修協会（1972）（1974） ㉔テ形：寺村秀夫（1973） ㉘て形：文化外国語専門学校編（1987） B6) ての形 ㉙ ての形：東京外国語大学附属日本語学校（1990） C. 数字系 C1) 第二変化 ⑪第二変化：東亜高等予備学校（1928） C2) 第二形 ⑯第二形：国際文化振興会（1943） C3) Base 8 ⑲ Base 8（te form）：国際学友会日本語学校（1954）

分詞）、participio acabados em De（「で」で終わる分詞）、participio acabados em Te, I. De（「て、で」で終わる分詞）としている。

　土井（1982）を参照しながら見ていくと、当時の口語で、第1種活用（Curaburu〈比ぶる〉、Idzuru〈出づる〉といった二段活用に該当）動詞は、その語根（Curabe、Ide）にTe（テ）を添えると説明している。また、第2

種活用（Cogu〈漕ぐ〉、Xinuru〈死ぬる〉）といったハ行以外の四段活用に該当）動詞は、過去形（Coida、Xinda）の語尾の母音 a を e に変えるという説明を施している。これが源流となり、まずは「意味・機能系」から「形態系」「数字系」へと様々な用語が出現する。

● A．意味・機能系

A1)　participle 類（用語に participle を含むもの）

　participle 類にはさらに、participle（分詞）を使用したもの、participle の下位項目の名称を使用したものがある。

　participle（分詞）は、⑦ Satow（1873）の活用表に見られ、本文では後述の adverbial-form が使用されている。また、⑨ Imbrie（1889）は koroshite とともに koroshimashite のように助動詞 masu を含めたものも participle と見なしている。

　participle の下位項目の past participle（過去分詞）を使用しているものが⑥ Aston（1873）である。Aston はその序文で Satow、Chamberlain、Imbrie の書を参考にしたと述べているが、participle の使用は Satow に影響を受けたのかもしれない。この他、「participial の perfect（past）」を採ったものに㉔寺村秀夫（1973）がある。

A2)　gerund 類（用語に gerund を含むもの）

　participle の下位概念に当たる gerund（動名詞）を採っているものは、gerunds、gerundive、gerund に分けられる。

　gerunds には、語根と結合し完了の意味機能を表す compound perfect の gerunds を用いた② Alcock（1861）と⑩ Chamberlain（1889）がある。語根を root-form 中の gerunds としたのが④ Hoffman（1868）であった。

　ラテン語文法で動詞的機能を持ち他の語を修飾するときに用いられる形容詞形を指す gerundive（動詞状形容詞）を用いたのは③ Brown（1863）である。3 語のなかで最も後発の gerund は、⑰ Naganuma（1944）で使用され、⑱長沼（1950）と⑳ Jordan（1962）では、te form とともに gerund も使用されている。

A3)　分詞

　「分詞」は、Chamberlain が日本語で書いた⑧チャンブレン（1887）での用語である。

A4)　root 類（用語に root を含んでいるもの）

④ Hoffman（1868）で使用された gerunds in the root-form のほか、⑤ Aston（1872）の root or adverb がある。

A5)　adverb 類（用語に adverb を含んでいるもの）

⑤ Aston（1872）のほか、adverbial form が⑦ Satow（1873）で使用されている。本稿では当時の文献からは他の事例が確認できなかったが、Satow は、当時多くの学者が gerundive と呼んでいるなか Aston（1872）が root or adverb を使用していることを参考にして名付けたと同書で述べている。

A6)　subordinate form

動詞に接続する形という意味でこの用語が⑫ Vaccari ほか（1937）で使用されている。

● B．形態系

B1)　te/de 類（te/de の両方の形態を示した用語類）

ロドリゲスと同様に te/de を同時に使用しているのが、-te or -de form の⑳ Jordan（1962）である。

B2)　～て

「～て」は㉖国際学友会日本語学校（1978）で用いられたものである。

B3)　V-te

V-te を提示しているのは㉒海外技術者研修協会（1967）であるが、同時に te-form も使用している。同じく併用したのが㉚筑波ランゲージグループ（1991-1992）である。

B4)　te form

te form は、⑱長沼（1950）にまず見られる。長沼直兄の教科書のなかでは⑱で初めて登場するが、『標準日本語読本』（1931-1934）のために長沼が作成したグラマーノートに基づく1940年代のプリント類に te form が現れている[3]という。その後、⑲国際学友会日本語学校（1954）、⑳ Jordan（1962）、㉑国際基督教大学（1963）、㉒海外技術者研修協会（1967）、㉕吉田ほか（1973）、㉗ AJALT（1984）、㉚筑波ランゲージグループ（1991-1992）でも使用され

【注】
[3] 山下（1997）

ている。なお、⑲は鈴木忍・阪田雪子による執筆、㉑は小出詞子が中心となって作成されており、㉕の文法担当は寺村秀夫と佐治圭三である。他の用語と併用した教科書が多いなか、te form だけを使用しているのは㉑㉕㉗である。
B5)　て形

　使用文字種に異なりはあるものの、te-kei・「て形」が㉓海外技術者研修協会（1972）（1974）、「テ形」が㉔寺村（1973）、「て形」が㉘文化外国語専門学校（1987）で見られた。

B6)　ての形

　「ての形」は㉙東京外国語大学附属日本語学校（1990）で使用されている。

●C．数字系

　C1)「第二変化」が⑪東亜高等予備学校（1928）で、C2)「第二形」が⑯国際文化振興会（1943）で使用されている。数字２はいわゆる連用形を指し、１はいわゆる未然形を指している。活用表の活用形欄を第一、第二のように数字で表すのは国文法[4]でも採られた方法であるが、活用という語を用いず「変化」「形」という日本語学習者に理解しやすい語が使用されているためJSLGT とみなした。C3) Base 8 を te form とともに使用しているのが、⑲国際学友会日本語学校（1954）である。活用形欄のいわゆる連用形を一括りで扱わず、音便の生じるものだけを独立させ Base 8 としている。

　以上をまとめると、て形類については、次の５点が指摘できる。
(1)　意味・機能系の用語は、「participle 類」「gerund 類」「分詞」「root 類」「adverb 類」「subordinate form」に分類でき、19 世紀以前を中心に用いられた。
(2)　形態系の用語は、「te/de 類」「て」「V-te」「te form」「て形」「ての形」に分類でき、1950 年代以降使用されている。
(3)　数字系の用語は、「第二変化」「第二形」「Base 8」に分類でき、戦前・戦中・終戦直後を中心に用いられた。

【注】
[4] 大槻（1897）では、活用欄の名称を、第一活用（第一終止法）：ゆく、第二活用（連体、第二終止法）：ゆく、第三活用（第三終止法）：ゆけ、第四活用（不定法）：ゆか、第五活用（中止、連用、名詞法）：ゆき、　第六活用（命令法）：ゆけ、と称している。

(4) te form の使用は、公刊された教科書としては長沼直兄の⑱が最初である。ただし、⑱は gerund も併用している。山下（1995）を参酌すれば、te form は長沼直兄の戦前のものが初出であると言えよう。

(5) 長沼が形態に着目して命名したように、ロドリゲスも①で形態に着目した用語を使用しているが、te/de 両方の形態を用いており、かつ分詞とみなしている。

3.2 ▶ ます形類

ます形類を分類すると〈表3〉のようになる。表中で各用語の次にある「含」「不含」は、例えば「書キマス」の場合、「含」はマスを含む「書キマス」全体を指すものとし、「不含」はマスを含まない「書キ」だけを指すものとする。

● A. 意味・機能系

A1) 語根類（用語に語根を意味する語を含むもの）

① Rodriguez（1604-1608）は、いわゆる助動詞マスを存在動詞と捉え、aguemasu の ague が語根 rayz に当たるとしている。

root-form を使ったのが③ Brown（1863）、root from を使ったのが④ Hoffman（1868）で、root は⑤ Aston（1872）と⑦ Satow（1873）に見られる。「語根」は⑪東亜高等予備学校（1928）が、その後、stem を⑬松宮（1938）が、base form を㉑国際基督教大学（1963）が使用している。

A2) 接続類（用語に接続を意味する語を含むもの）

ます形類が他の構成要素と接続する機能に注目した用語になっているものには、continuative の⑱長沼（1950）、continuative form "-masu" の㉖国際学友会日本語学校（1978）がある。また、conjunction form を使用しているのが㉕吉田ほか（1973）である。

A3) 名詞類（用語に名詞を意味する語を含むもの）

ます形類が独自に名詞として機能することを名称にしたものに、noun form の⑬松宮（1938）、「名詞法」の⑪東亜高等予備学校（1928）がある。⑪は、「連用法（連用形）」・「中止法」も併用している。これらは当然のことながらマスを含まない。

A4) 時制・法類（用語に時制・法を示す語を含むもの）

この類では時制を用いた用語が多く、現在時制のものには、indicative

〈表3〉ます形類系統別分類　　　【含：マスを含むもの　不含：マスを含まないもの】

A. 意味・機能系	B. 形態系
A1) 語根類 ① rayz：不含：J. Rodriguez（1604-1608） ③ root form：不含：S. R. Brown（1863） ④ root-form：不含：J. J. Hoffman（1868） ⑤ root or adverb：不含：W. G. Aston（1872） ⑦ root：不含：E. Satow（1873） ⑪ 語根：不含：東亜高等予備学校（1928） ⑬ stem：不含：松宮弥平（1938） ㉑ base form：不含：国際基督教大学（1963） ㉚ V（base)-masu：含：筑波ランゲージグループ（1991-1992） A2) 接続類 ⑱ continuative：不含：長沼直兄（1950） ㉖ continuative form "-masu"、continuative form with "masu"：不含：国際学友会日本語学校（1978） ㉕ conjunction form：不含：吉田弥寿夫ほか（1973） A3) 名詞類 ⑬ noun form：不含：松宮弥平（1938） ⑪ 連用法（連用形)・名詞法・中止法：不含：東亜高等予備学校（1928） A4) 時制・法類 ⑨ indicative present：含：W. Imbrie（1889） ⑫ present tense：不含：O. Vaccari ほか（1937） ⑩ indefinite form：不含：B. H. Chamberlain（1889） ⑩ polite certain present or future：不含：B. H. Chamberlain（1889） ㉒ polite present form：不含：海外技術者研修協会（1967） ㉛ long forms, present tense, affirmative：含：坂野永理ほか（1999） A5) 丁寧・尊敬類 ⑦ the polite termination –masu：不含：E. Satow（1873） ⑩ polite certain present or future：不含：B. H. Chamberlain（1889） ㉒ polite present form：不含：海外技術者研修協会（1967） ⑥ honorific form：含：W. G. Aston（1873）	B1) -masu ⑦ the polite termination -masu：不含：E. Satow（1873） ㉖ continuative form "-masu"、continuative form with "masu"：不含：国際学友会日本語学校（1978） B2) V-masu ㉒ V-masu：不含：海外技術者研修協会（1967） B3) V（base)-masu ㉚ V（base)-masu：含：筑波ランゲージグループ（1991-1992） B4) ます ㉖ ～ます：含：国際学友会日本語学校（1978） B5) masu form 類 ⑳ the-masu form：含：E. H. Jordan（1962） ㉓ [masu]-form：不含：海外技術者研修協会（1973） ㉗ masu form：含：AJALT（1984） ㉚ –masu form：含：筑波ランゲージグループ（1991-1992） ㉛ masu form：含：坂野永理ほか（1999） B6) ます形 ㉓ [masu]-kei：不含：海外技術者研修協会（1972） B7) ますの形 ㉙ ますの形：含：東京外国語大学附属日本語学校（1990） B8) long form 類 ㉛ long forms, present tense, affirmative：含：坂野永理ほか（1999）
	C. 数字系
	C1) 第二変化 ⑪ 第二変化：不含：東亜高等予備学校（1928） C2) 第二形 ⑯ 第二形：不含：国際文化振興会（1943） C3) 動詞2 ⑭ 動詞2：不含：青年文化協会（1942） C4) Ⅱ-form ⑮ Ⅱ-form：不含：国際文化振興会（1943） C5) 2nd base ⑱ the second base（Base Ⅱ）：不含：長沼直兄（1950）

present が⑨ Imbrie（1889）、present tense が⑫ Vaccari ほか（1937）、polite present form が㉒海外技術者研修協会（1967）、long forms・present tense・affirmative が㉛坂野ほか（1999）で採用されている。また、未来時制を加えて、polite certain present or future としたのが⑩ Chamberlain（1889）である。

　また、⑨は叙実を示す直説法の indicative を、⑩は断言を示す certain を用いて、法的意味も示している。indefinite form は⑩ Chamberlain（1889）で用いられている。

A5)　丁寧・尊敬類（用語に丁寧・尊敬を意味する語を含むもの）

　polite を含むものとして、the polite termination –masu が⑦ Satow（1873）、polite certain present or future が⑩ Chamberlain（1889）、polite present form が⑳海外技術者研修協会（1967）で使用されている。また、honorific form が用いられているのは⑥ Aston（1873）である。

● B．形態系

B1)　-masu

　masu を含む用語は A2)　A5) にも分類されるが、the polite termination -masu は ⑦ Satow（1873） で、continuative form "-masu"／continuative form with "masu" は㉖国際学友会日本語学校（1978）で使用されている。

B2)　V-masu

　V-masu を使用しているのは㉒海外技術者研修協会（1967）である。

B3)　V（base）-masu

　V（base）-masu は㉚筑波ランゲージグループ（1991-1992）で用いられている。

B4)　ます

　「〜ます」で提示しているのは㉖国際学友会日本語学校（1978）である。

B5)　masu form

　masu form は、the-masu form が⑳ Jordan（1962）で、［masu］-form が㉓海外技術者研修協会（1973）で、masu form が㉗ AJALT（1984）と㉛坂野ほか（1999）で、-masu form が㉚筑波ランゲージグループ（1991-1992）で用いられており、⑳ Jordan（1962）における使用が最も古いとみられる。

B6) ます形
　[masu]-kei は㉓海外技術者研修協会（1972）で用いられている。
B7) ますの形
　「ますの形」を採用しているのは㉙東京外国語大学附属日本語学校（1990）である。
B8) long form 類
　「行きます・行きません・行きました・行きませんでした」のように4つの活用形をまとめて long forms と称し、そのうち、ます形類を long forms・present tense・affirmative としているのが㉛坂野ほか（1999）である。long forms に対して、「行く・行かない・行った・行かなかった」のような4つの活用形を short forms と呼んでいる。「long forms、short forms」の用語の発案者は、㉛の執筆メンバーでもある大野裕である。大野は、口頭表現と書く時の表現にずれのある従来の文体上の機能（丁寧さ、親疎等）等を言及して命名した従来の用語に違和感を抱き、初級初期のころに学習者が出会う形で長めのもの（です、ますの類い）と短めのものを「長形、短形」と形態にのみ言及して呼ぶことにしたという。この用語の発案にはロシア語の活用形名に同名があることを知っていたことが影響しているとも同氏は述べている[5]。

● C. 数字系
　数字を含む用語は、18世紀以前ならびに1951年以降の教科書には見られず、戦中・戦後初期限定の用語と位置づけられる。
　C1)「第二変化」が⑪東亜高等予備学校（1928）、C2)「第二形」が⑯国際文化振興会（1943）、C3)「動詞2」が⑭青年文化協会（1942）、C4) II-form が⑮国際文化振興会（1943）、C5) the second base（Base II）が⑱長沼（1950）でそれぞれ使われている。⑯⑮の執筆は湯澤幸吉郎である。なお、すべての用語が2を使用しているが、て形類同様、2はいわゆる連用形を指し、1はいわゆる未然形を指している。
　ます形類全体において、各用語が用語にマスを含めたものであるかどうか

【注】
[5] 大野裕氏（立命館大学）にメールによりご教示いただいた内容に基づく。

については、〈表3〉中に示したように、マスを含まないもののほうがマスを含む用語より多い。マスを含むと、様々な語に接続することによって表現が産出できるという機能が制限されるからであろう。

　以上の結果から、ます形類については、次の5点にまとめることができる。
(1)　意味・機能系の用語は、「語根類」「接続類」「名詞類」「時制・法類」「丁寧・尊敬類」に分類できる。
(2)　形態系の用語は、「-masu」「V-masu」「V (base)-masu」「ます」「masu form」「ます形」「ますの形」「long form類」に分類できる。
(3)　数字系の用語は、数字2を含む「第二変化」「第二形」「動詞2」「Ⅱ-form」「the second base」に分類でき、て形類同様、戦前・戦中・終戦直後を中心に用いられた。
(4)　masu formの使用は、⑳Jordan（1962）が最も古いとみられる。
(5)　ます形類の用語は、マスを含んでいない用語のほうが多い。

　なお、関（1997）が指摘した今日の日本語教育文法につながる日本語文法研究の5つの流れのうち、中国人留学生のための文法を考案した松下大三郎・松本亀次郎らは、基本的には国文法用語を援用している。て形類が使用される表現文法を例にとると、「ている、ておる、てください、てはいけない、てはならん」のように文構成要素を従来の国文法方式に拘泥することなく整理したが、学習者にわかりやすい文法用語、すなわち本稿で取り上げた「て形類」「ます形類」のような用語を使用するまでには至っていない。また、旧植民地・占領地向けの日本語普及用教科書類も入手できたものに限り調査したが、文法用語自体使用されていないものが多かった。使用していたとしても、て形類では「音便」「第二活用形」、ます形類では「連用形」「連用言」「第二活用形」というように、国文法用語を使っており、本稿では調査対象外とした。

4．おわりに

　現在、地域・教育機関・教師・教科書等の違いにより多様なJSLGTが使われているが、て形類・ます形類も、現在のみならず17世紀から多様な用

語が使用され続けてきていることが本研究で実証できた。その理由には、学習者の母語の文法用語が持つ意味概念と日本語の文法用語が持つ意味概念などとの異同関係から一律化が難しいことが挙げられる。したがって、日本語教育においてグローバルに JSLGT の統一化を図ろうとするのは時期尚早であろう。しかし、少なくとも各 JSLGT の標準用語とはなにか、そのスタンダードを日本語教育界において組織的に検討すべき時期を迎えているように思う。

>>> **参考文献**（本文で取り上げた教科書類を除く）

大槻文彦（1897）『廣日本文典』東京築地活版製造所（1980 年勉誠社復刻版）pp. 70-96

新内康子（1993）「日本語教科書の系譜（第二期）―満州編―」『鹿児島女子大学研究紀要』14-1　pp. 15-33 鹿児島女子大学

新内康子（1993）「日本語教科書の系譜（第二期）―国内機関発行編―」『鹿児島女子大学研究紀要』15-1　pp. 23-46 鹿児島女子大学

新内康子（1994）「日本語教科書の系譜（第四期）―日本語教育発展・膨張期の教科書―」『鹿児島女子大学研究紀要』16-1　pp. 19-43 鹿児島女子大学

新内康子（1995）「日本語教科書の系譜（補遺）」『鹿児島女子大学研究紀要』17-1　pp. 1-18 鹿児島女子大学

新内康子（2011）「日本語教育用文法用語としての『い形容詞』『な形容詞』の出自について」『日本語教育史論考第二輯』 pp. 39-50 冬至書房

新内康子・関正昭（2012）「日本語教師の日本語教育用文法用語使用実態―主に海外で教える教師に対する調査結果より―」『日本語教育用文法用語の通時的かつ共時的研究―その出自から使用の実態まで―（研究代表者新内康子）』平成 21-23 年度科学研究費補助金基盤研究（C）研究成果報告書 pp. 7-22

関正昭（1993）「日本語教科書の系譜（第一期）―台湾・朝鮮・南洋群島編―」『鹿児島女子大学研究紀要』14-1　pp. 1-14 鹿児島女子大学

関正昭（1993）「日本語教科書の系譜（第一期）―松本亀次郎・松下大三郎・松宮弥平編を中心に―」『鹿児島女子大学研究紀要』15-1　pp. 1-21 鹿児島女子大学

関正昭（1994）「日本語教科書の系譜（第三期）―戦後、日本語教育復興期の教科書 v」『鹿児島女子大学研究紀要』16-1　pp. 1-18 鹿児島女子大学

関正昭（1997）「『日本語教育文法』の流れ―戦前・戦中・戦後初期―」『（財）言語文化研究所日本語教育資料叢書復刻シリーズ第 1 回解説』 pp. 20-33 財団法人言語文化研究所

関正昭（2012）「日本語教育用文法用語の出自研究関連文献解題」研究代表者　新内康子（2012）所収 pp. 79-85

土井忠生他編訳（1980）『邦訳日葡辞書』 解題 p. 20 岩波書店

土井忠生（1982）『切利支丹論攷』 pp. 142-166 三省堂

山下秀雄（1995）「日本語教育の源流をたずねて（i）―教科書・教授法の関係、音声言語・談話構

造への着目など―」『日本語教育研究』第 30 号 p. 88 財団法人言語文化研究所
山下秀雄（1997）「第 1 回復刻版の原本と長沼直兄」『（財）言語文化研究所日本語教育資料叢書復刻シリーズ第 1 回解説』p. 75 財団法人言語文化研究所

東南アジア4カ国（タイ・マレーシア・シンガポール・インドネシア）日本語教育機関見学記録
（1975年1月4日～31日）
―（財）海外技術者研修協会「昭和50年度帰国研修生実態調査」より―

鶴尾　能子

1. はじめに

　（財）海外技術者研修協会（以下 AOTS）[1] は、1959年に設立されて以来今日まで、半世紀以上にわたり、アジア・アフリカ・ラテンアメリカを中心とする170カ国・地域から35万を超える技術研修生の受入研修事業を行い「相互の経済発展」および「友好関係の増進」に寄与してきた。AOTS は設立当初より、日本語教育に力を注ぎ、6週間（100時間）の短期日本語教育を確立した[2]。そこには、技術研修生受入・研修事業を「経済協力の場」であると同時に、歴史を顧みて日本の真の国際化を進める場という考えがあり、各国からの研修生に対して、「彼我一対一の誠意より生まれる信頼・友好を築くことが大切である」という願いがあって、これこそが事業の基本理念であった[3]。

【注】
[1] 2012年3月30日、AOTS は（財）海外貿易開発協会（JODC）と合併。（財）海外産業人材育成協会（HIDA）の AOTS 事業部として新たな歩みを始めた。HIDA は AOTS と JODC がそれぞれ培ってきた経験と人脈を生かし、更なる活動の展開が期待されている。
[2] AOTS (1970) pp. 30-40
[3] AOTS (1970) pp. xi-xii・AOTS (1990) pp. 28-30

AOTS は帰国後研修生へのフォローアップも大事にし、昭和 38（1963）年より「帰国研修生実態調査」を実施。昭和 50（1975）年度には、「日本語教育」の効果に関するフォローアップ調査に特化され、アジア 9 カ国での「実態調査」を実施。関正昭と筆者は東南アジア 4 カ国の調査に派遣された。その目的は、（1）日本での日本語教育がどのように活用されているか。どのような問題に直面しているか。今後の研修になにを望むか。（2）日本語教育機関見学である。

（1）については、4 カ国・7 都市、16 社、13 箇所で、アンケート調査を実施し、帰国研修生 179 名の回答を得た。これらの数量的調査と分析結果は西南アジア 5 カ国の調査結果と合わせて、鶴尾他（1977）で述べた。その結果の一例を示すと、日本語の活用の形態は、職場で「実利に直結した技能」として約 9 割が「役立っている」。また、帰国後も「日本語を勉強したい」人は 7 割を占める。「直面している問題」としては、学習の機会や教材がない、日本人との会話の機会がないなど。「今後の研修に望むこと」としては、研修期間の延長が 6 割。また、文字教育、生活語彙、工場語彙の拡充を望む声が目立った。これらは、その後の「一般研修日本語教育」の改善と充実、教材開発の指針となった（鶴尾 2005）。

（2）については、4 カ国 19 教育機関、50 人近い関係者に面会、懇談した。それに基づき、各機関の概要を示すと本稿末「付表」のとおりである。また、授業を見学し、講師や学生から話を聞いた。それが、本稿「日本語教育機関見学記録」である。1970 年代の海外における日本語教育はどうであったか、公刊された資料に基づく研究もある（嶋津 2010）が、本稿ではこの「面接調査」記録を紐解き、時と共に移り変わってきた日本語教育の歴史の中で、昭和 51 年 1 月調査時点のアジア 4 カ国における日本語教育の実態を振り返ってみたい。

2. 昭和 50 年度「帰国研修生実態調査」の背景

2.1 ▶東南アジアの情勢

　1960 年頃からアジア諸国への日本の経済進出が急激に進み、不均衡な貿易収支に対する批判や反発から、日本商品不買運動を誘発するようにさえ

なっていた。田中首相の1974年東南アジア5カ国訪問に際しては、タイやインドネシアで反日デモが起きた。日系企業や生産工場の進出で、研修生が現地企業の中堅としての役割を果たすものの、待遇の不満などもあり、「日本人のアジア観は"日本にとってのアジア"という発想が強く、"アジアにとっての日本"という発想に乏しい」と指摘されたりもした（AOTS 1975）。関と筆者のアジアへの派遣は実はこのような情勢の中で、研修生の背景を知り、アジアの人々の気持ちにも触れ、AOTSの日本語教育の明日を考えるというものでもあった。

2.2 ▶泰日経済技術振興協会　Technological Promotion Association (TPA)

　元留学生と帰国研修生によって、昭和41（1966）年「アジア文化会館同窓会」の第1回代表者会議が東京で開かれた。その名称は、研修生と留学生が起居を共にし、研鑽の場であった「アジア学生文化会館（以下 ABK）」の名に因む（ABK 同窓会 1969）。タイではその ABK 同窓会（現 ABK & AOTS 同窓会）の活動を軸としてタイと日本、人と人の信頼関係を基盤に昭和48（1973）年泰日経済技術振興協会（TPA）が誕生した。AOTSから派遣された佐藤正文、現日泰経済協力協会（以下、JTECSと略す）顧問を中心に、TPA付属語学学校のカリキュラムを構築し、教材を整備した。佐藤はAOTSでは松岡弘（一橋大学名誉教授）らと共に『日本語の基礎I』と周辺教材の開発に携わった。その経験を生かし、日本語教材だけでなく、『実用タイ語会話』も編纂した（JTECS 2003）。これは、「第1回同窓会会議」のシンポジウム[4]で取り上げられた問題で、日本側は英語のみならずアジアの諸言語も学ぶべきという提言に対応したものだった。TPA付属語学学校の運営方針は、後に各国の同窓会から「TPAモデル」とされ、今日の「泰日工業大学（TNI）」設立にも繋がっている。これは、"同窓会が求め、それに応える活動"を具現化したものである（久保田 2009）。

【注】

[4] 新興国の開発計画と日本の協力や日本語教育などについて討議された。

3. 4カ国日本語教育機関見学記録

3.1 ▶タイ（1月4日〜10日）

●3.1.1　チュラロンコン大学日本研究講座　Piya Thai Rd.[5]

【懇談】玉井主任教授は「日本研究講座」が、「単なる日本語講座に終わらぬよう、研究者や大学の日本語教育指導者の育成を目指す」と強調。「日本文学史」では、原典と英文の参考書を併用。『隅田川』を教材とし、岩城氏とのティーム・ティーチングにより、前半は「語句・文法・解説」、後半は「文芸論」などを指導していた。ピヤチット氏は、あえて「(時枝) 文法」用語を用い、日本語を技術や手段としてではなく、日本人の心、感情、思想を理解するために学び、読めるようになるよう指導。【授業見学】①1年担当：ヴィモンのクラスは全員女子学生。「意向形＋と思います」の口頭練習。②4年担当：赤木のクラスはレポート・ライティング。「交通問題」がテーマで、関連語彙を配布し、問題提起・討論を経てレポート作成へと繋げていた。

●3.1.2　在タイ日本大使館広報文化センター　Praram I Rd.

【授業見学】社会人対象。7割が女性。その数割が他の日本語学校と掛け持ち。初級受講者の5割が中級レベルへ、そのまた6割が上級レベルへ進んでいた。口頭での文型練習では学習者に応じて難易度を調整する。漢字は例文とともに提示。練習帳を与えるが、テストはせず。学年別教育漢字と教科書の提出漢字を組み合わせ、上級修了時には900〜1300字が読める力をつけていることを目標としていた。

●3.1.3　日本留学生会　Rajadamri Rd.

【懇談】日本留学生会日本語教室は元留学生のアルバイトの拠点となっていた。「公務員の月給が安く、民間企業の約半分（2300バーツ）だ」、「専門の知識と日本語を生かし、技術書の翻訳がやりたい」、「30代、40代の勉強・仕事盛りに日本語を教えているというのは不本意」などの声。

【授業見学】社会人対象。早朝から夜間まで10クラスあり、夕方クラスは勤め帰りの学生が多い。①初級は女性のほうが多い。国際学友会『日本語読本

【注】
[5] 各国の日本語教育機関の所在地は調査時点の表示による。

巻1』にタイ語で語注を書き込む。②高級クラスの半分は女性で、『日本語読本巻3』「父と子の手紙」をすらすら読む。

●3．1．4　ボピットピムク短期大学　Worachak Rd.
【懇談】1885年、ラマ5世の時代に寺院の伝習所として創立。当初は小学校で、後に外国語中心の国立高校となる。1945年、最高商業専門課程を設置。1974年、短期大学に昇格。1965年に「日本語課程」を設置。テルコS．専任講師が就任し、同校の日本語教育を担う。「日本から派遣された先生方（伊藤、大西、佐藤、小野、岩城）のご協力があってこそ、今日を迎えることができた」とテルコ氏。【授業見学】初級クラスを見学。教室不足で二部授業。生徒たちは明るく、私たちに「いらっしゃいませ」と挨拶。日本の高校2・3年、大学1年に相当する年齢の学生が日本語を学んでいることが注目された。

●3．1．5　国際交流基金（JF）バンコク事務所　Sukumuvit Soi 23
【懇談】1975年2月、日本大使館広報文化センター主催、日本留学生会、国際交流基金の協賛で、タイ国第1回日本語弁論大会を開催。同基金は人の交流、日本研究の充実と研究者の育成を目指し、講師派遣、講師謝金補助、国費留学生選抜試験、図書寄贈、翻訳などを行っている。日本研究講座を開設して10年。留学後の結婚や転職などもあり、研究者の養成は多難。日本語の普及に比し日本研究が遅れている。解決すべき問題は山積しているとのことだった。

●3．1．6　泰日経済技術振興協会(TPA)付属語学学校　Suhumvit Soi 29
【懇談】講師は筆記試験と面接で採用し、訓練する。ＴＰＡ日本語講座の特徴は、①短期集中訓練②基本語彙と文型の積み上げ方式③プログラム学習④口頭練習の重視⑤録音教材（L.L.）の活用など。【授業見学】学生は社会人女性が男性を少し上回り、20代前半が5割。学習目的は「文字の読み書き」が5割。「仕事に役立つ日本語」が3割。授業（90分）のうち、文法説明を含む前半はタイ人教師、口頭ドリル部分の後半は日本人教師が担当する。佐藤先生は「"ことば"そのものは習慣で学問ではない。訓練で誰でも話せるようになる」と学生を励ましていた。

3.2 ▶マレーシア（1月11日～15日）

● 3.2.1　YMCA of Malaysia　Jalan Kandang Kerbaw, Bricklields

【授業見学】日本人講師のクラスを見学。学生はノートのみ持つ。順々に、指名されると、翻訳する。7名の学生は真面目。マレーシア人講師の一人はマラヤ大学の現役講師。一人は元日本留学生で、日本語指導経験は5年とのこと。

● 3.2.2　マラヤ大学　日本研究講座　Kuala Lumpur

【懇談】主任教授が欠員のため、日本人と非常勤のマレーシア人各2名の4人で8時から19時まで、56時間の授業を実施し、日本人は1日4～5時間を担当。「教科書の選定が難しい。任期交代や任期途中での交代といった引継ぎ時点で混乱が生じやすい。印刷機が自由に使えない状況にあるため自主作成教材のプリントに苦労している」などといった問題点が語られた。

【授業見学】年度末試験中のため授業見学はできず、図書館に入る。息詰まるほどの学生の熱気。2単位落とすと、合格した科目まで不合格となり再履修しなければならないとのこと。書架の『マレー語・日本語辞典』を取り出して見ると、その序文の結びに「シンガポール陥落の日に」とあった。日本語科2年生の学生が「明日はマレー語の試験。中国系学校出身の学生はマレー語が重要な課題。工学部の学生が日本語を学ぼうとしても、単位としては認められない」と話す。

● 3.2.3　マレーシア日本語協会　Jalan Davidson

【授業見学】夜の校舎は4教室で、平均30人の学生が勉強している。上級クラスを見学。『（字句註、文法解説付最新中日文対照、原文表音）標準日本語読本』（台北版）の「陶工柿右衛門」を学習していた。「うっかりとうっとりはどう違いますか」と質問が出る。出席者は17人（男性12・女性5）。全員が受講目的を「趣味」と言うが、さらに聞くと、「工場での日本人との意思疎通のため」、「観光で日本へ行きたい」、「小学校時代、日本語を勉強したので、今も継続」などと答えた。女性4人は日本レストラン「竹葉亭」で働く。

● 3.2.4　ラーマン学院（短期大学分校）　Jalan Ampang ACM Building

【懇談】講座を開設して1年。役に立つ日本語、話せる日本語を目指す人のために、教育内容を充実させたいと関係者は語った。日本語普及事業に対す

る日本からの援助を期待するとのこと。【授業見学】31 ブースある L.L. 教室を教室に使用。校長兼講師は元留学生で、社会人 9 名（男性 7 ・女性 2）が「浦島太郎」の読解練習をしていた。「昔、小学校で勉強した。現在は趣味として日本語を勉強している」と言う歯科医。それに同調する 5 名。「2 か月後、日本へ研修に行く」「船舶会社に勤務。1974 年に 3 か月日本に滞在した」など。

● 3．2．5　クバンサアン大学 Jalan Pantani Baru
【懇談】日本語課程は、1975 年に新設。英語が必須で、日本語と独・仏・中・泰語は選択の第 2 外国語。『日本語の基礎』に文字指導を加えながら、1 年間通して使用。今後は漢字の導入を如何にするかが難しい課題であると語っていた。講師は大学との随意契約。【授業見学】クラスは口頭練習中心。マレー系の学生が多く、教室活動は活発。

3．3 ▶シンガポール（1 月 16 日〜 21 日）

● 3．3．1　南洋大学　Jurong Rd. Singapore 22
【懇談】1963 年 Language Centre に日本語コースを設置。金丸氏が就任。70 年代に入り古新居、安部の両氏就任。1975 年、大学は英語教育重視に方針を転換。中国系高校出身者は英語が課題。成績が悪いと、日本語の履修はできないとのことであった。【国防庁委託コース】年間 2 名を受託し、既に 5 名が修了している。日本の防衛大学へ派遣するための「7 ヶ月集中コース」で、高校レベルの日本語読解力を養成するために中国系高校出身者を徹底的に指導。学生は「派遣を前にした学習は効率もよく、日頃から日本人留学生に接して、日本語の習得に全力を注いでいる」との自信を述べた。

● 3．3．2　星日文化協会　22-B, Orchard Rd., Singapore 9
【懇談】1963 年、クラブとして発足し、日本語教室を開設。1972 年、日本外務省は日本語専任講師を派遣。1973 年国際交流基金が田丸氏を派遣。1975 年度、国際交流に貢献すること大なりと日本から表彰された。【授業見学】一般社会人が対象で、初級クラスは女性が多く、上級へ進むほど男性が増える。ほとんどが中国系。教室（50 席）は満席。高級クラスは図書室で授業。席のない学生も居る。授業はダイナミックで、スピード感あり。「初・中級の脱落率 30％。上級修了者には商社・日系企業からの求人照会がある」とのこと。元研修生（S 工業勤務）は「帰国後も日本語を続けている。再研修

の機会を掴みたい」と語る。

● 3.3.3　Inlingua School of Language　75 Tanglin Rd., Singapore 10
【懇談】スイスに本部があり、1972年、開設。日本語クラスが開講されて日が浅く、出張教授も行っている。教科書を編纂中。【授業参観】教室のドアにガラスを嵌め、外から覗ける。明るい色のカーペット。講師は日本人。ただし内容は聞こえず。

● 3.3.4　文部省成人局主催夜間日本語教室　126 Cairn Hill Rd.
【懇談】成人局主催夜間公立高校（各種技術課程・語学など）の日本語コースで、1972年、開設。担当のChua氏は文部省の役人（シンガポール大学卒、英文学専攻）で、日本語教師としては非常勤。コロンボプランの奨学金により1971年から72年の間、OTCAで日本語を研修。日本での再研修を希望。【授業見学】中学を出て、直ぐ就職した人たちで、英語系と中国語系が半々だった。40歳以上の受講生もいる。日本語学習の理由として「日系企業で働いている」、「子どものとき日本語を学んだ」、「奥さんが日本人」、「趣味」、「教養」などが挙げられる。

3.4 ▶インドネシア（1月22日〜31日）

● 3.4.1　日本文化学院（分校）　26, Jalan Prapatan, Jakarta
【懇談】ジャカルタ最古の日本語学校。副所長は元留学生（1969〜1973年留学）で、東京外国語大学特設日本語科出身。学院はインドネシア・日本友好協会の傘下にある。【授業見学・卒業晩餐会】夜7時からの授業を見学。初級（40人）、中級（20人）、上級（30人）、高級（10人）。40〜50％が女性。90％が中国系。日系企業従業員や公務員が多い。伊藤勲氏（大使館文化センター）の高配で、8時からの高級クラス卒業式に出席。修了証書の授与式に続く晩餐会は社交的で華やいでおり、元研修生も3人いて「仕事に役に立つ」、「日本語を忘れたくない」、「積み重ねる学習を継続」、「再研修を期し、準備する」などと話す。

● 3.4.2　日本文化短期大学 Akademi Bahasa dan Kebudayaan Jep (A.B.K.J.)
　　　　　 l. Jenderal Sudirman, Samping Komdak Metrojaya, Jakarta
【懇談】校舎は「インドネシア・日本友好協会」のもので、昼は「インドネシア第24国立高等学校」、夜間は「A.B.K.J.」が使用。1965年から75年ま

での卒業生は 1004 名。文部省認可の私立短大。3 年終了後、1 年以内に卒業論文を提出しなければならない。合格者には文部省公認の学位を授与。勤労学生にとって、学位取得できる唯一の機関。初期の学生には、戦争中に日本語教育を受けた中年層が多く、歴史文化の講義に『日本史』(山川出版) を用い、中年層は十分に理解していた。しかし、若い学生には難しいようだった。1975 年度学年末試験科目は、全学年に「インドネシア五原則」[6]。1、2 年「インドネシア語」。3 年「卒論演習」、「日本文化史」など。

● 3.4.3　パジャジャラン大学文学部日本語学科　Bandung

【懇談】1957 年、大学創立。1963 年に文学部開設と同時に、日本語科設置。3 年課程、5 年課程でそれぞれ論文提出資格認定試験があり、各々論文合格者に学士号、修士号相当の学位を授与。要望としては、①要望に対する援助の実現②教師の日本留学・研修③学生の留学制度・奨学金の拡充④タイプ、図書の寄贈などが挙げられた。【私設日本語教育センター】近藤功国際交流基金派遣講師が自宅を開放し、図書棚、印刷機を設置。学生（4〜5 人）と起居を共にし、鶏、兎を飼育。生活と日本語学習を一体化させた総合学習を実践。近郊の高校日本語教育の実態調査も実施していた。

● 3.4.4　インドネシア大学文学部日本研究講座　Jl. Rawanmangu, Jakarta

【懇談】竹内主任教授を中心に、国語学の柴田氏、国文学の田口氏が協力し、「日本歴史年表」や「教科書」を編纂中。学生たちは卒論を一般インドネシア国民の日本啓蒙のため、先ずインドネシア語で書き、概略を日本語で書くことになっている由。論文テーマとして、①恐山の民間信仰②日本語の複文における接続助詞「て」③自由民権運動④人形浄瑠璃の歴史的起源⑤作家論（夏目漱石）などが挙げられた。中国語系学校教育を受けた者以外の学生の平均的日本語読解力では、研究テーマも日本の近代以降の内容に制限されるという。それでも、教授陣は互いに協力し、日本研究の研究指導に多くの時間を割いているとのことであった。

【注】

[6]「建国五原則」初代スカルノ大統領が 1945 年インドネシア独立時、憲法として定めた、唯一神信仰、人道主義、民族主義、民主主義、社会正義の原則。

4．おわりに

　私たち外から訪ねたものが、短い滞在時間の中で断片的に見たり聞いたりした内容から、纏った結論を引き出すことは難しい。しかし、この調査では、ささやかではあるが、このような面接調査記録を残すことができた。そこには、各地の学生たちが夢を託して懸命に学ぶ姿、教師たちが、学生たちの学習や研究を一所懸命に支える姿が見られる。第二次世界大戦中に日本語を学び、時代を超えて、日本語学習を続けている学習者からの証言もある。

　調査から40年を経て、日本語教育を巡る現状は、我が国とアジア諸国との関わりの中で、大きな転換期を迎えている。各国は広報文化活動を重んじ、文化発信・国語普及に力を入れている。特に中国は、経済発展を背景に中国語学習機関「孔子学院」を設立、急速に中国語普及活動を展開させている。また、韓国は韓国語をブランド戦略の一環として普及拡大を目指している。

　それでは、私たちは、どんな目的のために日本語を教えるのか。今後の日本語の普及は、国際的な経済関係の一層の強化、人材の育成・獲得、文化交流などの役割を果たしていくだろう。

　しかし、私たちが1975年、東南アジアの日本語教育機関を訪ね、各地の教育現場に見たものは、あくまでも現地のニーズに基づき、不自由な学習環境の中でも日本語を学びたいという学生たちの気持ちに応え、日本人教師と各国の教師が協力し、日本語教育に必死で取り組む姿であった。たとえ日本外務省、国際交流基金、民間の機関などからの派遣、あるいは個人であっても、「日本語教育」という営みは、国や組織を超え、結局は人と人の交流であり、それが人と人の心を繋ぎ、絆を育むという実態であった。私たちがこのとき実際に目にし、感じたことは、その後の日本語教育の発展の原点であり、時代がどんなに変わっても、日本語教育の現場はそうであり続けるであろう。

　最後に、この4カ国・28日間の調査を共にして以来の朋友、関正昭氏に改めて敬意と感謝を献じ、本稿の結びとしたい。

〉〉〉参考文献

アジア文化会館同窓会（1969）『アジア文化会館同窓会概要』pp. 1-8
久保田誠一（2009）『国際協力の現場から見たアジアと日本』 スリーエーネットワーク pp. 294-306
AOTS（昭和45年・1970）『海外技術者研修協会十年史』AOTS　pp. xi-xiii・pp. 30-47
AOTS（1975）『昭和49年度帰国研修生実態調査報告書』p. 1・pp. 15-55
AOTS（1976）『昭和50年度帰国研修生実態調査報告書』pp. 1-15
AOTS（平成2年・1990）『海外技術者研修協会三十年史』AOTS　pp. 28-30
嶋津拓（2010）『言語政策として「日本語の普及」はどうであったか』 ひつじ書房 pp. 45-76
鶴尾能子・関正昭・石渡博明（1977）「アジアの技術研修生と日本語」『日本語教育32号』 pp. 67-76
鶴尾能子（2005）「教科書の選択・運用・作成に関する諸要素」松岡弘・五味政信編著『開かれた日本語教育の扉』 スリーエーネットワーク pp. 51-64
JTECS（2003）『共に歩み、共に進んだ30年―きづなは海を越えて―』 JTECS　pp. 32-40

付表.「東南アジア4カ国 日本語教育機関見学記録(1975年1月4日～31日)」―「日本語教育機関概況【開書き】」より―
備考1:「面会者(敬称略)」氏名は調査時点で名刺に記載されていた表記を採用
2:「月謝」は「調査時点現在」の現地価格を記載

国名	訪問順序	教育機関・面会者	クラス・受講者(人数)	学習期間(時間) h:時間、w:週、y:年	教師(人数)	教科書・教材(編著者・教育機関)	月謝 M:月
タイ	1	チュラロンコン大学 1 玉井乾介 2 岩城雄次郎 3 赤木功 4 ビヤチャット	1年(34) 2年(31) 3年(19) 4年(12) 計(96)	4単位(4h/w) 専攻課程(48単位) 副専攻課程(32単位)	専任 日本人(3) 非常勤 日本人(1) 専任 タイ人(3) 非常勤 タイ人(1) 計(8)	「外国人学生用日本語教科書初級」(早稲田大学) 「Modern Japanese for University Students」(国際基督教大学) 教師作成教材:「現代文学 I・II・III (文学史)」・IV (手紙、Report、口頭発表、Radio & TV program、Modern drama 等)	
	2	在タイ日本大使館 広報文化センター 1 山田基久	初級(25) 中級(25) 上級(25)	2年制(10か月/Y) 5h×5回/w A 18:00～20:00 B 19:00～20:00	日本人(1)	初級「NIHONGO NO HANASIKATA」(国際学友会) 中級「よみかた」(L.69～終)(国際学友会) 上級「日本語読本巻 I」(国際学友会)	
	3	留学生会 1 Mrs. Lek 2 Mr. Pichai	初級(18)×9 高級(10)×1 計 10 クラス	初級・高級(各 1 回) A 1h×3回/w B 1.5h×2回/w	タイ人 (元日本留学生)	初級:「日本語読本巻 II」(国際学友会) *初級は毎月開講 高級:「日本語修了者を逐次合併。「使いものになる日本語」。就職後の評価を重んじた実力の養成(基礎力の重視)	120B/3M
	4	ポピットビムック短期大 1 Phakas 2 Saichai dalai 3 Teruyo S 4 佐藤ゆう子	1年(高2)(70) 2年(高3)(70) 3年(大1)(25) 計(165)	3h/w 3h/w 10h/w A 8:00～13:30 B 13:30～19:00	日本人(2)	中級「よみかた」、「日本語読本巻 I」(国際学友会)	
	5	国際交流基金 バンコク事務所 Ueno Yoshiyuki				事務所内にはクラスを開設せず	
	6	泰日経済技術振興協会 (TPA) 1 Tanoos 2 Vadtana 3 佐藤正文	初級(6) 中級(3) 復習(2) 集中(1) 計 12 コース	3か月 1.5h×3回/w ※18:30～20:00 1か月 1.5h×3回/w ※18:00～19:30 1か月 3h×5回/w ※9:00～12:00	専任 日本人(5) 非常勤 タイ人(1) 専任 日本人(25) 非常勤(30) *登録数	「日本語の基礎 II」(AOTS)(タイ人向け改変版)	180B/3M
マレーシア	7	YMCA of Malaysia Takamizu Mori	初級(不明) 中級(不明)	3か月 1h×2回/w A 18:30～19:30 B 19:30～20:30	非常勤 日本人(1) 非常勤 マレーシア人(1) 計(3)	1 教材は担当者が適宜選択 2 教室では教科書を用いず 3 初級3か月はローマ字のみで指導	10M$/M

国名	訪問順序	教育機関・面会者	クラス・受講者（人数）	学習期間（時間）h：時間, w：週, y：年	教師（人数）	教科書・教材（編纂者・教育機関）	月謝 M：月
マレーシア	8	マラヤ大学 日本研究講座 1 田辺ються実 2 小林敦子	1年(55)×2 2年(13) 3年(7) 計(130)＋聴講生	25w/y(6-1月)＝80h 文学部学生以外は取得単位として非認証	日本人(2) *JF派遣(1) 青年海外協力隊(1) マレーシア人(2) 計(4)	1「Learn Japanese」(University Press of Hawaii) 2「Japanese」(丸善) 3 慶応大学国際センター教材	
	9	マレーシア日本語協会 1 井上新子 2 Mr. 陳 3 Mrs. 林	初級 I (英語) (3) 初級 I (中国語)(1) 初級 II (2) 中級(3)・上級(1) 計(10)	年間 3期 1h×3回/w A 17:30〜18:30 B 18:30〜19:30 C 19:30〜20:30	日本人(1) マレーシア人(3) 計(4)	「NIHONGO NO HANASIKATA」(国際学友会) 「日本語読本巻1〜3」(国際学友会)	10M$/M 入会 2M$ 寄付 12M$ (年間)
	10	ラーマン学院(分校) 李星光	初級(1) 中級(1) 計(2)	4ヶ月 1.5h×2回/w A 18:30〜20:00 B 20:00〜21:30	マレーシア人(1)	初級「日本語の基礎 I」(AOTS) 中級「実用日本語会話」(AOTS)	初級 50M$/4M 中級 60M$/4M
	11	ケバンサーン大学 福原みどり	1学年(49)/初年度	第二外国語(選択) 2年間 1h×4回/w *96h/28w/y	日本人(1)	「日本語の基礎 I」(AOTS)	
	12	南洋大学 1 古新居ゆり子 2 安部さち子	1年(50)/(3) 2年(24)/(2) 3年(3)/(1) 国防省委託(2)/(1) 計(79)/(7)	年間 26週 (7〜2月, 3月試験) 1h×4回/w *LL×1 年間 7ヶ月	日本人(2)	「First Step in Japanese」(外務省)(1年、2年) 「Intensive Course in Japanese」(安部さち子) (1年、2年、3年) 「Easy Japanese Conversation & Grammar」(不明) 「Japanese for Today」(吉田弥寿夫)(3年)	
シンガポール	13	星日文化協会 1 陸演威 2 曾廣 3 田丸淑子 4 小林泰子	初級(600)/(12) 中級(220)/(5) 高級(100)/(2) 専任 日本人(1) 非常勤 日本人(2) シンガポール人(4) 計(7)	1年 1h×2回/w 17:00〜21:20	専任 日本人(1) 非常勤 日本人(2) シンガポール人(4) 計(7)	「日本語」(星日文化協会) 「日本語読本」(国際学友会)	40OS$
	14	Inlingua School of Language Graham Sage	日本語初級	100分×2/w	非常勤 シンガポール人(10) 計(10)	Inlingua 日本語教科書 編纂中	150OS$
	15	文部省成人教育 日本語教室 1 Mr. Chong 2 Swan Sek 3 Miss. Chua 4 Kwee Fah	A 普通(14) B LL(60) 計(74)	A 24回×2h B 30回×2h		不明	A 30OS$ B 60OS$

国名	訪問順序	教育機関・面会者	クラス・受講者（人数）	学習期間（時間）h：時間、w：週、y：年	教師（人数）	教科書・教材（編纂者・教育機関）	月謝 M：月
イ ン ド ネ シ ア	16	日本文化学院（分校）Adi Sdiyono Abdraman	初級(20人以上) 中級(30) 高級(10) 上級(30) 計(113)	2学期・夜間 1.5h×3回/w	日本人(5) インドネシア人(6) 計(11)	「正しい日本語（ローマ字版）」（国際学友会） 「日本語読本巻1・巻2」（国際学友会）	A 30S$ B 60S$
	17	日本文化短期大学 (A.B.KJ) 1 Okamura J. Dosen 2 A.h.EPakasiy 3 Faeuzi	1年(18) 2年(11) 3年(24) 計(53)	10ヶ月 3h×5回/w 18：00〜21：00		「NIHONGO NO HANASIKATA」（国際学友会） 「Modern Japanese for University Students Ⅰ・Ⅱ」 （国際基督教大学） 「日本史」（山川出版）	27,500RP/y 試験 3,000RP×2 入学金 2,500RP
	18	パジャジャラン大学 文学部 日本語学科 1 Wiwi W. Isaku 2 近藤功	3年制、5年制併設 1年(23) 2年(17) 3年(16) 4年(17) 5年(9) 計(77)	1年 20h/w 2年 22h/w 3年 23h/w 4年 18h/w 5年 15h/w *実質は各学年設 定時間の2/3程度	日本人(2) インドネシア人(11) 計(13)	1「正しい日本語」、「よみかた」（国際学友会）、「Oral Practice」（国語文化研究所） 2「日本語読本巻1〜4」（国際学友会） 3 そのほか	57年度 53,000RP LL使用 6,000RP
	19	インドネシア大学文学部 日本研究講座 1 Andrei Iimarga 2 竹内経一 3 Norio Shibata	1年(15) 定員各学年15 2年(〃) 3年(〃) 4年(〃) 計(60)	4年制 1、2年 10h/w 3年 語学 8h/w 漢文 2h/w 4年 語学 6h/w 講読 4h/w	日本人(3) *日本研究講座	1「日本語読本巻1」（国際学友会） 2「口頭練習帳」「漢字練習帳」 3「近代文学」講読	

東南アジア4カ国（タイ・マレーシア・シンガポール・インドネシア）日本語教育機関見学記録（1975年1月4日〜31日）

架空対談 「20世紀の日本語教育史研究者を発掘する」

関　正昭

X氏（研究分野：日本語教育史）
Y氏（研究分野：日本語教育研究史）

日時
　2100年5月9日
場所
　日本語教育史文庫会議室
記録
　日本語教育史文庫事務局

X：今日は、20世紀といっても第二次世界大戦後の日本語教育発展拡大期以降、21世紀初頭までに何らかの形で記録に残されている日本語教育史研究者について、その第1回の対談として話を進めてまいりたいと思います。この期の研究者は、その多くが日本語教育史研究会[1]の会員に名を連ねています。しかし、一方で、1990年代に入って以降、教育史、言語政策史等日本語教育プロパー以外の研究者によって日本語教育史関連の研究が盛んに行われたという事実もあります。そうした中で、隠れた存在ではありますが、今回は『日本語教育史研究序説』（初版：1997）という本の著者を取り上げてみましょう。

Y：私は20世紀の日本語教育史研究に関心を持ち始めてまだ10年に満たないのですが、先日その関係の本を調べていましたら、国立国会図書館で探し出した中にそれがありました。著者は関正昭（1947- 没年未詳）という日本語教師で、いわゆる学究肌の研究者ではありませんね。

X：そうですね。奥付でおおよその経歴はわかりますが、最近入手できた資料で、彼の略歴と主な研究業績がわかりました。これがその資料です[2]。

Y：関は戦後の日本語教育界においては初めて「日本語教育史」と銘打った本を書いています。『序説』の前に、愛知教育大勤務時代の1990年に『日本語教育史』という小冊子を出しています。これは当時の文部省の大学教育方法等改善経費によって作られた試行テキストです。

X：関が日本語教育史研究に本格的に取り組み始めたきっかけについては『序説』の「あとがき」で触れていますね。

Y：そう。これですね。関が社会人入学した大学院で国語学（国語・国字問題）の講義を担当していた石黒修[3]に出会えたときのエピソードですね。
「……（石黒）先生はいわば戦前・戦中の日本語教育史の歴史的証言者（となられるはず）のお一人であった。私は先生に戦時中の思い出話だけでも伺いたいと幾度となくお願いしたが、いずれそのうちとはぐらかされるのが常であった。ぶしつけなのは承知の上でそれでもと食い下がる私に、ある日、ぽつりと漏らされた次の言葉が忘れられない。『あのころ、僕は好いように使われました』。それ以降、私は先生から日本語教育史関係の文献・資料をお借りすることはあっても、当時の様子を直接つぶさにお伺いすることはついに果たし得なかった。日本語教育の歴史を何としても掘り起こそうと思い立ったのはこの時からである。」

X：その時から少し遡ることになりますが、関が海外技術者研修協会（AOTS）に日本語教師として就職したころ（1970年初頭）は、「日本語教育」という分野がまだ一般には認識されておらず、もちろん、大学の日本語教員養成課程などは一つもなかった時代ですね。都立大での関の卒業論文は「鹿児島県枕崎市方言の研究」というタイトルで、平山輝男[4]が指導教員でした。平山（1973）「特殊アクセント体系の成立とその通時論的解釈」『今泉博士古稀記念国語学論叢』桜楓社には、次のような記述があります。「（枕崎市内の一集落の）金山方言とその周辺方言との比較はここに省略するが、これは、

この資料の話者代表となった関君にまとめてもらう予定である」と。しかし、関がそれをまとめた形跡はありません。方言学から離れたというか、その道ではやっていけなかったのでしょうね。都立大では大久保忠利[5]の言語観や文法論にも影響を受けていたようで、卒業後も大久保が主宰する「コトバの会」には出入りしていたようですよ。大久保忠利追悼集の『ぼくは街の言語学者』(1991)一光社には次のような一文（その一部）を寄せています。
「1968年から1970年といえば、我が都立大学も「学園紛争」のさ中にあり、『学問』などできる状態にはなかった。正直言って、記憶に残っている授業はほとんどない。そうした中で、大久保先生の「言語表現法」と「国語学史」の授業だけは今でも、そのひとコマひとコマを鮮明に思い出すことができる。まず、「言語表現法」。この授業は大学の講義・演習としては型破りの内容だった。……」
「書きなれノート」を毎回提出し添削してもらったり「表現よみ」の練習をしたりとまるで小学校の国語の時間のようで、当時の大学の授業としては他に類のないユニークなものだったようです。
Y：卒業後すぐにAOTSに就職していますが、方言学や文法を少しかじった程度だったし、まして日本語教育のことなど全く知らずに日本語教師になったということですね。
X：ですから、AOTSでは日本語講師の新人訓練を受けています。そのときのことは『日本語教育史論考　第二輯』(2011)所収の松岡弘の講演[6]で司会をした関が冒頭で次のように述べています。
「今から松岡さんに、『日本語の基礎』誕生の周辺と題してお話をしていただきます。『日本語の基礎』というのは皆さんご存知のように、『みんなの日本語』の祖父母にあたります。『日本語の基礎』から『新日本語の基礎』が生まれて、『新日本語の基礎』から『みんなの日本語』が誕生したんですね。で、その最初の祖父母にあたる『日本語の基礎』の作成、編纂において先導といいますか、キャプテンの役割を果たしたのが松岡さんです。私はこの『日本語の基礎1』が誕生する直前にAOTS海外技術者研修協会に入りまして、入ってからすぐに、松岡さんには、新人訓練でだいぶしごかれました。」
『日本語の基礎1』の作成には、索引作りを手伝った程度で関が就職した時には試行用の仮印刷版がほぼ出来上がっていたようです。『日本語の基礎II』

の編集には最初から携わっていましたが、刊行を待たずにカイロ大学に派遣され、その後東海大学に転出したので、終盤になってからの編集には関わっていないようですね。

Y：とにかく、関にとって松岡から受けた影響は大きかったようですね。大学教員に転じて以降、いろいろな論文に松岡の言説を引用しています。エジプトのカイロ大学に国際交流基金から派遣されたのも、もとはといえば松岡の任期が終わったウィーン大学の後任に関を薦めたからのようです。結果的にウィーン大学派遣は競合者が現れて実現せず、「その代わりに」カイロ大学派遣になったようですよ。アラブ世界に特に関心があったからというのではないんですね。1980年に「エジプトの日本語教育」という報告文を『日本語教育』41号 日本語教育学会に寄稿していますが、よほどきついカルチャーショックを受けたのでしょうか、「コンプレックスを感じないエジプト人」などと報告にしては主観に偏ったことも書いていますよ。

X：カイロ大学では、後に東大教授になりイスラム現代史をはじめとする歴史学の研究者として知られ、特に1980年代後半から言論界でも活躍した山内昌之も「日本語教師」として同僚だったようですね。アラビア語学者で後の大阪外大学長・池田修、国語語彙論研究で知られる田中章夫も同時期の「派遣日本語教師」ですね。

Y：そうですね。意外な人物が日本語教育に携わっていた事例は第二次世界大戦前・中でも枚挙にいとまがありません。関（1991）はアジア太平洋戦争中の昭南島（シンガポール）で井伏鱒二や中島健蔵など意外な人物が日本語教育に従事・関与したが、彼らはそうした自らの体験について多くを語っていないことを指弾しています[7]。山内がカイロ大学で日本語を教えていたというような意外な事実は、日本語教育史研究の立場からも記録しておきたいですね。

X：ところで、関はカイロ大学に派遣されるまでに約7年間AOTSで日本語を教えていたわけですが、AOTSといえば寺村秀夫（当時大阪外大助教授―教授）もそこで一時期アドバイザー的役割を果たしていますね。その頃（1971～76）関は寺村との接点はなかったのでしょうか。

Y：AOTSの関西研修センターの日本語講師だった大木隆二、市川保子ほか（AOTSの日本語教育の基盤作りに貢献した）は寺村の指導を受けて勉強会

等を盛んにやっていたようですが、関は中部研修センターに配属されたので、関西研修センターでの勉強会には数えるほどしか出ていないようです。

X：関は東海大学勤務時代にはMBK（三上文法研究会)[8]に顔を出していたので、会が終わってからの懇親会で寺村はじめ研究会仲間から貴重な耳学問をさせてもらえる機会があったようです。1981年の第109回研究例会では、「ダの連体形ナ」（「彼は新人なだけにここでガタッとくるおそれがある」「あの人があの子の父親なことは知っている」のように、助動詞ダが「名詞＋な」の形で用いられるときの文法的機能について）を発表しています。

Y：ということは、この頃は文法研究というか、日本語教育のための文法研究にも関心を持っていたということですね。

X：そうですね。東海大学の留学生教育センターの紀要には「日本語教育文法」関連の論文を何本か発表していますね。当時の東海大の同僚教員には土岐哲、谷口聡人、平高史也、宮城幸枝らがいて、協働で東海大学出版会刊行の教科書編集にも携わっています。

X：協働といえば、関にとって日本語教育史研究会の存在を忘れてはなりませんね。

Y：日本語教育史研究会の会員名と彼らの経歴、著書・論文等を見ればわかりますが、その多くは同じ研究会の会員というだけでなく関といろいろな形でつながりがあったことがうかがえます。日本語教育史研究会については、平高（2011）「日本語教育史研究会のあゆみ―日本語教育史談会の活動も含めて―」『日本語教育史論考第二輯』が貴重な資料となっています。

X：そうですね。関の日本語教育史研究や教科書編纂の仕事は東海大時代以来の盟友・平高史也、鹿児島女子大に転出してから共同研究を行った新内康子、AOTS時代以来40年間にわたって共に教科書の編集に携わった鶴尾能子の協力、そして（株）スリーエーネットワークの支援があったからこそできたと言ってもよいでしょう。

Y：まあ、しかし関の日本語教育史研究のあり方については、『序説』刊行後十数年を経てもなおあちこちから批判されていますね。関は日本語教育の現場での経験は豊かでしたが、歴史研究に関しては素人でしたからね。ただ、日本語教育の現場を知らない研究者（日本史、教育史、植民地政策史などの専門家）の日本語教育史論は鳥瞰図的に歴史を俯瞰できてもいわゆる虫瞰図

的な捉え方はできないというようなことを関はどこかに書いていますよ。

X：関自身も「日本語教育史」という括り方では限界のあることを承知しており、社会言語学、教育学、言語政策研究など様々な関連領域と学際的に研究しなければならないことはわかっていたのですが、それは成し得なかった。先に挙げた主な業績一覧の中にも「国語学史」「国語科教育史」「文学史」などと「日本語教育史」との関係史を論じた研究がいくつか見られますが、散発に終っています。

X：さて、残り時間も少なくなってまいりました。今日のこの対談記録が後世の日本語教育史研究にどれだけの資料的価値を持つのかわかりませんが、それはともかくこれからも末永く日本語教育史研究が盛んに行われていくことを期待したいですね。

Y：19世紀末から第二次世界大戦終結までの半世紀における日本語教育史は、国家間の戦争を抜きにしては語れない激動の時代でした。一方、20世紀後半から21世紀初期までの、換言すれば日本語教育学会が設立された1962年前後から東日本大震災が起きて留学生など来日外国人が一時激減した2011年までの半世紀は、日本語教育史的には約10年ごとに時代の節目が見られる「再起、発展、膨張、転換、成熟」の50年間でした。日本語教育史研究が次の時代の日本語教育のあり方を考究するうえで欠かせない領域であるという見方からすれば、今日の対談で対象とした時代範囲、今から約150〜100年前にどのような経歴や日本語教育観を持った日本語教育史研究者がいたのかを探る意義も決して小さくないと思います。

X・Y：今日はどうもありがとうございました。

【注】
[1] 前身は日本語教育史談会（1990.3-1993.10　慶應義塾大学三田キャンパスで数ヶ月に1回開かれていた。第1回の出席者は木村宗男、熊沢精次、斎藤修一、椎名和男、関正昭、長谷川恒雄、平高史也）。1994.10から「日本語教育史研究会」と改称。
[2] 鹿児島県枕崎市で生まれる(1947)。東京都立大学人文学部卒業(1971)。海外技術者研修協会（最初の赴任先は愛知県の中部研修センター）の日本語専任講師となる(1971)。中部研修センターで勤務のかたわら中京大学大学院文学研究科に社会人入学(1974)。徳田政信に松下大三郎の文法論を学ぶ。松下は中国語母語話者のための日本語教科書・『漢譯日本口語文典』(1907)を著しているが、同書の復刻版(2004、勉誠出版)の解説に収められた「理論構造一覧表」は、大学院時代に関が作成したものである。また、戦時中の日本語教育に様々に関与した石黒修の指導も受け、ご自宅まで伺って日本語教育史関連の文献を借りるなど大学院修了後も個人的に指導・交誼を得た。

同大学院修士課程修了（1977）の年に国際交流基金からの派遣によりエジプト・カイロ大学文学部で日本語を教える（1977-1979）。帰国後、海外技術者研修協会に復職し半年後に退職（1979）。その後の主な経歴は下記の通り。

東海大学留学生別科専任講師（1980-1985）
東海大学留学生教育センター助教授（1985-1987）
愛知教育大学教育学部助教授（1987-1991）
鹿児島女子大学文学部教授（1991-1999）
志學館大学（鹿児島女子大学から改称）文学部教授（1999-2003）
東海大学留学生教育センター教授（2003-2008）
同大学院文学研究科日本文学専攻教授（2004-2013）
東海大学国際教育センター（留学生教育センターから改称）教授（2009-2013）
上記専任のほか下記の機関で非常勤講師を務めた。
慶應義塾大学国際センター（1981-1987）
名古屋大学総合言語センター（1987-1990）
中京大学文学部（1990-1991）
大阪大学大学院文学研究科（1991）
鹿児島県立短期大学（1996-2003）
九州大学大学院比較社会文化研究科（1997）

〈主な著書・論文〉

1980	「日本語文型試論―動態論（dynamics）の観点から―」『文学部紀要』第15巻 第3号　中京大学学術研究会
1986	「日本語教育用文法用語について」共著『東海大学紀要』第7号　東海大学留学生教育センター 東海大学出版会
1986	「松下大三郎と日本語教育」『中京国文学』第5号　中京大学国文学会
1989	「評価述定の誘導成分となる複合助詞について」『日本語教育』68号　日本語教育学会
1989	「日本語教育学の系譜」『愛知教育大学教科教育センター研究報告』第13号　愛知教育大学教科教育センター
1990	『日本語教育史』愛知教育大学日本語教育コース
1990	『外国人に教える日本語の文法』一光社
1991	「戦時下の日本語教育と文人」『中京国文学』第10号　中京大学国文学会
1991	「日本語教育史の中の国語学」『日本語論考』（大島一郎教授退官記念論集刊行会編）　桜楓社
1992	『日本を知る』〔教科書〕共編著　スリーエーネットワーク
1993	「日本語教科書の系譜（第一期）―台湾・朝鮮・南洋群島編―」『鹿児島女子大学紀要』第14巻第1号　鹿児島女子大学
1993	「日本語教育の『禁領域』」『異文化間教育』第7号　異文化間教育学会
1994	『類語例解辞典』項目分担執筆　小学館
1995	『日本語中級J301』〔教科書〕共編著　スリーエーネットワーク
1996	『日本語教授法』共著　東京法令出版
1996	「『文型』再考―戦時中の文型研究をめぐって―」『平山輝男博士米寿記念論集　日本語研

究諸領域の視点』　明治書院
1997　『日本語教育史』　共編著　アルク
1997　『日本語教育史研究序説』　スリーエーネットワーク
1997　「『日本語教育文法』の流れ―戦前・戦中・戦後初期―」『日本語教育資料叢書復刻シリーズ第1回解説』（財）言語文化研究所
1998　「日本語教育史のなかの『文型』」『日本語教育資料叢書復刻シリーズ　第2回解説』（財）言語文化研究所
1999　『日本語中級J 501』〔教科書〕共編著　スリーエーネットワーク
2000　「大出正篤vs日野成美の教授法論争から見えてくるもの」『日本語教育史論考―木村宗男先生米寿記念論集―』　凡人社
2001　「再考　まぼろしの『日本言語教育』」『中京国文学』第20号　中京大学国文学会
2002　「日本語教育史に学ぶ」『国際文化交流と日本語教育―きのう・きょう・あす―』椎名和男教授古希記念論文集刊行委員会　凡人社
2002　「第5章　文法・文型の指導」『多文化共生時代の日本語教育』　瀝々社
2005　「第2章　日本語教育の前提　日本語教育史研究の領域―これまでの日本語教育史研究とこれからの研究展望―」『開かれた日本語教育の扉』（松岡弘・五味政信編著）　スリーエーネットワーク
2005　「第3章第2節　語彙と意味」『日本語教育法概論』（東海大学留学生教育センター編）東海大学出版会
2005　「第4章第1節　日本語教育史・言語政策史」『講座・日本語教育学　第1巻　文化の理解と言語の教育』（縫部義憲監修　水島裕雅編集）　スリーエーネットワーク
2005　「言語・言語教育の方法　F研究の方法　教育史研究」を執筆
　　　『新版　日本語教育事典』（日本語教育学会編）　大修館書店
2006　「日本語教育の『禁領域』（承前）―そのガイドラインは必要か―」『日本語の教育から研究へ』（土岐哲先生還暦記念論文集編集委員会編）　くろしお出版
2008　「『日本語教育のための文法』再考―『日本語教育文法』はいつから言われはじめたか―」『東海大学紀要』第28号　東海大学留学生教育センター　東海大学出版会
2008　『みんなの日本語　中級I』〔教科書〕の執筆　スリーエーネットワーク
2010　『日本語教育叢書　つくる　会話教材を作る』（尾﨑明人ほか著）の編者　スリーエーネットワーク
2011　「日本語教育史に登場するエスペランティスト」『湘南文学』第45号　東海大学日本文学会
2011　『日本語教育叢書　つくる　漢字教材を作る』（加納千恵子ほか著）の編者　スリーエーネットワーク
2011　「再考　日本語教育史の時代区分」『日本語教育史論考第二輯』　冬至書房
2012　『みんなの日本語　中級II』〔教科書〕の執筆　スリーエーネットワーク
2012　『日本語教育叢書　つくる　読解教材を作る』（舘岡洋子、平高史也著）の編者　スリーエーネットワーク
2012　『日本語教育叢書　つくる　作文教材を作る』（村上治子著）の編者　スリーエーネットワーク

[3] 石黒修（いしぐろよしみ）（1899-1980）本名は修治（よしはる）。名古屋貿易語学校教師をふりだしに文部省国語研究所、法政大学講師、鹿児島女子短期大学教授、中京大学教授などを歴任。『日本語の世界化－國語の発展と國語政策』（1941）修文館をはじめ戦前・戦中の日本語普及政策関係の著書・論文多数。戦後のものでは『日本人の読み書き能力』（1950）東大出版部が特に知られる。エスペランティストとしても知られ、『新エスペラント講座Ⅰ』（1928）大日本エスペラント會などエスペラント関連の著書も多い。

[4] 平山輝男（1909-2005）。宮崎県・都城で生まれ鹿児島県・志布志で育つ。樺太（サハリン）から沖縄まで5千カ所以上の方言調査を行う。東京都立大学教授、国学院大学教授等を歴任。『現代日本語方言大辞典』共編（1994）明治書院など著書多数。

[5] 大久保忠利（1909-1991）。1959年から1973年まで東京都立大学助教授－教授。研究領域は国語学、国語教育、文法論、文法教育等多岐に渡り、『日本文法陳述論』（1968）明治書院をはじめ著書は四十数冊に及ぶ。黒豹介のペンネームでユーモアコントの作家でもあった。

[6] 『日本語教育史論考　第二輯』編集委員会編（2011）所収の講演記録「『日本語の基礎』誕生の周辺」

[7] 関正昭（1991）「戦時下の日本語教育と文人」『中京国文学』第10号　中京大学国文学会

[8] 山口光、川本茂雄、岡野篤信が発起人（最初に呼びかけたのは山崎紀美子）で、研究会はくろしお出版社内の手狭な編集室兼会議室のような所で開いていた。

執筆者（50音順）

泉史生（いずみ ふみお）　文藻外語学院兼任助理教授　日本語教育史・日本語教育学

入佐信宏（いりさ のぶひろ）　志學館大学准教授　韓国語教育学・日本語教育学

上田崇仁（うえだ たかひと）　愛知教育大学准教授　日本語教育学・日本語教育史

小川誉子美（おがわ よしみ）　横浜国立大学教授　日本語教育史・現代日本語文法

金沢朱美（かなざわ あけみ）　元目白大学教授　日本語教育史・社会言語学

河路由佳（かわじ ゆか）　東京外国語大学教授　日本語教育学（日本語教育論・日本語教育史）

久津間幸子（くつま さちこ）　東海大学非常勤講師　日本語教育学

甲田直美（こうだ なおみ）　東北大学准教授　言語学・日本語教育

斉木ゆかり（さいき ゆかり）　東海大学教授　日本語教育・外国語教授法

重盛千香子（しげもり ちかこ）　リュブリャーナ大学講師　対照言語学・日本語教育

島﨑恵里子（しまざき えりこ）　横濱中華學院教員　日本語教育学

園田智子（そのだ ともこ）　群馬大学専任講師　異文化間教育学・異文化間コミュニケーション

舘岡洋子（たておか ようこ）　早稲田大学教授　日本語教育学・教育心理学

鶴尾能子（つるお よしこ）　元(財)海外技術者研修協会　日本語教授法・教材研究

許明子（ほ みょんじゃ）　筑波大学准教授　日本語教育学・日韓対照言語学

町田健（まちだ けん）　名古屋大学教授　言語学

松岡弘（まつおか ひろし）　一橋大学名誉教授　言語教育・J. A. コメニウス研究

松永典子（まつなが のりこ）　九州大学教授　日本語教育学・留学生教育

宮城幸枝（みやぎ さちえ）　東海大学教授　日本語教育学・日本語音声学

村上治美（むらかみ はるみ）　東海大学教授　日本語教育学

編著者

加藤好崇(かとう　よしたか)
東海大学国際教育センター教授。早稲田大学大学院日本語教育研究科博士課程修了。日本語教育学・社会言語学。『異文化接触場面のインターアクション－日本語母語話者と日本語非母語話者のインターアクション規範－』(東海大学出版会 2010)、『接触場面と日本語教育－ネウストプニーのインパクト－』(明治書院 2003)(共著)など。

新内康子(しんうち　こうこ)
志學館大学人間関係学部教授。津田塾大学学芸学部英文学科卒業。国立国語研究所日本語教育長期専門研修修了。専門分野は日本語教育・日本語教育史。共著書に『日本語教育史』(アルク 1997)、『日本語中級 J301－基礎から中級へ－』(スリーエーネットワーク 1995)、『日本語中級 J501－中級から上級へ－』(スリーエーネットワーク 1999)、『みんなの日本語中級Ⅰ・Ⅱ』(スリーエーネットワーク 2008・2012)など。

平高史也(ひらたか　ふみや)
慶應義塾大学総合政策学部教授。東京外国語大学大学院外国語学研究科修士課程修了。ベルリン自由大学文学博士。専門分野は日本語教育・ドイツ語教育。主な前職は東海大学留学生教育センター、ベルリン・フンボルト大学。主な共編著書に『日本語教育史』(アルク 1997)、『日本語教育叢書　つくる　読解教材を作る』(スリーエーネットワーク 2012)など。

関　正昭(せき　まさあき)
元東海大学教授。専門は日本語教育史・日本語教育文法。

装丁・本文デザイン
畑中　猛

日本語・日本語教育の研究―その今、その歴史

2013年5月23日　初版第1刷発行

編著者	加藤好崇　新内康子　平高史也　関　正昭
発行者	小林卓爾
発　行	株式会社スリーエーネットワーク
	〒102-0083　東京都千代田区麹町3丁目4番
	トラスティ麹町ビル2F
	電話　営業　03(5275)2722
	編集　03(5275)2725
	http://www.3anet.co.jp/
印　刷	倉敷印刷株式会社

ISBN978-4-88319-654-8 C0081

落丁・乱丁本はお取替えいたします。
本書の全部または一部を無断で複写複製（コピー）することは著作権法上での例外を除き、禁じられています。